高绩效团队建设全案

模型·体系·标准·制度·流程·方案·规范

弗布克 ◎ 著

电子工业出版社
Publishing House of Electronics Industry
北京·BEIJING

内容简介

本书围绕如何打造高绩效团队模型，采用模型+体系+标准+制度+流程+方案+规范的方式来讲解高绩效团队的建设方案。

本书从团队战略与目标、团队领导与决策、团队角色与分工、团队制度与系统、团队沟通与执行、团队评估与激励、团队关系与文化等7个要素、14个方面，说明如何建设高绩效团队，并在此基础上，分享了学习型组织与创新型团队的建设过程。

本书适合各类企业管理人员、企业培训师、企业咨询师及高校相关专业师生阅读和使用。

未经许可，不得以任何方式复制或抄袭本书之部分或全部内容。
版权所有，侵权必究。

图书在版编目（CIP）数据

高绩效团队建设全案 / 弗布克著. — 北京：电子工业出版社，2023.6
（弗布克团队建设五连环系列）
ISBN 978-7-121-45449-3

Ⅰ.①高… Ⅱ.①弗… Ⅲ.①企业管理－团队管理 Ⅳ.①F272.9

中国国家版本馆CIP数据核字（2023）第070749号

责任编辑：张　毅
印　　刷：三河市兴达印务有限公司
装　　订：三河市兴达印务有限公司
出版发行：电子工业出版社
　　　　　北京市海淀区万寿路173信箱　邮编：100036
开　　本：787×1092　1/16　印张：15.25　字数：333千字
版　　次：2023年6月第1版
印　　次：2023年6月第1次印刷
定　　价：79.00元

凡所购买电子工业出版社图书有缺损问题，请向购买书店调换。若书店售缺，请与本社发行部联系，联系及邮购电话：（010）88254888，88258888。

质量投诉请发邮件至zlts@phei.com.cn，盗版侵权举报请发邮件至dbqq@phei.com.cn。
本书咨询联系方式：（010）57565890，meidipub@phei.com.cn。

推荐序

在经济全球化的今天,面对VUCA时代的经济环境,企业过去的经营方式和思维模式已经很难满足企业发展需要。面对复杂的经营环境,企业没有高绩效的团队,通过高效迭代打造最好的产品服务必然会逐渐被市场所淘汰。

团队是指有共同的目标和计划的一个动态的组织,而高绩效团队与普通团队的区别在于是否有使命、有协作精神、有干劲,机制是否明确并且能否为成果负责,共同为实现团队目标全力以赴。

从一定意义上来讲,高绩效团队可以是一个公司、一个部门,也可以是一个小组,或是一个项目组。无论是何种组织形态,对高绩效团队的管理必须建立系统化的思考,并通过接地气的管理方式让这些管理理念付诸实践。

企业构建高绩效团队是组织发展的终极目标,是为客户、员工、股东和社会创造有效价值的组织,是每一个组织建设者都想实现的理想目标。

高绩效团队的建设是不是有章可循?答案是肯定的。作为从事几十年人力资源工作的专业人士,在这里,我从高绩效团队建设的角度分享一些关于团队建设的经验。

不同的行业,对高绩效团队的要求不同,对高绩效的定义也不同,有的要求销售业绩高绩效,有的要求研发成果高绩效,有的要求运营效率高绩效,有的要求管理水平高绩效,有的要求投资回报高绩效,有的要求采购效率高绩效,等等。

业务不同，绩效各异，要求迥异。但不管是哪个行业、哪块业务，高绩效不同于普通的绩效，它是有业绩、有竞争力，并且有价值力的。不仅有效率，还有效度，更有效能。这就要求团队建设者"因业寻人""结构组人""前景励人""成果留人"，使得一个团队能够"力出一孔，利出一孔"，最终形成强有力的团队凝聚力和战斗力。

企业发展的不同阶段对高绩效的团队要求不同，对绩效的定义也不同。企业的初创阶段对绩效的要求比较强烈，此时高绩效团队的建设要求是：以效为先，团队作战；企业的成熟阶段对高绩效的要求是：站得高，看得远，能走向未来的团队就是能为企业带来高绩效的团队；在企业的衰退期，对高绩效团队的要求尤为重要，此时高绩效团队的建设目标是：忠诚就是最好的绩效，文化是最有力的号召。

站在不同的角度对高绩效的团队要求也是不同的，有的是围绕某个人才梯队建设的，有的是围绕产品研发的，有的是围绕营销市场的，有的是围绕企业经营战略的，有的是围绕企业发展目标的……从不同的角度考虑如何建设，围绕的中心和思维定势不同，建设的方法不同，最终效果各异。

对于如何构建高绩效团队，人力资源管理领域可谓是仁者见仁智者见智，本书给出了一整套建设高绩效团队的整体解决方案，通过结构化思维框架构建高绩效团队管理模型。特别是本书内含众多非常有价值的管理经验，让高绩效团队建设不再是什么难题。

相信本书能为您在构建高绩效团队方面提供有益的借鉴和启发。如果能解决您在建设高绩效团队上的困惑和痛点，也就实现了本书作者的初衷。

是为序。

著名人力资源专家　贺清君
2023年4月于北京

前　言

团队是由两个或两个以上，相互作用和相互依赖的个体，为了某个既定的目标，按照一定的规则结合在一起的组织。

仅仅有团队这一形式不一定有效率、有效能，它可能与团队成立的初衷大相径庭。管理者所要做的工作之一就是让团队的效能和初始的特定目标一致，或者尽量达成团队的目标。鉴于此，打造高绩效团队就成为管理者的任务之一。

一个高绩效的团队，必须要有清晰的战略、明确的目标，必须知道自己要肩负何种使命、完成何种任务、实现什么目标，并清楚地知道这一目标的达成会如何促使战略落地。

一个高绩效的团队，必须要有一位领导者，构建一个高效的决策机制。领导者以其领导力率领团队前行，决策机制则保证团队做正确的事和正确地做事。

一个高绩效的团队，成员的角色定位必须是清晰的，分工必须是明确的。相互独立的、不可替代的角色承载着不同的责权，而由不同的技术和能力所产生的分工是团队成员高效协作的前提。

一个高绩效的团队，必须践行用制度管人、按流程做事的管理运营体系，确保团队的管理和运营实现规范化、体系化。

一个高绩效的团队，必须建立畅通的沟通渠道，形成良好的信息反馈机制，同时具有高效的执行力。

一个高绩效的团队，必须要建立一套行之有效的评估机制和激励机制。评估促改进，激励促奋进。

一个高绩效的团队，成员间必须要相互尊重、相互信任、一致承诺、高效协同，并在长期的工作中形成优秀的团队精神、团队意识，最终形成团队文化。

学习和创新是每一个高绩效团队从优秀走向卓越必不可少的两个"轮子"，高绩效团队必将成为学习型组织和创新型团队，也只有如此，才能确保团队持续地、永续地保持高绩效。

本书提供了高绩效团队的打造模型：7大建设要素，2大走向。7大建设要素分别是团队战略与目标、团队领导与决策、团队角色与分工、团队制度与系统、团队沟通与执行、团队评估与激励、团队关系与文化，而2大走向分别是打造学习型组织与创新型团队。本书围绕这个"7+2"模型，通过采用模型+体系+标准+制度+流程+方案+规范的方式展开内容，为读者建设高绩效团队提供一个整体化的解决方案，以便于读者借鉴使用。

读者在使用本书时，可根据企业实际情况和团队建设工作的具体要求，对书中提及的制度、流程、方案、办法、细则、技巧、方法进行参照，做适用性、符合性、个性化的修改和完善，以使其更符合企业高绩效团队建设的实际需要。

本书中仍有不足之处，欢迎广大读者批评指正，以便我们修订时能够做得更好。

弗布克

目　录

01　第 1 章　高绩效团队

1.1　高绩效团队的定位与类型　　002
    1.1.1　高绩效团队的定位　　002
    1.1.2　高绩效团队的类型　　002

1.2　高绩效团队的特征与角色　　005
    1.2.1　高绩效团队 5 大特征　　005
    1.2.2　高绩效团队 8 种角色　　005

1.3　高绩效团队的构建模型　　007
    1.3.1　模型的构建　　007
    1.3.2　模型的说明　　007

02　第 2 章　团队战略与目标

2.1　团队愿景与使命设计　　010
    2.1.1　团队愿景设计　　010
    2.1.2　团队使命设计　　011

2.2 战略规划设计与执行 　　　　　　　　　　　　　　　012
2.2.1 战略规划设计　　　　　　　　　012
2.2.2 战略规划分解　　　　　　　　　013
2.2.3 战略规划执行　　　　　　　　　014

2.3 目标制定与目标管控　　　　　　　　　　　　　　　017
2.3.1 目标制定　　　　　　　　　　　017
2.3.2 目标分解　　　　　　　　　　　018
2.3.3 目标管控　　　　　　　　　　　021
2.3.4 目标责任书　　　　　　　　　　024
2.3.5 目标管理细则　　　　　　　　　026

2.4 产品、技术、研发团队目标分解案例　　　　　　　　028
2.4.1 产品团队目标分解　　　　　　　028
2.4.2 技术团队目标分解　　　　　　　031
2.4.3 研发团队目标分解　　　　　　　032

第 3 章　团队领导与决策

3.1 领导力与团队领导力　　　　　　　　　　　　　　　036
3.1.1 领导力模型　　　　　　　　　　036
3.1.2 团队领导力　　　　　　　　　　037

3.2 高效能决策系统设计　　　　　　　　　　　　　　　040
3.2.1 决策体系的 5 个组成部分　　　　040
3.2.2 决策分类的 6 个维度　　　　　　040
3.2.3 西蒙决策的 4 个步骤　　　　　　043
3.2.4 辅助决策的 4 个模型　　　　　　043
3.2.5 快速决策实施模型　　　　　　　045

3.3 集体与个体决策规范与应用　　　　　　　　　　　　046
3.3.1 集体决策规范与应用　　　　　　046
3.3.2 个体决策规范与应用　　　　　　049

3.4 产品开发、营销策略、项目立项决策标准　　052
 3.4.1 产品开发决策标准　　052
 3.4.2 营销策略决策标准　　054
 3.4.3 项目立项决策标准　　056

第 4 章 团队角色与分工

4.1 优势、潜能、尊重、角色　　060
 4.1.1 发现团队优势　　060
 4.1.2 激发团队潜能　　061
 4.1.3 尊重团队个性　　062
 4.1.4 RACI 角色分配　　063

4.2 制订高效的计划　　065
 4.2.1 计划的 6 大分类类型　　065
 4.2.2 计划制订 5 大步骤　　067
 4.2.3 计划监控 5 大事项　　068
 4.2.4 计划实施模型　　069
 4.2.5 计划制订与实施规范　　070

4.3 高效分工协作　　073
 4.3.1 任务分配与人员选择　　073
 4.3.2 执行合作与高效协作　　075
 4.3.3 攻坚项目与重大任务　　077
 4.3.4 临时任务与紧急任务　　079

4.4 产品研发、技术研发、营销推广团队角色与分工　　081
 4.4.1 产品研发团队角色与分工　　081
 4.4.2 技术研发团队角色与分工　　083
 4.4.3 营销推广团队角色与分工　　085

第 5 章 团队制度与系统

5.1	设计高效能团队运营制度体系	088
	5.1.1 团队制度体系图谱	088
	5.1.2 核心制度设计案例	088
5.2	设计高效能团队运营流程体系	101
	5.2.1 团队流程体系图谱	101
	5.2.2 核心流程设计案例	101
5.3	设计高效能团队运营管理体系	107
	5.3.1 团队管理体系图谱	107
	5.3.2 管理体系设计案例	107

第 6 章 团队沟通与执行

6.1	团队沟通方法、步骤、技巧	116
	6.1.1 团队高效沟通 4 大方法	116
	6.1.2 团队高效沟通 5 个步骤	120
	6.1.3 团队高效沟通 6 大技巧	122
	6.1.4 团队高效沟通 7 个问题	123
6.2	高绩效员工的行为表现	125
	6.2.1 个人的行为表现	125
	6.2.2 团队中的行为表现	126
	6.2.3 对外的行为表现	127
6.3	高效执行与变通管理	128
	6.3.1 高效执行的 4 个法则	128
	6.3.2 高效执行的 5 个关键	129
	6.3.3 问题解决的 7 个步骤	131
	6.3.4 变通管理	132

6.4 销售、客服、采购团队高效执行标准　　137
6.4.1 销售团队高效执行标准　　137
6.4.2 客服团队高效执行标准　　139
6.4.3 采购团队高效执行标准　　140

第 7 章 团队评估与激励

7.1 评估与激励机制设计　　144
7.1.1 评估机制设计与实施　　144
7.1.2 激励机制设计与实施　　152
7.1.3 团队评估与激励管理办法　　160

7.2 产品、网店运营、新媒体营销团队评估办法案例　　164
7.2.1 产品团队评估办法　　164
7.2.2 网店运营团队评估办法　　166
7.2.3 新媒体营销团队评估办法　　170

7.3 销售、研发、项目团队激励机制方案设计案例　　173
7.3.1 销售团队激励机制方案设计　　173
7.3.2 研发团队激励机制方案设计　　175
7.3.3 项目团队激励机制方案设计　　177

第 8 章 团队关系与文化

8.1 团队关系建立　　180
8.1.1 尊重关系　　180
8.1.2 信任关系　　182
8.1.3 协同关系　　183
8.1.4 补位关系　　185

8.2 影响圈与关系圈管理	186
8.2.1 影响圈管理实战	186
8.2.2 关系圈管理实战	187
8.3 塑造团队文化	188
8.3.1 团队执行文化塑造	188
8.3.2 团队攻坚文化塑造	190
8.3.3 团队文化建设方案	191
8.4 技术开发、项目实施团队关系构建办法	194
8.4.1 技术开发团队关系构建办法	194
8.4.2 项目实施团队关系构建办法	195

第 9 章 学习型组织

9.1 组织发展与变迁	198
9.1.1 组织的发展趋势	198
9.1.2 打造学习型组织	200
9.1.3 未来的组织结构	201
9.2 现代教练技术	203
9.2.1 教练技术的应用方式	203
9.2.2 现代教练技术的 5 大重点	204
9.2.3 现代教练技术的操作步骤	205
9.3 团队学习与个体学习	206
9.3.1 团队学习	206
9.3.2 个体学习	207
9.4 销售、研发、技术团队学习型组织建设方案	208
9.4.1 销售团队学习型组织建设方案	208
9.4.2 研发团队学习型组织建设方案	210
9.4.3 技术团队学习型组织建设方案	212

第 10 章 创新型团队

10.1 创新机制建设 … 216
- 10.1.1 团队信息共享机制建设 … 216
- 10.1.2 创新人才培养机制建设 … 218
- 10.1.3 构建团队创新人才模型 … 220

10.2 团队创新管理与突破 … 221
- 10.2.1 团队创新管理 4 步骤 … 221
- 10.2.2 团队文化创新 4 障碍 … 222
- 10.2.3 团队创新突破 4 途径 … 223

10.3 销售、研发、技术创新型团队建设方案 … 224
- 10.3.1 销售创新型团队建设方案 … 224
- 10.3.2 研发创新型团队建设方案 … 226
- 10.3.3 技术创新型团队建设方案 … 228

第 1 章

高绩效团队

1.1 高绩效团队的定位与类型

1.1.1 高绩效团队的定位

相比一般的团队而言，高绩效团队能够更加出色地完成任务，达成目标，获得高绩效。因此，一支高绩效的团队，对于一个企业或部门来说，其重要性不言而喻。高绩效团队是高效率、高效能与高协作三者结合的团队。

1. 高效率

高绩效团队是高效率的。它的高效率，是由一群高效、高知、高专的团队成员决定的，反过来又成为高绩效团队对团队成员的要求。

高绩效团队需要一群专业素质过硬的团队成员，通过准确决策、高效沟通、快速执行等工作方式，推动团队高效达成目标。

2. 高效能

高绩效团队是高效能的。高绩效团队不仅有效率，而且有效益；不仅效率高，而且效果好；不仅有速度，而且质量高。

3. 高协作

高绩效团队是高协作的。高绩效团队的高协作，是对团队成员为达成目标相互间配合的要求，也是高绩效团队成员独有的工作表现。

高绩效团队里的各成员，都应具有极强的团队意识和合作精神，在工作中通过高效协作，不断取长补短，相互配合，共同攻坚克难，促进团队高效地达成目标。

高绩效团队的"三高"定位，让高绩效团队显著区别于一般团队，使其拥有极强的不可替代性，在企业中扮演至关重要的角色，是企业管理者重要的管理任务之一。

1.1.2 高绩效团队的类型

一般情况下，高绩效团队可以分为4大类型，即搭档型团队、教练型团队、顾问型团队、虚拟型团队。

1. 搭档型团队

搭档型团队，是指能够进行良好协作，相互之间共同学习、奉献与进步的团队形式。打造搭档型团队，应该把握以下几个方面的内容。

1）团队利益大于个人利益

团队不仅强调个人的工作成果，更强调团队的整体业绩。团队所依赖的不仅是集体讨论和决策，同时也强调各团队成员之间的共同奉献。但是，团队利益应该大于每个团队成员个人利益的总和。

2）搭档型团队协作的本质是共同奉献

共同奉献要切实可行，具有挑战意义，从而激发团队成员的工作动力和奉献精神。通过不断分享自己的长处、优点，遇到问题及时交流，搭档型团队的力量得到充分发挥。

3）团队合作与个人潜力相结合

搭档型团队能够激发出团队成员的潜力，让每个成员都能发挥出最强的力量。同时，团队成员之间要相互借鉴和学习对方的优点，并灵活运用，这能够使个人的潜力乃至团队的潜力得到一定提升。

4）搭档型团队精神的核心是协同合作

协同合作是任何一个团队不可或缺的精髓，它建立在团队成员相互信任的基础上，具有无私奉献的特点，团队成员之间可以配合工作、相互提升、互补互助。

2. 教练型团队

一般来讲，一个高绩效团队的核心能力，在于领导者的能力，也就是教练的能力。因此，教练型团队的核心，就是重视培养领导者，再通过领导者去培养更多的员工成为未来的领导者。

打造教练型团队，常见的方法有：提炼团队核心价值，解决培养何种领导者（教练）的问题；制定领导者（教练）职业化、专业化的素质标准；建立领导者（教练）职业化、专业化的培训体系；教练型团队与学习型组织同步建设。

3. 顾问型团队

顾问的工作是围绕服务进行的，顾问型团队可以服务于企业的生产制造、经营管理以及技术创新等。

顾问型团队是根据其专业特性和团队设置要求进行工作的。通常情况下，销售顾问型团队或技术顾问型团队的代表性更强一些。

打造销售顾问型团队，要维系好客户关系，得到客户的充分信任；要增强学习能力和专业服务能力；要把团队成员融入客户中去；要着眼于客户的成长。这是一个长期渐进的过程，团队成员要不断总结经验和吸取教训。

4. 虚拟型团队

虚拟型团队是随着现代信息技术的发展和网络服务的完善逐渐兴起的，它是数字化时代下的一种新的团队形式。虚拟型团队包含多重文化，这就需要团队成员之间相互信任，才能够形成一个高绩效的团队。

虚拟型团队的团队成员很少或从不见面，他们通过使用各种信息技术手段进行沟通。通常而言，在虚拟型团队中，团队成员的组织模式都是虚拟化的。虚拟型团队工作系统模型如图1-1所示。

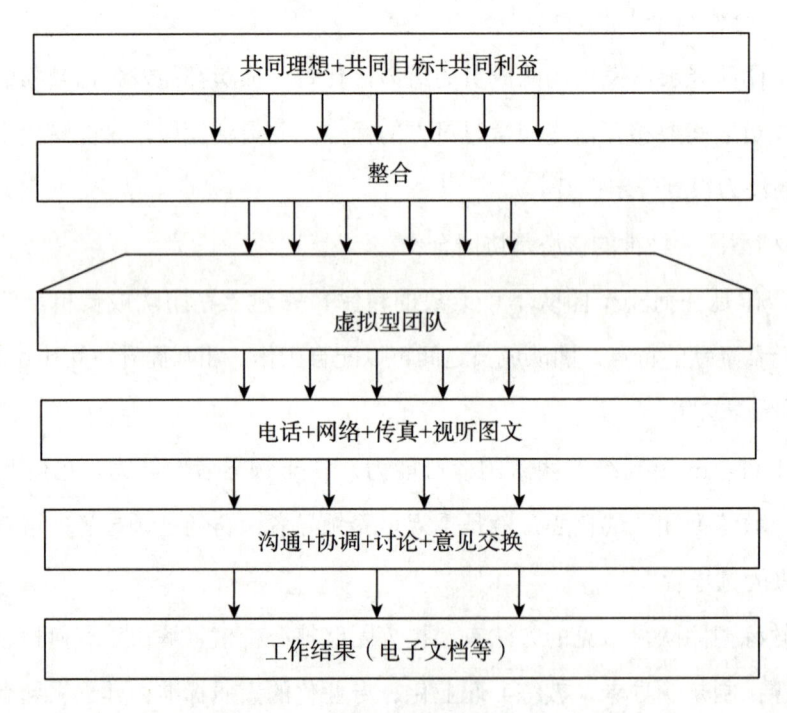

```
┌─────────────────────────────┐
│   共同理想+共同目标+共同利益    │
└─────────────────────────────┘
              ↓↓↓↓↓↓
┌─────────────────────────────┐
│             整合              │
└─────────────────────────────┘
              ↓↓↓↓↓↓
┌─────────────────────────────┐
│          虚拟型团队           │
└─────────────────────────────┘
              ↓↓↓↓↓
┌─────────────────────────────┐
│    电话+网络+传真+视听图文     │
└─────────────────────────────┘
              ↓↓↓↓
┌─────────────────────────────┐
│   沟通+协调+讨论+意见交换     │
└─────────────────────────────┘
              ↓
┌─────────────────────────────┐
│      工作结果（电子文档等）    │
└─────────────────────────────┘
```

图1-1 虚拟型团队工作系统模型

1.2 高绩效团队的特征与角色

1.2.1 高绩效团队5大特征

不同的团队有不同的特征,但是综合所有高绩效团队的特征,一定存在共同点,这里总结了高绩效团队的5大显著特征,具体如表1-1所示。

表1-1 高绩效团队5大显著特征

序号	特征	具体说明
1	目标明确、一致	团队中的每个成员都能够清楚地描述出团队的共同工作目标,并且能够自觉地献身于这个共同的目标,该目标具有一定的挑战性
2	共享和有效授权	1)团队成员能够共享团队中其他人具有的智慧、团队的各种资源以及团队成员带来的各种信息 2)团队领导者能够为成员提供获得必要的技能和资源的渠道,团队的决策和做法能够支持团队的工作目标,并且做到人人有职有权
3	团队角色有效配置	团队具备不同的团队角色,各角色有效协同,团队角色一般包括实干家、协调者、推进者、创新者、信息者、监督者、凝聚者和完善者
4	良好沟通和归属感	1)团队成员之间可以公开表达自己的想法,互相主动沟通,并且能尽量了解和接受别人,积极、主动地聆听别人的意见;团队成员不同的意见和观点能够受到重视 2)归属感即凝聚力。团队成员愿意归属于这个团队,且具有一种自豪感。在具有归属感的团队中,成员之间可以分享成功带来的欢乐,分担失败带来的忧虑,并愿意帮助其他成员克服困难
5	价值观和行为规范	团队成员拥有共同的价值观和行为规范,团队须为不同的团队成员提供共同的、可兼容的平台,否则,团队成员之间就很难进行高效沟通与协作

1.2.2 高绩效团队8种角色

团队,是由不同的角色组成的组织。高绩效团队中一般包括8种不同的角色,即实干家、协调者、推进者、创新者、信息者、监督者、凝聚者和完善者。

高绩效团队的建设过程，就是寻找和不断优化这8种角色的过程。

高绩效团队8种角色的优、缺点分析如表1-2所示。

表1-2　高绩效团队8种角色优、缺点分析

8种角色	优点分析	缺点分析
1. 实干家	1）在工作中组织能力较强，实践经验丰富 2）对工作总是勤劳刻苦，较执着 3）对工作有严格要求，自我约束力很强	①对工作中的问题缺少灵活性 ②对自己没有把握的意见和建议没有太大兴趣 ③缺少激情和想象力
2. 协调者	1）虚心听取他人有价值的意见和建议 2）对待事情和看问题都能站在比较公正的立场上，保持客观、公正的态度	①侧重关注解决结果，有时缺失战略性、系统性的思考 ②注重人际关系，容易忽略组织目标
3. 推进者	1）在工作中充满活力 2）勇于向落后、保守的传统势力发出挑战 3）不满足所处的环境，勇于向低效率挑战	①在团队中容易激起争端，遇到事情表现得比较冲动，容易产生急躁情绪 ②容易看低别人，瞧不起别人
4. 创新者	1）具有非凡的想象力 2）头脑聪明，充满智慧 3）具有丰富而渊博的知识	①想法多，创意多，让人捉摸不透 ②不太注重一些细节问题上的处理方式
5. 信息者	1）具有广泛与人联系、沟通的能力 2）对新生事物比其他人敏感许多 3）求知欲很强，很愿意不断探索新事物 4）勇于去迎接各种新的挑战	①有时过度重视人际关系 ②有时对信息过于敏感，产生过度反应
6. 监督者	1）在工作中表现出极强的判断能力 2）对事物具有极强的辨识能力 3）对待工作持实事求是的态度	①有时过于严苛 ②有时会就事论事，缺乏系统性和整体性的思考
7. 凝聚者	1）喜欢社交活动，具有极强的适应能力 2）言行具有以团队为导向的倾向，能够促进团队成员之间的相互合作 3）总能站在企业或者团队的角度思考和解决问题	①为达到凝聚的目标，有时会在资源和条件上妥协，这让人感觉不舒服 ②有时需要左右逢源，这难免让别人对其人品产生怀疑
8. 完善者	1）做事情持之以恒，决不会半途而废 2）总能发现问题，独具慧眼 3）对工作一丝不苟，追求尽善尽美	①在工作中有时过于注重细节 ②有时过于追求完美 ③对同事的要求也是完美主义的标准

1.3 高绩效团队的构建模型

1.3.1 模型的构建

打造一个高绩效团队，要从团队的目标、决策、执行、评估等层面入手。这里介绍一种高绩效团队建设模型，以供读者参考，具体如图1-2所示。

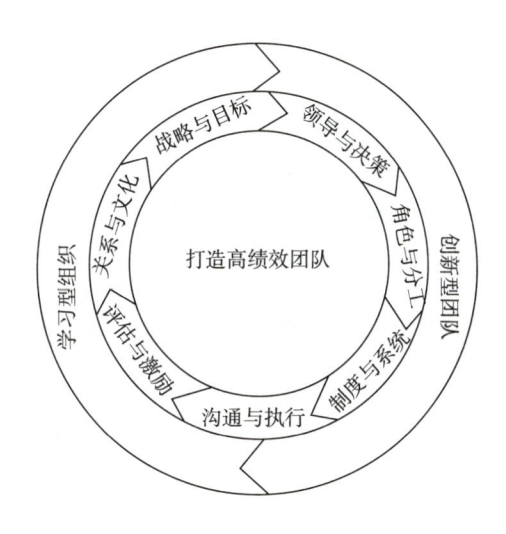

图1-2 高绩效团队建设模型

1.3.2 模型的说明

1. 7大建设要素与2大走向

高绩效团队建设模型包含7大建设要素和2大走向。

（1）7大建设要素，分别是团队战略与目标、团队领导与决策、团队角色与分工、团队制度与系统、团队沟通与执行、团队评估与激励、团队关系与文化。

（2）2大走向，分别是走向学习型组织和走向创新型团队。

2. 7大建设要素说明

7大建设要素是高绩效团队建设模型的核心内容，也是本书的核心组成部分，具体如下。

1）团队战略与目标

主要是指团队愿景与使命设计、团队战略规划与执行、团队目标制定与管控等方面的内容。

2）团队领导与决策

主要是指团队领导力、高效能决策系统、集体决策与个体决策等方面的内容。

3）团队角色与分工

主要是指激发成员潜力、发挥成员优势、进行角色分配与任务分工等方面的内容。

4）团队制度与系统

主要是指团队运营制度体系、团队运营流程体系、团队运营管理体系等方面的内容。

5）团队沟通与执行

主要是指团队沟通方法、高效执行表现、变通管理等方面的内容。

6）团队评估与激励

主要是指评估机制的设计与实施、激励机制的设计与实施等方面的内容。

7）团队关系与文化

主要是指团队关系的建立、影响圈与关系圈管理、团队文化塑造等方面的内容。

3.2 大走向说明

1）走向学习型组织

任何一个组织，都需要不断学习，通过学习持续提升自己，让自己从优秀走向卓越。团队也不例外，也要通过不断学习，革新自己，创造未来。学习型组织的建设，是企业发展永恒的趋势。

2）走向创新型团队

创新是一个团队发展的核心竞争力。团队也要通过不断创新，让自己立于不败之地。创新型团队的建设，是团队不断追求进步的主要内生动力。

第 2 章

团队战略与目标

2.1 团队愿景与使命设计

2.1.1 团队愿景设计

团队愿景，是由团队领导者与团队成员共同形成的关于未来情景的描绘。团队愿景具有激励和引导作用。在不确定的未来发展中，愿景能把团队活动聚焦在一个方向上。

团队愿景的设计主要是通过收集资料、分析现状、头脑风暴、愿景凝练、文字输出等5个步骤实现的。但这并非愿景设计的重点，愿景设计的重点来自它的3个要求。

1. 内容要求

一个好的团队愿景，一定要能明确其实现之后的效果。

某服装零售团队的愿景是：在2025年之前成为备受尊重的世界服装零售行业第一。这个愿景明确了愿景实现后的效果，就是"备受尊重"与"成为世界服装零售行业第一"。此外，还明确了实现时间，即"2025年之前"。

2. 功能要求

一个好的团队愿景，要能凝聚意志力并鼓舞士气，从而振奋人心。

某电脑企业的愿景是：让世界上的每个人都能拥有一台计算机。这个愿景不仅目标明确，还表现出一种崇高的理想，十分激励人心。

3. 语言要求

团队愿景要尽量用励志性的、生动而清晰的语言来描述，而非逻辑性的、分析性的语言来描述。

例如：为我们所有人，包括股东、顾客、员工乃至商业伙伴等提供创造和实现美好梦想的机会。

这个愿景的表述就是用励志性的语言去描述的，"提供创造和实现美好梦想的机会"这一描述，不仅明确了总体目标，还通过生动的语言吸引、鼓舞人。

2.1.2 团队使命设计

团队使命，是指团队应尽的责任以及团队应完成的任务。

一个好的团队使命，能够让团队各成员更清晰地知道自身存在的原因是什么，所肩负的任务是什么，需要达成的目标是什么。团队使命对于决策性和创新性的工作有很强的引导作用。

在团队使命设计中，明确团队使命的特点是设计团队使命的要求。

1. 团队使命应该明确团队存在与发展的目的

团队使命是团队存在的根本所在，如果团队使命不明确团队存在与发展的目的，那么团队使命就无法发挥作用，从而变成空喊口号。

某大型电脑软件企业的使命是：致力于提供使工作、学习、生活更方便、丰富的个人电脑软件。这个使命将企业存在与发展的目的描述得非常清晰，即"提供个人电脑软件"，并且是"使工作、学习、生活更方便、丰富的"软件。

2. 团队使命应该有一定的包容性和宽泛性

简单来说，团队使命的内容需要相对宽泛。团队使命不是定具体目标，而一定的包容性和宽泛性能够支持团队在发展中出现创造性行为。

某汽车企业的使命是：成为全球领先的，提供汽车产品和服务的消费品企业。这个使命不仅明确了团队存在的意义，即"提供汽车产品和服务"，还明确了企业总体发展目标，即"全球领先"。但具体领先到什么程度，是没有明确说明的，这就是团队使命的包容性和宽泛性的体现。

3. 团队使命应该明确区别于其他团队使命且长期有效

不同团队的使命一定是不一样的，否则团队没有独立存在的意义，并且团队使命一定是长期有效的，不能是阶段性的目标。

某通信企业的使命是：聚焦客户关注的挑战和压力，提供具有竞争力的通信解决方案和服务，持续为客户创造最大价值。这个使命明显是区别于其他企业的，因为提供的是"通信解决方案和服务"，且是长期有效的，具体表现为"持续为客户创造最大价值"。

4. 团队使命的内容应该是清晰明确、简明扼要的

团队使命的内容首先是清晰明确的，即任何人看到团队的使命后，都能立即明白这个团队的终极目标是什么；其次是简明扼要的，这是对团队使命内容的语言文字上

的要求。团队使命的内容不可设计得晦涩或拗口，影响人们理解。

团队使命的内容需要清晰明确、简明扼要的一个重要原因是：团队使命不仅仅是对内使用的，也要对外使用。

某电器企业的使命是：用科技与创新改善生活。这个使命目的明确、内涵丰富、长期有效且简明扼要，不仅点明了目的是要改善生活，还点明了改善的手段，即"科技与创新"。

2.2 战略规划设计与执行

2.2.1 战略规划设计

战略规划是指对团队里各项重要的、基础的、全局性的目标和任务进行宏观谋划。

1. 团队战略规划设计的依据

进行团队战略规划设计，主要依据以下4点。

（1）团队所处时代的宏观经济和政策环境。

（2）团队所处行业的市场环境、竞争环境。

（3）团队所属企业的经营情况与发展能力。

（4）团队往期的战略规划设计情况。

2. 团队战略规划设计的7个步骤

（1）团队主要负责人提出团队战略规划设计要求，团队各模块人员准备相关资料。

（2）团队各模块人员进行宏观经济、政策环境、行业市场环境和竞争环境的初步研究。

（3）团队各模块人员汇总相关资料并进行研究分析，编制团队战略规划设计初稿并提交给团队主要负责人审核。

（4）团队主要负责人对战略规划设计初稿进行完善。

（5）召开团队会议，对团队战略规划设计进行表决。

（6）若团队还有直属上级，应将表决通过后的战略规划设计报其审阅。

（7）待战略规划设计的所有审批工作结束后，进行公示，并根据规划安排团队具体任务。

2.2.2 战略规划分解

1. 战略规划分解的形式

战略规划分解是分层次的，不仅在最高层有，在中层和基层也有。对于一个企业而言，一般应有三层战略，即企业层、业务层和执行层。相对应地，对团队而言，其三层战略分别是团队层、任务层和执行层。每个层次，其实都对应三个要素，分别是团队目标与方向、团队资源与权限、团队计划与任务。综上，团队战略规划分解如表2-1所示。

表2-1 团队战略规划分解

战略层次	分解要素		
	团队目标与方向	团队资源与权限	团队计划与任务
1. 团队层	1） 2） 3） ……	1） 2） 3） ……	1） 2） 3） ……
2. 任务层	1） 2） 3） ……	1） 2） 3） ……	1） 2） 3） ……
3. 执行层	1） 2） 3） ……	1） 2） 3） ……	1） 2） 3） ……

2. 战略规划分解的步骤

1）战略规划分析

通过市场调查、往期资料查询、市场预测等手段，分析已有战略规划的特点，构思战略规划的落地方式。

2）战略规划解码

灵活运用战略地图等技术，对战略规划进行解码，将战略规划具体涉及的团队目标与方向、团队资源与权限、团队计划与任务等要素明确下来。

3）划分战略层次

根据团队结构，将战略规划有层次地分解，一般主要分解为团队层、任务层、执行层。

4）规划分解验证

将战略规划解码和分层后，还要验证分解的合理性和有效性。团队可通过内部会议、专家验证等方式，对战略规划分解进一步梳理和调整，直到分解完成。

2.2.3 战略规划执行

团队战略规划执行需要考虑执行条件、执行宣传、规划落地、监控报告等内容，此处以营销团队为例，设计了一个战略规划执行方案，供读者参考。

方案名称	营销团队战略规划执行方案	编　号	
		受控状态	

一、执行目的
为了更好地优化配置与利用团队优势资源，确保团队能够快速发展，有计划地执行团队战略规划，特制定此方案。
二、执行时间
本方案将于____年____月____日正式开始执行。
三、执行人员及其权责
1．团队领导者：负责宏观把控与指挥。
2．团队销售负责人：根据销售模块的工作内容配合团队领导者行动。
3．团队营销负责人：根据营销模块的工作内容配合团队领导者行动。
4．团队财务负责人：根据财务模块的工作内容配合团队领导者行动。

5. 团队采购负责人：根据采购模块的工作内容配合团队领导者行动。
6. 团队行政负责人：根据行政模块的工作内容配合团队领导者行动。
7. 团队后勤保障负责人：根据后勤模块的工作内容配合团队领导者行动。

四、执行条件

1. 团队文化。团队应积极培育有利于战略规划执行的团队文化，建立支持战略规划执行的文化支撑体系。
2. 团队架构。团队制定的战略规划决定着团队的组织结构。当团队确定战略规划之后，为了有效地执行战略规划，必须分析和调整并执行战略规划所需要的团队架构。
3. 财务管理。团队战略规划的执行需要一定的财务支持。因此，可在内部专门设置财务管理人员，或与企业财务部对接，进行财务管理。

五、战略规划落地措施

（一）阶段性、年度运营计划的制订

团队根据战略规划方案，制订团队阶段性、年度运营计划，主要包括以下内容与步骤。

1. 销售预测。每年____月____日前，团队销售人员应根据每季度合同和订单情况，预测当年和次年全年的产品销售量、销售收入，提出"市场销售预测和目标计划"草案。
2. 财务预测。团队领导者或专门的财务人员根据销售人员的预测，以及上一年度团队销售收入、成本和利润，预先列出本年度各项成本的基础数据，提出"年度关键财务指标预测报告"草案。
3. 营销计划。营销人员确定次年全年的销售目标、达成销售目标的关键措施和所需的财务费用、人力编制和人工成本等资源，提出"市场营销年度行动计划和绩效管理办法"草案（不含绩效管理部分）。
4. 供应计划。每年____月____日前，根据销售、财务、营销等方面的计划，团队采购部协同企业生产部研究并确定实现销售目标的关键目标、关键措施和所需财务费用、人力编制和人工成本等，提出"采购管理年度行动计划和绩效管理办法"草案、"生产管理年度行动计划和绩效管理办法"草案（不含绩效管理部分）。
5. 人力资源计划。每年____月____日前，团队领导者或行政人员根据团队人员编制和人工成本的资源需求，汇总并确定年度经营目标的标准人力配置、人工成本控制总量，提出"年度人力标准配置计划"草案、"年度人工成本总量计划"草案。
6. 财务预算。每年____月____日前，团队领导者或专门的财务人员在上述各项计划和财务费用需求的基础上，进行财务需求的预先审查，编制达成经营目标的三套财务预算方案（盈亏平衡、责任目标值和争取目标值），提出"年度财务预算计划"草案。
7. 总体方案。每年____月____日前，团队领导者根据战略方针和各专项行动计划，汇总编制"年度经营计划书"草案、"经营团队目标管理责任书"草案。
8. 方案完善。每年____月____日前，团队领导者组织团队核心人员召开方案完善会议，修改并完善各项草案，补充专项行动计划的绩效管理部分，与"年度运营计划书""年度财务预算计划""团队目标管理责任书"保持协调。
9. 方案审定。每年____月____日前，团队领导者要将方案送企业总经办进行终审，主要审查总体方案和配套方案之间的一致性、协调性以及各项方案的可行性。

（二）建立完善的预算制度

团队通过战略分解制定完善的预算制度，明确预算编制、执行、考核等环节的主要风险点，并采取相应措施，实施有效控制。预算的编制、执行与考核执行下列规定。

1．团队根据发展战略和年度运营目标，综合考虑预算期内市场环境变化等因素，按照上下结合、分级编制、逐级汇总的程序，编制年度全面预算。预算编制应当科学合理，符合实际，避免预算指标过高或过低。

2．团队在年度预算执行前编制完成全面预算，按照规定的权限和程序审核批准后，以文件形式下达执行。团队将预算指标层层分解，落实到各小组、各成员，确保预算刚性，严格执行预算制度。

3．团队建立预算执行情况的预警机制和报告制度，确定预警和报告指标体系，密切跟踪预算实施进度和完成情况，采取有效方式对预算执行情况进行分析和监控，发现预算执行差异，及时采取改进措施。

4．团队批准下达的预算应当保持稳定，不得随意调整。由于市场环境、国家政策或不可抗力等客观因素，导致预算执行发生重大差异确须调整预算的，应当履行严格的审批程序。

5．团队建立严格的预算执行考核奖惩制度，坚持公开、公正、透明的原则，对所有预算执行小组和个人进行考核，切实做到有奖有惩、奖惩分明，促进团队实现全面预算管理目标。

（三）团队建立有竞争力的组织

团队需要为关键的岗位挑选有能力的人才，确保团队拥有其所需要的各类管理、营销、销售人才。

（四）建立完善的业绩考核制度

团队领导者应与各小组负责人签订"小组目标经营责任书"，将团队战略目标和团队年度运营目标与各小组的目标、责任、实施效果进行捆绑。

六、战略规划监控与报告

1．团队领导者应当加强对战略规划执行情况的监控，定期收集和分析相关信息，对于明显偏离战略规划的情况，应当及时调整。

2．为增强团队对内、外部环境变化的敏感度和判断力，团队建立经营绩效监控系统，用以监测战略规划和年度经营计划的执行进程和效果。

七、其他

本方案应由团队领导者提交给所在企业分管领导审批通过后方可执行。

执行部门		监督部门		编修部门	
执行责任人		监督责任人		编修责任人	

2.3 目标制定与目标管控

2.3.1 目标制定

员工的目标一般来源于企业的战略目标、部门目标、所在岗位的工作职责及内部或外部的客户需求，而团队的目标则来自团队的战略规划。一个团队的总体目标，在团队成立之初就已经确定。

以下是两种目标制定的方法与具体步骤。

1. 传统目标制定方法

传统目标制定方法指的是由企业的最高管理者制定目标，然后将其分解为子目标并落实到各个部门和团队中。此方法一般适用于单向管理，权力集约化的团队。

1）传统目标制定方法的步骤

分为以下三步。

（1）传统目标制定方法的第一项基础工作就是团队领导者向所有团队成员明确团队战略发展目标，据此确定团队年度发展目标。

（2）团队领导者要将团队战略发展目标及年度发展目标自上而下进行分解，团队各小组成员应严格执行被分解的目标。

（3）在目标执行阶段中，如果目标需要变更或完善，则需要经过团队领导者的同意，不能擅自更改。

2）传统目标制定方法的注意事项

运用传统目标制定方法设定的目标更具有权威性，有利于上下级目标保持一致。但是采用这种方法时要求团队领导者能准确把握团队的发展方向，熟悉团队各成员的业务流程和关键工作绩效，确保目标分解到位。

2. 参与式目标制定方法

参与式目标制定方法指的是由上级与下级共同制定具体的目标，并定期检查目标的完成情况，它是由上至下和由下至上的反复过程。参与式目标制定方法适用于管理方式比较开放，倡导成员建言献策的团队。

1）参与式目标制定方法的步骤

分为以下三步。

（1）与传统目标制定方法一样，参与式目标制定方法的第一项基础工作仍是确定团队的战略发展目标和年度发展目标，但此目标的制定是由团队领导者与主要成员共同完成的。

（2）团队领导者与主要成员通过沟通和协商来确定具体的目标及目标实施的措施。在制定目标实施的措施时，须明确团队可为目标实施提供的资源支持有哪些。

（3）在目标执行阶段，如果目标需要变更或完善，则团队领导者应与主要成员共同商讨，不能擅自更改目标。

2）参与式目标制定方法的注意事项

（1）目标达成的程序是自上而下的，即首先由团队领导者提出团队战略发展目标与年度发展目标，然后由主要成员发表各自的意见，最后形成团队整体的发展目标。

（2）目标分解的程序是自下而上的，即首先由团队各成员按照其具体工作职责草拟工作目标，然后由各级负责人汇总团队各成员草拟的工作目标，最后由团队领导者审批。

（3）参与式目标制定方法不仅要设定目标，更要制定目标实施的措施和方法。

2.3.2 目标分解

目标分解就是按照一定的要求和方法，将总体目标在纵向、横向或时序上分解到各层次、各部门乃至具体的人，形成目标体系的过程。

对于团队而言，目标分解就是将团队各项目标进一步细化的过程。这个过程要求分目标与总目标在总体方向上保持一致，并且各个分目标之间要在内容与形式上互相协调、平衡。

策划团队
目标分解

1. 目标分解的作用

在保证总体目标实现的过程中，目标分解是作为明确目标责任的前提而存在的。具体到团队管理中，目标分解有以下作用。

1）目标分解是团队分配各项资源的依据

团队的经营目标与支撑这个目标的资源是互相匹配的，做完目标分解，每个小组、每个成员的目标是清晰、明确的，那么相关员工可从上级获得多少资源支持也就随之确定。

2）目标分解具有导向作用

目标的确立与分解，为团队管理者与具体实施者都提供了前进的方向，这有助于引导团队各级成员形成统一的行动。

3）目标分解具有激励作用

目标本身就具备一种激励人心的力量，将目标分解后，总体目标显得更容易实现，阶段性目标成果一目了然。不管是团队领导者还是团队成员，都可以明确看到下一步工作的结果，这样更能调动人的潜在积极性，促使人全力而为，创造最佳成绩。

4）目标分解具有凝聚作用

目标分解的凝聚作用源于它的激励作用。团队目标虽然本身就代表了团队所有成员的共同利益，但只有通过目标分解，这个共同利益才能细化到成员本身。

当团队成员意识到自身所做的努力给团队带来的实际影响时，就能被极大地激发出工作热情、献身精神和创造性。

5）目标分解具备考核作用

由于目标分解使得每个成员的工作任务被细化到具体的值、量、指标，这极大地方便了对具体成员的考核工作。目标分解的尽头实质上是成员的绩效考核指标，这是团队进行绩效考核的依据。

2. 目标分解的要求

1）目标分解的形式要求

目标分解的形式，主要有两种，即按时间顺序分解和按空间关系分解。这两种形式经过了无数的管理实践，已经成为企业目标分解的共识，因此也就成为目标分解的要求之一。

（1）按时间顺序分解。按时间顺序分解要求将总目标按任务进度进行分解，这有利于对任务进行过程控制。按时间顺序分解构成了目标分解时间体系。

（2）按空间关系分解。按空间关系分解又分为按管理层次分解与按职能部门分解。按管理层次分解，是一种纵向分解，要求将目标从企业总目标自上而下逐级分解到个人；按职能部门分解，是一种横向分解，要求将目标横向分解到各相关的职能部门。按空间关系分解构成了目标分解空间体系。

2）目标分解的句式要求

目标分解的句式要求，是指将目标分解后，各分目标的表述要简单、准确、突出重点，尤其是要求有具体的目标值以及完成时限，否则很难对分目标进行考核。

3）目标分解的其他要求

除以上要求外，目标分解还有以下两点重要要求。

（1）目标分解应按整分合原则进行。所谓整分合原则，就是能及时对应、优化组合。也就是说，目标分解要求将总体目标分解后的各个分目标能体现总体目标，所有分目标的实现能保证总体目标的实现，甚至超越总体目标。

（2）目标分解后的各个分目标之间在内容与时间上要互相协调，并做到整体平衡。

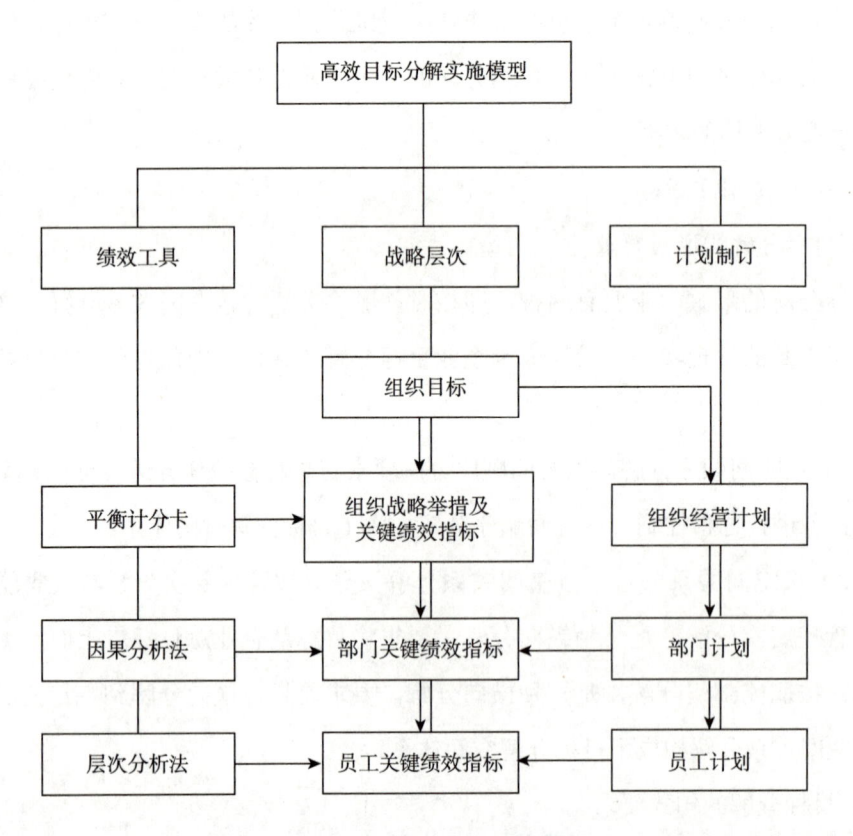

3. 高效目标分解实施模型

高效目标分解有助于建立团队业务运营的内在逻辑，并为业绩考核提供内容支持。高效目标分解的具体实施以模型的形式展示，它能够将复杂的高效目标分解为简单的目标，从而使我们能够更直观地理解并掌握目标。

高效目标分解实施的模型如图2-1所示。

图2-1 高效目标分解实施模型

4. 三级目标分解表

三级目标分解就是将目标分解两次，让一级目标、二级目标与三级目标形成三级目标分解体系。三级目标分解适用性强，无论是按时间分解还是按空间分解，都能用三级目标分解。

如表2-2所示为三级目标分解模板，供读者参考。

表2-2 三级目标分解模板

一级目标	二级目标	三级目标
1. 目标一	1）	（1） （2）
	2）	（1） （2）
2. 目标二	1）	（1） （2）
	2）	（1） （2）
3. 目标三	1）	（1） （2）
	2）	（1） （2）
	3）	（1） （2）
……	……	……

在表2-2中，一级目标是团队的总体目标；二级目标是对总体目标的分解，是指为完成总体目标需要完成的阶段性工作；三级目标是二级目标的完成要求，具体到团队成员，描述语言是目标值或完成时限。

2.3.3 目标管控

目标管控的主要内容是目标实现过程控制、目标考核与目标改进。

1. 目标实现过程控制

1）过程控制的内容

目标制定并分解完成后，就需要团队成员各司其职，完成目标。在目标完成过程中，需要进行过程控制，否则无法确保目标的实现。目标实现过程控制内容如表2-3所示。

表2-3 目标实现过程控制内容

序号	控制内容	具体说明
1	目标责任人	单个目标的具体责任人必须是明确的、具体的，且要有备选人员来应对具体责任人因各种原因无法完成目标的特殊情况
2	目标完成效果	1）总体效果是明确的 2）阶段性效果是明确的
3	目标完成时间	1）目标完成的总体时间 2）具体到每个工作日应该完成的工作

2）过程控制的措施

（1）每日检查。这是最直接的控制办法，相关负责人对团队成员的工作情况进行每日检查，及时发现问题并作出调整，确保团队成员的目标最终实现。

（2）互相监督。有关联任务的团队成员之间应做到相互监督、相互提高，以确保双方工作都能在较高效率下完成。

（3）规范流程。团队应对每项工作都制定明确、畅通、规范的流程，并对每个节点设置检查机制，这样能确保团队成员的工作都能有条不紊地进行。

3）过程控制注意事项

（1）不要过度干预。团队成员虽然都是按照一定的流程、标准进行工作的，但由于个人差异，每个成员的实际工作进度、方法等也会有差异，团队负责人在对团队成员的工作进行过程控制时，要给予团队成员一定程度的包容。

（2）及时纠偏。当团队成员在工作过程中出现问题时，团队负责人要及时纠偏，不要累积问题。

2. 目标考核

目标考核是团队目标管控的重要环节，其基本目的是检验目标成果、考核绩效、改进管理工作和促进团队成员向更高的目标奋斗。

1）目标考核的内容

目标考核的内容具体如表2-4所示。

表2-4　目标考核的内容

考核内容	内容界定	评价指标计算公式
目标项目达成度	目标项目的实现程度，它包括数量、质量、时限等内容	目标成果的评价标准=$\dfrac{实际实现的目标值}{预计实现的目标值}$
进度均衡性	团队按照预定的计划进行工作，这是目标得以实现的基本要求	目标进度均衡率=1－目标进度偏离程度 其中，目标进度偏离程度=（目标完成率－100%）或者（100%－目标完成率） 目标完成率=实际完成的目标值/计划目标值
协作情况	团队内部各成员之间为实现总体目标而进行的联系与配合	—

2）目标考核的方法

目标考核的方法主要有综合评定法、逐月评分累计法及名次排列法。

（1）综合评定法。首先依据考核标准给各目标项打分，然后依据目标项得分情况，并结合团队协作情况、目标进度均衡性、目标对策有效性、个人努力程度等进行综合评定。

（2）逐月评分累计法。根据年度目标分解的各项具体指标，按十二个月平均确定月指标，每月进行一次考核，逐月评分，年末汇总累计。

（3）名次排列法。首先制定征询表，然后让团队成员对团队其他小组成员或所在小组成员按优劣排出名次，一般可每季度排序一次。

3. 目标改进

团队目标考核的目的不仅是作为团队成员薪酬、奖惩、职位变动等人事变动的重要依据，还是推动团队成员能力的提升和目标的实现。因此，目标考核之后，应当开展和实施目标改进工作。

标杆超越法是目标改进的一种方法，指的是寻找和研究行业内外的、有优秀实践经验的、有助于本企业战略实现的其他优秀企业作为标杆，将本企业的目标实现情况与标杆企业进行比较，分析本企业存在的问题和标杆企业优秀的原因，从而制定最优策略以赶超标杆企业。标杆超越法是企业提高管理水平的有效方法，也是适用于团队目标改进的方法。

标杆超越法的操作步骤如下。

（1）成立标杆管理小组。组成标杆交流管理小组，制定标杆管理工作程序，明确标杆交流项目的范畴和目标，制订资料收集计划等。

（2）收集资料。设计问卷，开展调查，收集资料。根据收集的信息分析本团队的目标设置与管控情况。

（3）分析资料。不仅分析团队目标与标杆企业之间的差距，也要分析双方在团队规模、发展现状、团队文化等诸多方面的差异。根据分析结果制定本团队的目标改进方案。

（4）实施目标改进方案。将目标改进方案付诸实践，相关人员负责检查并报告进展情况，然后根据实际需要进行调整或重复相关活动程序。

（5）持续改进。进行阶段性评估，当已超越选择的标杆企业时，须根据实际需求重新调整标杆企业。

2.3.4 目标责任书

目标责任书是一种向上级领导或全体成员明确自己在一定时期内应负的责任和所要达到的目标的一种文书。

目标责任书在达成目标的过程中有着至关重要的作用，它不仅要把团队各成员的责任与团队各时期、各层次的目标紧密结合起来，使团队的所有成员齐心协力地围绕团队总目标努力工作，又要方便团队领导者检查与团队其他成员监督。

如下是团队销售目标责任书，供读者参考。

文书名称	团队销售目标责任书	编　号	
		受控状态	
一、目的 为了切实加强对本团队销售岗位的管理工作，保障团队销售目标的实现，根据"企业人力资源管理制度""团队目标管理办法"等制度，团队领导（甲方）与本团队销售业务负责人（乙方）签订本"团队年度销售目标责任书"。 二、甲方的权利与义务 1. 甲方有权随时向乙方询问销售任务完成进度，乙方须及时提供数据。			

2．甲方有权按时对乙方销售任务完成情况进行考核。

3．甲方须为乙方提供为确保销售任务按计划完成所需的各项资源。

三、乙方的目标任务

甲、乙双方约定，乙方应在12个自然月内完成销售额为____元的销售目标。

四、乙方的目标任务分解

以下目标任务分解事项，乙方须每月向甲方汇报情况。

（一）新产品市场调查

1．能够及时收集各类市场情报及相关行业政策和信息。

2．根据内外部环境的变化，组织进行宏观环境及行业状况调研，确保调研信息完整。

3．根据调研结果编制调研报告，调研报告力求准确无误，并向团队领导者提供有建设性的建议。

（二）销售策略的制定与执行

1．研究所销售产品的定位、目标市场的选择、价格策略、渠道策略，确保各项销售策略可执行。

2．将销售策略报团队领导者审批。

3．及时将获批的销售策略传达给具体成员，确保销售策略得到贯彻执行。

（三）编制销售计划

1．根据既定的销售策略制订本年度的销售计划，确保销售计划与销售策略一致。

2．将销售计划报团队领导者审批。

3．根据团队领导者批准的年度销售计划，将其分解为季度、月度销售计划，并确保计划分解准确。

（四）编制销售费用预算

1．组织制定年度销售费用预算，并确保预算合理、准确、可执行。

2．将销售费用预算报团队领导者审批。

3．根据团队领导者审批的年度销售费用预算，将其分解为季度、月度销售费用预算，并确保预算分解符合要求。

（五）销售管理

1．按月组织销售活动分析，并确保分析数据准确、客观。

2．定期制定和填报销售进度表。

3．检查销售成员执行销售流程的情况，当发现问题时，应及时、妥善地解决。

4．合理控制销售费用，努力降低销售成本。

5．做好市场拓展工作，达到一定的市场份额。

（六）发货管理

1．根据销售合同，组织制订产成品发运计划，并严格执行。

2．对未能按计划发出的货物，及时查明原因并提出处理意见。

（七）销售计划的执行

1．确保各项销售活动得到有效执行，包括电话咨询、网上来信等的回复工作，客户接待，同客户洽谈，合同审核与签约，销售款回收等。

2．根据本团队的销售情况，策划相关市场营销活动方案，并确保方案具有可操作性。

五、乙方目标任务的确认

1. 甲方每月查看一次销售任务的完成情况，但不做考核，只对完成情况进行分析。
2. 甲方每月查看销售任务完成情况后，不仅要给出工作建议，还要做好记录，以便后期进行任务完成情况的确认。
3. 甲方在目标责任书有效期的最后一个月内要对乙方目标完成情况进行总体确认。

六、奖惩约定

1. 乙方全额完成目标任务，奖励____元，随工资发放。
2. 乙方超额完成目标任务，每超额____%，奖励增加____%。
3. 乙方未完成目标任务，不予奖励。

七、其他特别说明（解约、特殊情况等）

1. 若在目标责任书有效期内出现团队解散、重组等情况，视具体情况对目标责任书作调整。
2. 若在目标责任书有效期内出现甲、乙任何一方有伤病、离职等情况，目标责任书则可取消或变更。
3. 若在目标责任书有效期内出现团队销售业务发生重大变动情况，则甲方在与乙方协商一致后可变更目标责任书。
4. 其他未尽事宜参照企业有关制度与团队管理相关办法进行。

八、有效期

本目标责任书一式三份，甲方与乙方各执一份，企业档案中心存档一份。有效期为____年____月____日至____年____月____日。

甲方签字：	乙方签字：
年　月　日	年　月　日

2.3.5 目标管理细则

目标管理包含目标制定、目标分解、目标管控等内容，为帮助团队更好地进行目标管理，应设计相应的规范性文件。如下是一份目标管理细则，供读者参考。

细则名称	目标管理细则	受控状态	
		编　号	

第1章　总　则

第1条　根据企业现有通行制度与企业"目标管理制度"以及企业当前目标管理工作不规范、不细致的工作实况，特制定本细则。
第2条　各部门的负责人，是其所在部门的目标管理负责人。

第3条　此细则适用于企业所有部门的目标管理工作。

第2章　目标制定

第4条　目标制定的依据是企业的战略目标以及企业主要领导下达的任务指标。

第5条　制定的目标必须清晰、明确，不可模糊、宽泛。

第6条　定性目标要用等级性语言描述，所有目标的实现程度统一分为____个等级。

第7条　定量目标必须用数字、时间、公式等量化语言描述。

第8条　所有目标都必须附带完成日期。短期目标的完成时间不得超过____个工作日；中期目标的完成时间不得超过____个自然月；长期目标的完成时间不得超过____个自然年。

第9条　所有目标都必须设置得具有挑战性，目标任务的完成量不得低于往期6个月的平均值。

第3章　目标分解

第10条　目标至少要进行三级分解，特殊情况可只进行两级分解。

第11条　目标分解的特殊情况是指以下三种情况。

1．目标实现所需要的权限较高，目标任务只能下达到部门层级。

2．目标本身就是难以量化与分解的，不属于企业经营的常态化目标。

3．目标设定人明确要求只进行两级分解。

第12条　目标分解后，各分目标的表述要简单、准确。

第13条　目标分解应按整分合原则进行，即将总体目标分解后各分目标能体现总体目标，所有分目标的实现能保证总体目标的实现，甚至超越总体目标。

第14条　目标分解后的各个分目标之间在内容与时间上要互相协调，并做到整体平衡。

第15条　目标分解过程中，要注意各分目标所需要的条件及其限制因素，如人力、物力、财力和协作条件、技术保障等。

第4章　目标管控

第16条　目标管控具体是指目标考核与目标改进。

第17条　目标考核采取打分制，满分为100分。其中目标任务负责人自评占考核权重的30%，目标任务负责人的直属上级的评价占考核权重的70%。

第18条　对目标考核实行年度考核与月度考核并行机制。年度考核在每年最后一个自然月之内完成，月度考核在每月最后一个工作周之内完成。

第19条　目标考核的主要内容是目标项目达成度、目标进度的均衡性以及目标完成过程中的协作情况。

第20条　目标项目达成度占目标考核权重的60%；目标进度的均衡性占目标考核权重的20%；目标完成过程中的协作情况占目标考核权重的20%。

第21条　目标改进要由目标制定者与实施者共同商讨决定，同一目标每次调整不得超过____%。

第5章　附　则

第22条　本细则未尽事宜，参考企业有关规章制度。

第23条　本细则由×××部负责编制、解释与修订。

第24条　本细则自××××年××月××日起生效。

编制日期		审核日期		批准日期	
修改标记		修改次数		修改日期	

2.4 产品、技术、研发团队目标分解案例

2.4.1 产品团队目标分解

产品团队的5大主要目标是：爆品打造、市场分析、产品开发、产品测试以及产品生命周期管理，据此设计的三级目标分解如表2-5所示。

表2-5 产品团队三级目标分解

一级目标	二级目标	三级目标
1. 爆品打造	1）设计调查问卷，进行市场调研，分析调研结果，挖掘用户需求	（1）市场调研准备工作应在____个工作日之内完成 （2）应至少收集____份调查问卷 （3）应采用至少____种方法对调研结果进行分析 （4）调研报告应内容完整、结果明确、指导性强，一次性审核通过率达到____%
	2）根据市场调研分析结果，制作用户画像，提炼产品卖点，撰写爆品打造可行性分析报告	（1）用户画像制作工作应在____个工作日之内完成 （2）应至少提炼出____条核心卖点 （3）爆品打造可行性分析报告应在____个工作日之内完成 （4）爆品打造可行性分析报告一次性审核通过率达到____%
	3）根据市场调研结果和卖点分析，选择拟重点打造的产品，对选择的产品的外观、包装、功能等进行全新设计，以满足目标用户的需要	（1）应至少选择____种产品同时打造 （2）产品设计包装相关工作应在____个工作日之内完成
	4）制订线上、线下宣传计划，明确线上、线下宣传的平台、形式、标语、时间、预算等内容并执行	（1）线上、线下宣传计划内容完整，可行性强，一次性审核通过率达到____% （2）线上、线下宣传计划应在____个工作日之内完成 （3）线上、线下的宣传推广活动应至少持续____天 （4）线上、线下的宣传推广活动应将宣传经费控制在____元以内 （5）应至少采取____种宣传形式

续表

一级目标	二级目标	三级目标
2. 市场分析	1）明确产品市场调研的具体任务和细节，做好市场调研准备工作；制订完善的产品市场调研计划，规划好市场调研工作	（1）市场调研准备工作应在＿＿个工作日之内完成 （2）产品市场调研计划内容完整，可执行性强 （3）产品市场调研计划一次性审核通过率达到＿＿%
	2）根据产品市场调研计划有序开展市场调研工作，收集市场调研数据并整理	（1）产品市场调研工作应在＿＿个工作日之内完成 （2）应至少收集＿＿条有效市场调研数据 （3）市场调研遇到的问题应在＿＿小时内解决 （4）市场调研资料准确、完整
	3）召开产品市场调研结果分析会议，分析产品市场调研结果，编制产品市场调研工作报告	（1）应至少要求＿＿个相关部门参加会议，参会人员不得少于＿＿人 （2）应至少采用＿＿种分析方法分析调研结果 （3）产品市场调研工作报告应在＿＿个工作日之内完成并审核通过
3. 产品开发	1）进行产品开发可行性论证，撰写论证报告，做好开发备案；明确产品开发工作的具体任务和细节，制订产品开发工作计划	（1）可行性报告应在＿＿个工作日之内完成并审核通过 （2）产品开发准备工作应在＿＿个工作日之内完成 （3）产品开发工作计划内容完整，可执行性强，一次性审核通过率达到＿＿%
	2）进行产品开发，制作出产品开发样品，通过会议明确产品开发样品的可取和不足之处，制定调整方案	（1）样品开发应在＿＿个工作日之内完成 （2）产品开发调整方案应在＿＿个工作日之内完成，并审核通过
	3）根据产品开发调整方案，进行产品开发调整工作	产品开发调整工作应在＿＿个工作日之内完成
	4）对调整后的产品开发结果进行评价，根据评价结果确定产品开发结果是通过、需改良还是需重做	（1）应至少邀请＿＿名不同相关部门的专业人员参与产品开发结果评价 （2）应至少采取＿＿个角度分析评价结果 （3）产品改良工作应在＿＿个工作日之内完成 （4）产品重做工作应在＿＿个工作日之内完成

续表

一级目标	二级目标	三级目标
4．产品测试	1）制订产品测试计划，根据产品测试计划协调、调度时间、地点、人力、物力等资源	（1）产品测试计划应在____个工作日之内完成并审核通过 （2）产品测试准备工作应在____个工作日内完成
	2）按计划进行产品初试，产品初试主要测试产品的外观、功能、形状等是否达标	产品初试工作应在____个工作日之内完成
	3）产品初试完成后，将产品有选择性地投入指定市场，进入产品内测环节	产品内测工作应在____个工作日之内完成
	4）产品内测完成后，按计划对产品进行公测，产品公测主要是市场测试，将产品试生产并投入市场，观察市场反应	（1）产品公测用户满意率应达到____% （2）产品公测报告应在____个工作日之内完成
5．产品生命周期管理	1）制订产品上市宣传计划，做好产品宣传工作，扩大产品影响力；制订导入期产品销售计划，持续增加产品销售力度	（1）产品宣传计划应在____个工作日之内完成 （2）产品宣传计划内容完整、合理，一次性审核通过率达____% （3）导入期产品销售额至少达到____元/月
	2）制订成长期产品销售计划，并持续加大销售力度；做好竞品分析管理，适当调整产品价格策略	（1）成长期产品销售额至少达到____元/月 （2）每月至少收集____条竞品信息
	3）制订产品饱和期销售计划，继续稳定销售产品	饱和期产品销售额至少达到____元/月
	4）制订产品衰退期销售计划，控制销售力度，加大调研市场力度，关注竞品动态，积极开发新品，弥补衰退期产品退市所带来的市场份额受损	（1）衰退期产品销售额至少达到____元/月 （2）衰退期市场调研应每月进行____次 （3）衰退期每月至少提出____个新产品构思

2.4.2 技术团队目标分解

技术团队的4大主要目标是：技术引进、技术改造、技术升级与技术运用，据此设计的三级目标分解如表2-6所示。

表2-6 技术团队三级目标分解

一级目标	二级目标	三级目标
1. 技术引进	1）调查团队技术需求，明确技术引进方向	技术需求调查工作应在____个工作日之内完成
	2）调查技术市场，筛选引进对象，编写技术引进建议书	（1）技术市场调查工作应在____个工作日之内完成 （2）应至少筛选出____个引进对象，以对比分析核心卖点 （3）技术引进建议书应在____个工作日之内完成
	3）制定技术引进方案，明确洽谈时间、地点、技巧、价格等内容，并实施方案	严格按照方案进行技术引进洽谈工作，确保引进价格不超过预算
	4）与引进对象签订协议，正式引进技术，做好技术本土化工作	正式引进工作应在____个工作日之内完成
2. 技术改造	1）评估目前已有技术，分析技术改造的可行性	（1）应至少采取____种方式进行评估 （2）评估工作应在____个工作日之内完成
	2）制定技术改造方案，明确技术改造的各项细节	（1）技术改造方案应在____个工作日之内完成 （2）技术改造方案一次性审核通过率达到____%
	3）实施技术改造工作，并试用技术以验证改造效果	（1）技术改造工作应在____个工作日之内完成 （2）应至少采用____种方法对技术改造效果反复验证
3. 技术升级	1）评估目前已有技术，选择可升级的对象	（1）应至少采取____种方式进行评估 （2）评估工作应在____个工作日之内完成
	2）制定技术升级方案，明确技术升级的各项细节	（1）技术升级方案应在____日内完成 （2）技术升级方案一次性审核通过率达到____%
	3）实施技术升级工作，并验证升级效果	（1）技术升级工作应在____个工作日之内完成 （2）应至少采用____种方法对技术升级效果进行反复验证

续表

一级目标	二级目标	三级目标
4. 技术运用	1）统计所有已有技术，总结每项技术的特点	统计工作准确率达到____%
	2）分析已有技术的运用场景，并编制技术运用说明书，报领导审核	（1）技术运用说明书应在____个工作日之内完成 （2）技术运用说明书一次性审核通过率达到____%
	3）将技术运用到实际生产经营活动中，发挥技术作用	技术运用后，相关工作的效率应至少提升____%
	4）统计技术运用效果，改善运用方法	统计工作及时、准确、无遗漏

2.4.3 研发团队目标分解

研发团队的2大主要目标是：研发费用与研发进度，据此设计的三级目标分解如表2-7所示。

表2-7 研发团队三级目标分解

一级目标	二级目标	三级目标
1. 研发费用	1）测算研发过程中所需的各项费用，并编制费用预算交由上级审批	（1）研发费用测算准确且无遗漏 （2）费用预算一次性审批通过率达到____%
	2）根据研发过程中各项工作所需占用的资源量确定每项工作的预算费用	各项工作中的预算费用分配合理
	3）确定每项工作所需费用的定额基准，编制费用控制基准表	（1）费用定额基准表制定合理 （2）费用控制基准表一次性审核通过率达到____%
	4）监督各阶段所需的费用，如果完成某项工作所需费用超出核定费用，则应该在项目范围内及时调整	（1）费用监督应在____个工作日之内作出反馈 （2）预算费用调整及时且可接受
	5）划清各项费用之间的界限并分类，实事求是地核算各项费用，整理、汇总费用核算资料，并报上级审批	（1）各项费用之间的界限清晰 （2）各项费用核算准确率达到____% （3）费用核算资料准确、完整

续表

一级目标	二级目标	三级目标
1. 研发费用	6）逐项分析每项费用的结余或超支情况，并寻找原因	（1）各项费用分析客观、准确 （2）费用结余或超支原因合理且可借鉴
	7）总结费用结余经验，吸取费用超支教训，并为下次费用控制工作提供对策	费用控制对策合理且有效
2. 研发进度	1）编制研发进度计划，以研发进度计划对相关人员进行绩效考核	（1）研发进度计划编制内容合理 （2）研发进度计划科学性高、质量好 （3）研发进度计划审批通过率达到____%
	2）分解研发进度计划，建立计划分级管理体系，选择合理的研发进度控制点作为进度目标	（1）研发项目分级管理体系完整且合理 （2）研发进度控制点选择合理且分布合理
	3）做好规划设计、采购、项目实施与试运行之间的接口控制，选择合适的进度控制工具进行追踪、预测，并将新的进度数据应用于进度计划	（1）各步骤之间的接口控制良好，没有出现失误 （2）进度控制工具合理、高效 （3）项目进度预测准确率达到____% （4）进度数据统计完整且准确率达到____%
	4）根据工作绩效测量结果，计算出进度偏差与进度绩效指数并记录；分析产生偏差的原因，并根据更新后的进度数据更新项目进度计划	（1）进度偏差与进度绩效指数计算准确率达到____% （2）进度偏差与进度绩效指数记录在____个工作日之内准确完成 （3）应至少选择____种方法分析产生进度偏差的原因，且进度偏差原因分析合理 （4）项目进度计划应在____个工作日之内更新

第 3 章

团队领导与决策

3.1 领导力与团队领导力

3.1.1 领导力模型

1. 领导力五力模型

领导力是支撑领导行为的各种领导能力的总称。在领导力的逻辑关系中,领导者一方面需要运用所学的知识并通过实践转化为自己的领导力;另一方面需要通过领导行为运用领导力来影响目标的实现。

领导力模型指出,领导者必须具备感召力、前瞻力、影响力、决断力、控制力五种领导能力。

这五种能力对于领导者来说都是非常重要的。其中,感召力是最重要的,而前瞻力和影响力是感召力的延伸,决断力和控制力是领导者面对困难和挑战所需要的决策和实施能力。领导力五力模型图如图3-1所示。

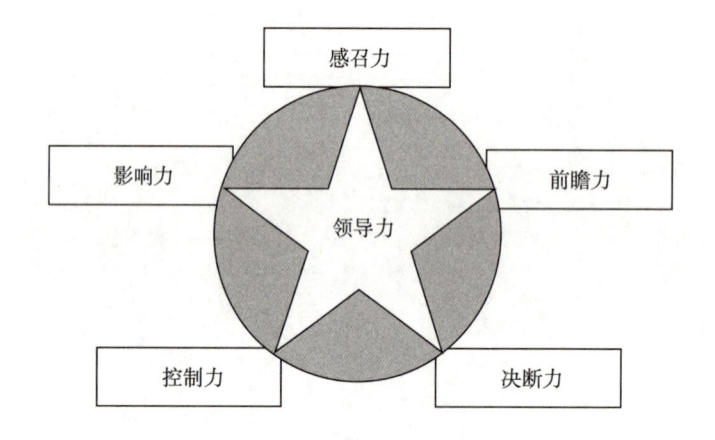

图3-1 领导力五力模型图

2. 领导力五力模型具体内容

1)感召力

感召力需要领导者拥有崇高的人格、丰富的阅历、坚定的信念,并且能以饱满的激情面对工作中的困难与挑战。

拥有感召力的领导者可以不凭借物质上的手段去激励他人,而是凭借人格上的魅力去鼓舞与领导他人。

2）前瞻力

指能够根据所在行业的发展规律和环境的变化，预测和把握未来的能力。拥有前瞻力的领导者能够在充满不确定性的商业环境中为团队制定长远的发展策略。

3）影响力

指能洞察被领导者的需求和动机，与其建立各种关系，并通过沟通来影响被领导者以及平衡被领导者利益的能力。

影响力分为权力性影响力和非权力性影响力。权力性影响力带有强迫性和不可抗拒性，其来源主要是法律、职位、习惯等。非权力性影响力主要来源于领导者的品格、才能、知识等，属于非强制性的。

4）决断力

指能运用各种决策理论、方法和工具，把握决策时机，使用最佳决策方法防范和化解风险的能力。拥有决断力的领导者能够预见事物发展的趋势并快速制定出行动方案。

5）控制力

指能够通过确立价值观，制定规章制度，任命合适的人员，解决各种冲突来控制企业的发展方向和战略的能力。拥有控制力的领导者能够对团队的发展变化、战略实施进行控制，充分应对未来的不确定性。

领导力五力模型高度概括了领导者所需的领导能力。当领导者的这五种能力大小不同时，领导者应该尽量弥补自己的短板能力。

3.1.2 团队领导力

1. 领导力素质模型

团队领导力是指制定团队的目标，为团队提供指导、处理与其他部门的关系的能力。领导力素质模型是对领导者能胜任某项工作、达到某项目标而应具备的不同素质的描述。

权变领导模型

领导力素质模型维度包括战略思维、授权他人、掌控能力、激励团队、发展他人、团队合作、沟通能力、创新思维。领导力素质模型维度如图3-2所示。

```
                    ┌─ 战略思维
                    ├─ 授权他人
                    ├─ 掌控能力
   领导力素质         ├─ 激励团队
   模型维度    ─────┤
                    ├─ 发展他人
                    ├─ 团队合作
                    ├─ 沟通能力
                    └─ 创新思维
```

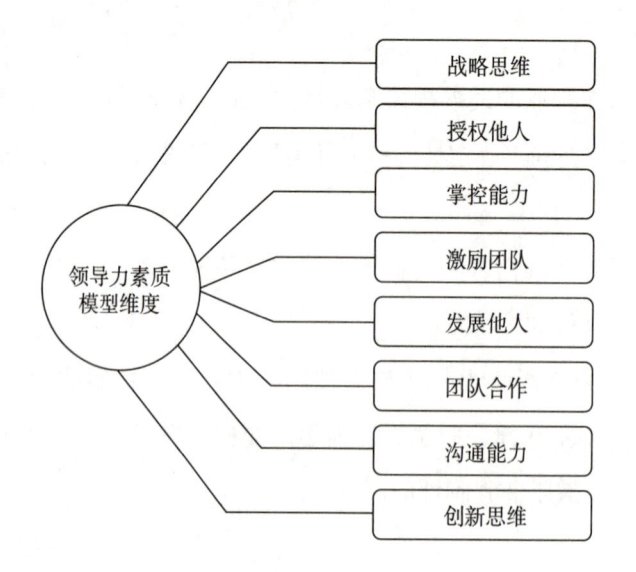

图3-2　领导力素质模型维度

1）战略思维

领导者从全局出发，制定科学的企业战略，规划企业的发展步骤。

2）授权他人

团队领导者分配了具体任务后，充分信任团队成员并授权给团队成员，让团队成员发挥主观能动性，自己完成任务。

3）掌控能力

团队领导者根据实际工作情况对每个团队成员提出要求，并时刻关注每个团队成员的绩效，对于绩效出现异常的团队成员应该及时关心。

4）激励团队

团队领导者在团队士气不高的时候应该积极地鼓舞团队的士气，用内驱来激励团队成员。

5）发展他人

团队领导者帮助团队成员制定个人发展规划，对团队成员的工作及时给予指导和反馈，对团队成员在工作过程中的不足之处加以培训，然后进行相关实操锻炼。

6）团队合作

团队领导者可以积极开展各种团建活动以及其他的活动，增进团队成员之间的感情，同时鼓励团队成员提出自己的意见，并充分考虑这些意见，营造一种积极合作的氛围。

7）沟通能力

团队领导者在与团队成员沟通的时候应该积极倾听其诉求，并进行有效的沟通。

8）创新思维

团队领导者应该积极思考团队可以在哪些方面进行创新突破，并及时根据实际情况推出创新方案。

2. 团队领导力打造

团队领导者的领导能力不是生来就有的，在实际的管理过程中，团队领导者可以通过后天的学习来提升自身的领导力，具体打造团队领导力的方法如下所述。

1）以身作则

在团队中，团队领导者的一举一动都在团队成员的关注中，所以团队领导者应该注意自己的言行，遇到困难应该迎难而上，为自己的团队成员树立一个榜样。

2）提升自我

作为团队的领导者，需要拥有高超的技能和过人的学识，了解所在行业的最新动态，所以团队领导者应该保持学习的习惯，提升自己的能力，扩展自己的知识面。

3）奖罚分明

团队领导者在管理的过程中，应该按照绩效考核结果进行奖励或者惩罚，而不是依靠个人的好恶，否则会失去团队成员的信任。

4）合理分配任务

团队领导者应该了解团队成员的性格和能力，在分配任务时，要考虑每个成员擅长的领域，任务量也要根据成员的能力大小来分配，以使其尽可能地按时完成。

5）成员培训和赋能

团队成员在工作的过程中会遇到很多问题与困难，团队领导者应该积极关注这些问题，对团队成员展开培训与赋能，提升团队成员的工作效率。

6）成就他人

团队的领导者可能会遇到比自己优秀的团队成员，这个时候团队领导者可以助力团队成员的发展，以达到相互成就的效果。

3.2 高效能决策系统设计

3.2.1 决策体系的5个组成部分

现代的决策体系,是由决策系统、智囊系统、信息系统、执行系统以及监督系统5个重要部分组成的统一体。以下是对决策体系5个部分的详细介绍,其具体内容如表3-1所示。

表3-1 决策体系5个组成部分

序号	组成部分	具体内容介绍
1	决策系统	决策系统是对所管辖范围的问题作出决策的系统。其主要任务是以现代决策手段和技术对信息系统进行科学的处理,以使信息全面、准确,并对智囊系统提供的方案进行选择和分析,最终作出决策
2	智囊系统	智囊系统是充分利用信息系统提供的信息为决策系统拟定各种备选方案的系统。智囊系统能够进行信息预测和有效反馈,提供或评估决策方案,并评价决策实施效果
3	信息系统	信息系统主要是管理信息系统和决策支持系统,并以决策支持系统为主。其中,决策支持系统以模型技术为主体,通过对话方式选择和修改模型,在模型库中将多个模型组合成更大的模型,并存取数据库中的大量数据,形成决策方案,并在计算机上运行该方案,计算方案结果
4	执行系统	执行系统是指执行决策系统的各项决策指令并付诸实施的系统
5	监督系统	监督系统是对执行系统贯彻执行决策系统的指令的情况进行各方面的检查和监督,并帮助决策系统进行自我调节,以保证指令的顺利贯彻执行和所制定目标的顺利实现的系统

3.2.2 决策分类的6个维度

决策是对未来的方向、目标及其实现作出决定的过程。根据不同的分类维度,决策可以分为不同的类型。主要按6个维度进行分类,分别是决策主体、决策范围、决策地位、所决策的问题出现的频率、对决策问题的了解程度、决策制定过程作用。

1. 决策主体

决策主体是决策过程中的领导者、参与者以及决策的执行者。按照决策主体的不同，可以分为集体决策与个人决策。

1）集体决策

集体决策是为充分发挥集体的智慧，由多人共同参与决策分析并制定决策的过程。其中，参与决策的人组成决策集体。

2）个人决策

个人决策是指决策机构的主要成员通过个人决定的方式，按照个人的判断力、知识、经验和意志所作出的决策。个人决策一般用于日常工作中程序化的决策和管理者职责范围内的事情的决策。

2. 决策范围

决策范围是指决策时考虑的角度、立场。按照决策范围的不同可以将其分为宏观决策和微观决策。

1）宏观决策

宏观决策是指企业管理层站在整个企业的角度，把握企业内部与外部条件，洞察行业整体走向和企业竞争态势变化对企业定位、发展目标、竞争策略、资源整合等的影响所进行的战略性、全局性的思考和规划。

2）微观决策

微观决策是指对带有局部性的某一具体问题所作出的决策，以实现宏观决策所规定的目标为决策的前提和标准，它是宏观决策的延续和具体化，具有单项性、具体性、定量化的特点。

3. 决策地位

决策地位是指所制定的决策对企业的影响大小。根据决策地位的不同，可以把决策分为战略决策和战术决策。

企业战略
决策模型

1）战略决策

战略决策是解决全局性、长远性、战略性的重大决策问题的决策。一般由企业高层决策者作出。战略决策是企业经营成败的关键，关系到企业的生存和发展。

2）战术决策

战术决策是指为了实现战略决策、解决某一问题所作出的决策，以战略决策规定的目标为决策标准。

4. 所决策的问题出现的频率

所决策的问题出现的频率是指制定某项决策时可参考法规、章程、先例的多少。按照所决策的问题出现的频率这一维度进行分类，可以分为常规型决策和非常规型决策。

1）常规型决策

常规型决策也称程序型决策，是指决策者对有法可依、有章可循、有先例可参考的重复性的日常事务所作出的决策。

2）非常规型决策

非常规型决策也称非程序型决策，是指对具有大量不确定性因素，缺乏可靠的信息资料，无常规可循，必须经过专门的分析研究才能确定的问题所作出的决策。

5. 对所决策问题的了解程度

对所决策问题的了解程度是指决策者对所决策对象的自然状态和客观条件的认知程度。根据对所决策问题的了解程度，可以把决策分为确定型决策、风险型决策和非确定型决策。

1）确定型决策

确定型决策是指决策的结果完全由决策者所采取的行动决定的决策，它可采用最优化、动态规划等方法作出。

2）风险型决策

风险型决策是指决策者对所决策对象的自然状态和客观条件比较清楚，也有比较明确的决策目标，但是实现决策目标必须承担一定风险的决策。

3）非确定型决策

非确定型决策也称非标准决策或非结构化决策，是指决策者在无法确定未来各种状态发生的概率的情况下所作出的决策。

6. 决策制定过程作用

决策制定过程作用是指制定的决策对企业现有的目标和方向的改变程度。根据决策制定过程作用，可以把决策分为突破性决策和追踪性决策。

1）突破性决策

突破性决策是促进事物发生方向或性质突变的决策，企业的转产或经营目标和方向的改变等均属突破性决策。

2）追踪性决策

追踪性决策是在决策实施过程中，根据反馈对出现的偏差进行调整、修正的决策。

3.2.3 西蒙决策的4个步骤

著名的诺贝尔经济学奖获得者赫伯特·西蒙认为决策是管理的核心，决策是贯穿在管理的全过程中的。行动的组织实施和控制中的每个环节都存在决策问题，而只有正确的决策才能引领企业长久发展。

赫伯特·西蒙把决策过程分为确定决策目标、拟定决策方案、优选决策方案和执行决策方案4大步骤。对西蒙决策4步骤的具体说明如表3-2所示。

表3-2　西蒙决策4步骤

序号	决策过程	分步骤	具体内容说明
1	确定决策目标	提出问题	寻找差距，确定问题的性质、特点和范围
		确定目标	决策者根据各种条件，对未来一段时间内所要达到的目的和获得的结果进行判断，并最终确定决策目标
2	拟定决策方案	价值准则	价值准则是落实目标、评价和选择决策方案的依据。确定价值准则的科学方法是环境分析
		起草方案	拟定决策方案的原则是整体详尽性和相互排斥性。起草决策方案的阶段包括大胆设想阶段和精心设计阶段
3	优选决策方案	方案评估	决策者对拟定的决策方案进行分析和评估，最为常用的评估方法主要包括经验评价法和数学分析法
		方案选择	根据拟定的决策方案的评估结果，最终由决策者优选决策方案
4	执行决策方案	方案试验	选择若干试点试验，如果试验成功，即可进入普遍实施阶段，如果失败，则进行决策修正
		普遍实施	在执行决策方案过程中，要加强决策反馈和追踪决策等工作力度，要有规章制度支持

3.2.4 辅助决策的4个模型

辅助决策是指为决策者提供数据和信息，确定决策问题，提供决策资料，处理和选择决策方案的管理活动。

辅助决策给予决策者一定的依据，但最终还是要决策者作出决定。

模型是对于现实世界的事物、现象、过程或系统的简化描述。一般情况下，可以按照模型的表现形式将辅助决策模型分为物理模型、数学模型、结构模型和仿真模型4种类型。对辅助决策的4种模型的具体说明如图3-3所示。

1　物理模型

物理模型可以分为实物模型和类比模型。实物模型主要是指依靠物质的基本形态所做的模型。类比模型是指借用类似形象或过程，但不是建立在分析现象与认识机理基础上所做的模型

2　数学模型

数学模型主要是指用字母、数字和数学符号构成的等式或不等式，来描述系统的内部特征或与外界关系的模型

3　结构模型

结构模型是指反映系统的结构特点和因果关系的模型，是将复杂的系统分解为若干子系统，利用实践经验和知识以及计算机的帮助，最终构成一个多级阶梯结构模型

4　仿真模型

仿真模型是指通过数字计算机、模拟计算机或混合计算机上运行的程序表达的模型。仿真模型仿真的是被仿真对象的相似物或结构形式

图3-3　辅助决策的4种模型

在辅助决策的4种模型中，最常用的一种是数学模型。数学模型又可分为原理性模型、系统性模型、规划模型、预测模型、仿真模型、管理决策模型和计量经济模型7种类型，其具体内容如表3-3所示。

表3-3　数学模型的7种类型

序号	类型	具体内容说明
1	原理性模型	自然科学中的定理、公式
2	系统性模型	系统动力学、大系理论、灰色系统、系统辨识、系统控制、最优控制和创造工程学
3	规划模型	线性规划、非线性规划、动态规划、目标规划、更新理论和运输问题
4	预测模型	定性预测，包括专家调查法、情景分析法、主观概率法和对比法。定量预测，包括趋势法、因素相关分析法、平滑法

续表

序号	类型	具体内容说明
5	仿真模型	蒙特卡罗法、KSIM模拟和微观分析模拟
6	管理决策模型	关键路径法（CPM）、计划评审技术（PERT）、风险评审技术（VERT）和层次分析法（AHP）
7	计量经济模型	经济计量法、投入产出法、动态投入产出法、回归分析、可行性分析和价值工程

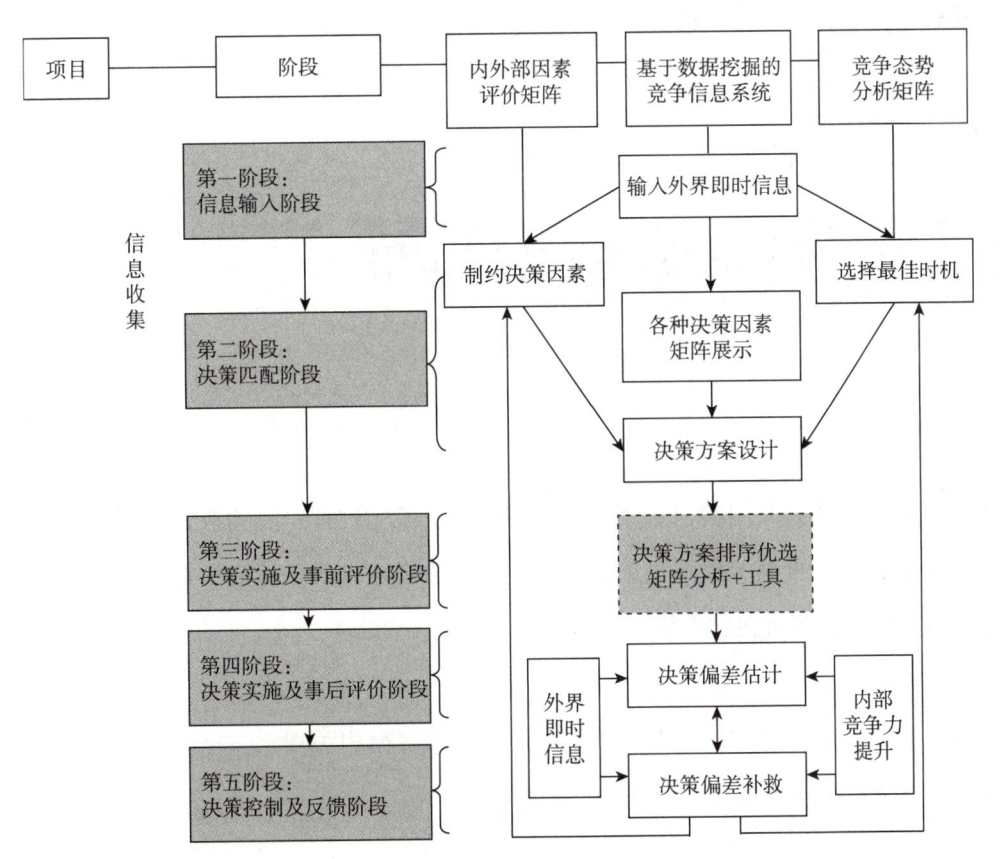

3.2.5 快速决策实施模型

快速决策实施模型，是一个可循环的系统模型。该模型主要分为5个阶段，即信息输入阶段、决策匹配阶段、决策实施及事前评价阶段、决策实施及事后评价阶段、决策控制及反馈阶段。快速决策实施模型如图3-4所示。

决策树法与敏感性分析法

图3-4　快速决策实施模型

快速决策实施模型为决策者提供了决策的依据，提高了工作效率，缩短了决策需要使用的时间。以下为快速决策的优点。

1. 拥有先发优势

快速决策意味着比别的团队所花的决策时间短，在面对同一个问题的时候，率先作出决策的团队会率先实行计划，这样就会领先他人一步，从而形成了先发优势。拥有先发优势的团队能够迅速占领市场，产品更容易被客户接受。

2. 有更多的试错时间

由于快速决策所花费的时间比较短，因此，预留的决策执行时间会比较多，如果在执行过程中发现实际情况与设想的情况不一致，可以重新进行决策。经过试错之后，可以对新的决策进行优化与改进，团队的绩效也会得到提升。

3. 筛选出关键决策因素

快速决策能够迅速帮助决策者去除那些不关键的决策因素，从而重点考虑那些关键的决策因素，再对决策方案进行对比分析，并根据关键决策因素选出最合适的方案。使用该方案实施执行，可以最大限度地提升团队绩效。

3.3 集体与个体决策规范与应用

3.3.1 集体决策规范与应用

1. 集体决策程序

集体决策是由多人共同参与决策、分析并制定决策的过程。集体决策的程序是先制定集体决策制度，再确定集体决策事项、集体决策沟通方式，然后拟定集体决策方案，最后进行集体决策方案的实施与反馈。

2. 集体决策规范

集体决策是多人参加的决策，在决策的过程中须遵循相关规定与标准。这里是一份集体决策规范，供读者参考。

规范名称	集体决策规范

一、目的

为了能够充分发挥团队集体的智慧，由多人共同参与决策，并有一定的决策机制和规范支持团队战略决策管理，特制定本规范。

二、范围

本规范主要适用于团队中涉及目标多重性、时间动态性和状态不确定性，需要多人进行决策的工作事项和问题。

三、术语定义

1. 头脑风暴法是指运用小组会议的组织方式，实现激发参会者的创意及灵感，使各种设想在相互碰撞中激起脑海的创造性风暴的过程。

2. 德尔菲法是指让专家匿名参与问题解决，且有专门的工作小组，专家主要通过信函的方式进行交流，避免大家面对面讨论带来消极影响。

四、决策事项识别

当团队出现需要决策的事项时，需要对所需决策事项进行识别，分出轻重缓急以及所需决策事项的重要性。然后根据所需决策事项的性质安排参与决策的人员以及选择相应的决策方法。

1. 突发事项的决策

在团队的经营活动中，由于市场环境、相关政策的变化以及不可抗力事件的发生，会出现需要紧急处理的事项。这个时候应该快速召集相关人员对突发事项进行处理，决策人员需要快速拟定出可执行的方案来应对这些突发事项。

2. 战略性事项的决策

战略性的事项会决定企业的发展方向、经营范围，对企业有着长远的影响，所以参与决策的人员应该以中高层领导为主。战略性事项的决策应该做好市场调研、政策研究等工作，以确保决策方案的正确性以及可行性。

3. 创新性事项的决策

团队在发展过程中需要变革与创新，如果一成不变，很容易被市场给淘汰。创新是团队发展的动力，创新性事项包括新市场的开拓、组织结构的变革、新技术的开发等。团队在这个过程中需要对这些创新性事项的风险、收益、投资回报周期、预算等进行评估，然后邀请相关专家共同参与决策，提高创新性事项决策的成功率。

五、决策问题诊断

决策之前需要对所决策的问题作出诊断，具体问题具体分析，这些决策问题包括资金问题、人员管理问题、项目进度问题。

1. 资金问题

团队在运行过程中会遇到资金分配、资金周转的问题，这个时候需要团队的管理层作出决策，是减少相关预算，还是向银行借贷，或是公开融资。这些方法有各自的优点，也有各自的缺点，这需要团队的决策者进行充分的分析，然后作出决策。

2．人员管理问题

一个发展成熟的团队，会面临员工的培训、员工职位的晋升或降级、人才的迭代问题，这个时候需要团队管理者制订科学的员工培训计划和绩效管理制度，这样才能激励员工，充分发挥员工的积极性、主动性，为团队的发展作出贡献。

团队的决策者在作人员管理方面的决策时，应该充分考虑每个团队成员的意见或建议，这些都是与员工的利益高度相关的，做好了人员管理问题的决策，可以使员工个人的利益与团队的利益保持一致，可以充分发挥员工的主观能动性。

3．项目进度问题

团队在开展一个项目的时候需要对项目的进度进行控制。首先，需要确定项目不得晚于某一时间完成，然后对这些项目的关键节点设置一个具体的时间，对项目完成的关键节点进行控制。对于项目中存在困难的地方，应该留有足够时间来完成。

这需要团队的决策者跟项目负责人进行充分的讨论，根据团队的规划以及项目推进过程中的实际情况来进行决策。既要确保项目在完成过程中的质量，也要确保项目完成的速度，使项目的进度能够符合团队的安排。

六、决策选择依据

1．完整、有效的信息

掌握的信息数量以及正确率影响决策的效果。了解行业的前沿信息以及政策风向，可以在制定决策的时候尽量规避风险以及寻找新的盈利点。信息全面有利于集体决策的时候开阔思路，从更多维度考虑问题。

2．科学的决策分析

掌握了完整、有效的信息之后，可以采用科学的分析方法进行分析，如最大最小损益值法、量本利分析法、敏感性分析法等，根据所决策事项的性质来选择合适的方法。

3．充分的讨论

决策方案制定完成后，决策人员对方案进行集中讨论，根据讨论的结果对决策方案进行改进，并最终选择适合的方案。

七、决策行动要求

1．集中不同领域专家的建议，提高决策的针对性。
2．选择合适的决策方法，如头脑风暴法和德尔菲法，使所有决策人员都能发表意见。
3．利用多重知识和可行性方案，有效梳理和筛选优秀决策方案。
4．充分利用决策成员所受教育、经验和背景，以获得多种信息。
5．群体决策须得到更大程度的认可，保证其能够顺利实施。
6．群体决策要使决策成员勇于承担风险，保证决策方案顺利实施。

八、决策流程

1．召开决策会议，提出要求决策的事项。
2．组织协调相关意见或建议，编写决策建议书。
3．对决策建议书进行讨论，并对建议进行调整，最终达成一致。
4．编制决策文件，将决策文件交由相关人员执行。

3. 集体决策应用

集体决策对于团队的重大事项决策具有举足轻重的作用，例如，团队管理者的重大任命、团队战略方针的调整等，这些都需要慎重考虑，对团队未来有重要影响。

以企业为例，上市企业独立董事的换届选举就是集体决策的重要应用。首先由股东提名独立董事的候选人，独立董事的提名人应该对被提名人充分了解并发表对被提名人任职资格的意见，然后召开提名大会，对被提名人的任职资格进行审议，任职资格符合要求后召开股东大会对被提名人进行选举。

从上市企业独立董事的选举流程中可以看出，集体决策可以充分考虑各方的意见，选择一个决策者认为最优的决策方案。集体决策可以尽量避免决策者优先考虑私人利益的情况发生，从而不让集体的利益产生损失。

当团队需要想出一个好的创新点时，团队领导者也可以组织团队成员进行头脑风暴。由所有团队成员提出决策意见或建议，并且越多越好，然后将所有结果公布出来供大家参考，每个团队成员可以结合他人的想法提出新的构想。

团队管理者可以选出几个好的创新想法，并根据这些创新想法制定决策方案。头脑风暴法在集体决策中的应用十分广泛，这种方法能够充分发挥每一个团队成员的智慧，将集体决策的效果发挥到最大。

3.3.2 个体决策规范与应用

1. 个体决策程序

个体决策是指团队管理者根据相关信息作出的决策。个体决策的程序主要是接收决策需求，确定决策标准，构想决策方案，评估决策方案，选定决策方案。

2. 个体决策规范

个体决策虽然是由决策人员单独作出的决策，但是决策的时候应该遵循相关的规定。以下是个体决策规范，供读者参考。

规范名称	个体决策规范

一、目的

1．为企业内部决策管理者提供决策工作指导，使其作出的决策具有合理性和安全性。

2．为个体决策者在决策的时候提供标准与依据，使个体决策者作出的决策更科学。

二、范围

本规范主要适用于企业日常工作中程序化的决策和管理者职责范围内的工作事项的决策。

三、决策事项识别

个体决策一般用于日常工作中的决策和管理者职责范围内的工作事项的决策，当需要管理者进行个体决策的时候，可以先对所需决策的事项进行区分，然后采用科学的方法来决策。

1．程序化决策

程序化决策是指决策的事项可以在企业的规章制度里面找到相关内容并依此进行的决策。程序化决策不需要团队管理者额外花费精力进行决策，团队管理者只需要对照着规章制度里的程序来进行决策。

2．非程序化决策

非程序化决策是指具有大量的不确定性因素，缺乏可靠的信息资料，没有先例以及规章制度而作出的决策。这个时候需要团队管理者运用个人的经验以及学识作出决策，以应对日常管理中的决策问题。

四、决策问题诊断

个体决策者在作出决策的时候，应该对所需决策问题作出诊断，并对不同的所需决策问题采用不同的思路。个体决策者通常会遇到日常事务问题、任务分配问题、突发事故的处理问题这三类需要决策的问题。

1．日常事务问题

团队在日常工作开展的时候需要由管理者个人作出决策，因为个体决策所需的时间较短，可以根据个人的经验作出决策。而日常事务包括会议的召开、团队建设、奖励与惩罚措施的实施等，这些事务对于团队的影响没有那么大，仅凭团队管理者的个人经验作出决策是足够的。

个体决策者在作出决策的时候，需要做到公平公正，考虑多数人的利益，且作出的决策应该是具体的、明确的，不能产生歧义，决策的时间应该要快，不能耽误其他的工作，对于错误的决策要及时纠正，从中吸取教训，以便下次改进。

2．任务分配问题

团队决策管理者在接到任务的时候，需要将任务分配给自己的下级，这个接到任务的决策管理者对于自己下级的能力以及性格等是最了解的，因此，由这个决策管理者分配任务是最合适的。

个体决策者在进行任务分配问题决策的时候要充分考虑每个成员的能力以及剩余精力，不能在成员还有其他很多任务的时候还安排很重的任务，这会让成员产生怨言，进而产生离职的倾向，或者完成的任务质量较低。

3．突发事故的处理问题

当团队有突发事故产生的时候，个体决策者需要快速作出决策，从而将团队的损失降到最低，风险降到最小。如果个体决策者迟迟没有作出决策，团队面临的风险和损失会进一步扩大。

五、决策选择依据

1．具体事实

具体事实指决策时的市场现状、政策背景等信息，通过具体地了解这些信息，决策者可以作出理性的决策。

2．价值与风险衡量

团队管理者在作出决策的时候可以比较每个方案的价值和风险的大小，价值大的方案可能风险也大，团队管理者可以根据个人的风险偏好以及综合分析选择出最符合心中预期的决策方案。

3．趋势变化

团队管理者作出的决策应该迎合事物的发展趋势，借助趋势来更好地帮助团队实现长远发展和利益最大化。

六、决策行动要求

个体决策主要靠个人的价值观、知识、经验以及个人所掌握的情报信息去设计和执行。团队管理者在执行决策管理时，需要按照决策行动要求完成。决策行动要求如下。

1．对团队日常的工作事项和问题有快速且有效的感知。

2．能够透过事物的表面现象抓住事物的本质。

3．能够从不完全的情况中获取重要的变化信息。

4．能够促使团队其他成员形成决心，果断选择和执行有关工作。

七、注意事项

1．个体在进行决策时，容易在情况发生变化时固守过时的观点，团队管理者应该避免在决策时因循守旧、固执己见。

2．团队管理者在进行个体决策时，可能会因为相关知识的缺乏而产生决策失误。因此，个体决策者应该积极学习行业最前沿的知识，做到与时俱进。

3. 个体决策应用

个体决策对于需要决策者在职责范围内进行快速决策是十分重要的，这需要决策者充分考虑团队自身的情况以及外部环境的变化，在决策之前充分了解信息，避免信息不充分或者不真实而造成决策失误。

团队领导者对团队成员的任务安排就是一个个体决策的例子。团队领导者需要对每个团队成员的能力特征以及性格因素进行分析，然后对每个团队成员进行任务安排，安排的时候应该先对任务的难易程度进行划分，最后通过团队领导者的个体决策来安排任务。

团队领导者的个体决策是凭借自己的经验和学识来完成的，这种决策需要团队领导者对自己的团队成员十分了解，并且任务的安排具有合理性，所以个体决策对团队领导者的能力要求非常高。

产品营销渠道的选择也是一个需要团队领导者个体作出决策的应用事例。团队的其他成员只能对营销渠道做好调研、分析等工作，然后由团队领导者根据分析资料和自身能力作出决策，这需要团队领导者具有一定的战略眼光，并能对所作出的决策负起责任。

每个管理者在工作中都需要依据自己的工作职责作出个体决策，而不需要每个决策都商量讨论。若是每个决策都商量讨论，且工作的细节可能做得非常到位，那么工作的效率会大大降低，所以，如何做好个体决策是管理者的必修课。

3.4 产品开发、营销策略、项目立项决策标准

3.4.1 产品开发决策标准

产品开发决策标准的主要事项有：调查研究，可行性分析，产品发展规划，产品规划策略。具体的决策标准如表3-4所示。

表3-4 产品开发决策标准

序号	事项名称	事项描述	决策依据与标准	依据与标准说明
1	调查研究	1）调查国内市场和重要客户以及国外重点市场同类产品的技术现状和改进要求	（1）国内市场调研报告 （2）国外知识产权局最新专利	①国内市场调研报告可以反映国内市场的相关信息 ②国外知识产权局最新专利可以反映产品的技术变革方向
		2）以位居国内同类产品市场占有率前三名的产品以及国外名牌产品为对象，调查同类产品的质量、价格、市场及使用情况	（1）竞争产品分析报告 （2）竞争产品市场满意度调查	①竞争产品分析报告可以了解竞争产品的质量、价格、市场占有率 ②竞争产品市场满意度调查反映用户的使用情况

续表

序号	事项名称	事项描述	决策依据与标准	依据与标准说明
1	调查研究	3）广泛收集国内外有关信息和专刊，然后进行可行性分析研究	（1）中国专利网 （2）SIPO专利数据库	①中国专利网可以查询国内已有专利 ②SIPO专利数据库可以查询国外的专利数据
2	可行性分析	1）论证该类产品的技术发展方向和动向	该类产品技术应用前景分析报告	调查该类产品的技术应用前景
		2）论证市场动态及本企业发展该产品具备的技术优势	（1）企业技术专利清单 （2）市场监控报告	①企业的技术专利清单可以盘点企业的技术优势 ②市场监控报告可以反映最新的市场动态
		3）论证本企业发展该产品的资源条件的可行性，其中包含物资、设备、能源及外购件、外协件等	企业资源清单	企业资源清单可以反映助力企业发展该产品的资源条件
3	产品发展规划	1）产品管理部根据国家和地方经济发展的需要，从企业产品发展方向、发展规模、发展水平和技术改造方向、赶超目标以及企业现有条件等方面进行综合调查研究，制定企业产品发展规划	（1）国家最新行业政策 （2）企业产品发展预估报告	①国家最新行业政策反映国家对于该行业的支持力度 ②企业产品发展预估报告可以显示出该产品将来的大致发展方向
		2）由产品规划专员提出草拟规划，经产品管理部经理初步审查，由产品管理部组织市场营销、产品生产等有关部门人员进行缜密的研究并定稿后，报总经理批准，由产品管理部执行	（1）产品管理规划报告 （2）产品规划执行报告	①产品管理规划报告可以反映产品未来的规划步骤 ②产品规划执行报告可以反映产品规划执行情况

续表

序号	事项名称	事项描述	决策依据与标准	依据与标准说明
4	产品规划策略	1）开展产品生命周期的研究，促进产品的升级换代，预测企业盈亏，为企业提供产品发展的科学依据	（1）产品生命周期预估报告 （2）产品利润预估报告	①产品生命周期预估报告可以反映产品的盈利时间 ②产品利润预估报告可以反映产品的大致利润率
		2）开展对产品升级换代有决定意义的科学研究、重大工艺改革、重大专用设备和测试仪器的研究	（1）产品升级技术研究报告 （2）产品升级设备研究报告	①产品升级技术研究报告可以反映产品升级所需的技术及升级难度 ②产品升级设备研究报告可以反映产品升级所需的设备及设备预算
		3）开展对提高产品质量有重大影响的新材料研究	产品新材料研究报告	产品新材料研究报告可以反映产品新材料的应用前景
		4）产品规划由产品规划专员提出草拟规划，交给产品管理部经理组织有关部门会审，经总经理批准后，由产品管理部执行	（1）产品规划策略报告 （2）产品规划策略执行报告	①产品规划策略报告可以反映产品规划的策略方向 ②产品规划策略执行报告可以反映产品规划策略的执行情况

3.4.2 营销策略决策标准

营销策略决策标准的主要事项有：制定营销战略，制订营销计划，营销计划审核与审验，营销计划分解与执行。具体的决策标准如表3-5所示。

表3-5 营销策略决策标准

序号	事项名称	事项描述	决策依据与标准	依据与标准说明
1	制定营销战略	1）营销部组织相关部门召开年度营销策划会议并汇总、整理、分析各部门的意见	营销策划建议书	营销策划建议书收集各方对营销策略的建议与意见

续表

序号	事项名称	事项描述	决策依据与标准	依据与标准说明
1	制定营销战略	2）根据企业的战略，制定、修改营销战略，每年根据实际情况进行调整	（1）企业战略 （2）企业经营状况书	①企业战略对营销战略有指导作用 ②企业经营状况书可以反映企业经营的实际情况
2	制订营销计划	1）营销部召开营销会议，并在充分讨论和研究的基础上明确营销目标	营销目标计划	营销目标计划经过充分讨论后制订
		2）市场部应该向营销部提供各个区域及各种产品的市场占有率、客户分布情况以及竞争者情况等信息和数据	（1）市场调研报告 （2）竞争者分析报告	①市场调研报告可以反映产品的市场占有率和客户分布情况 ②竞争者分析报告可以提供竞争者的各种信息
		3）各个营销分支机构应该向营销部及时上报各个区域的相关产品销售情况以及相关费用等营销信息	（1）产品销售报告 （2）产品销售费用表	①产品销售报告可以反映产品销售信息 ②产品销售费用表可以反映销售产品所需费用
		4）营销部根据营销计划编制营销计划书并将营销计划书报财务部进行费用审核	营销计划书	营销计划书可以反映营销步骤及相关费用等信息
3	营销计划审核与审验	1）营销总监根据财务部的自身费用预算，以及企业自身的实际情况和以往市场活动的效果对营销计划作出分析与判定	（1）企业经营报告 （2）营销计划分析报告	①企业经营报告可以反映企业自身的经营情况 ②营销计划分析报告可以反映营销计划的科学性、可行性
		2）如果初步营销计划设计有问题，营销总监应该将其反馈给营销部，营销部对初步的营销计划进行修改、调整和完善，并交由上级审批	营销计划修改意见书	营销计划修改意见书可以给营销部提供修改意见与思路

续表

序号	事项名称	事项描述	决策依据与标准	依据与标准说明
4	营销计划分解与执行	1）营销部根据企业实际及市场的具体情况，将营销计划分解到各个分支机构	营销计划目标分解表	营销计划目标分解表可以反映各分支机构的营销计划
		2）企业各营销分支机构应该将分配的任务分解成为具体的、可执行的量化目标，并制订清晰的行动计划，保证按照进度完成任务	（1）营销计划量化考核表 （2）营销任务进度表	①营销计划量化考核表可以反映各营销分支机构的量化考核目标 ②营销任务进度表可以反映营销任务的完成情况
		3）企业各营销分支机构须严格执行营销计划，在营销计划执行过程中有任何问题，应及时上报营销部	（1）营销计划执行报告 （2）营销计划问题报告	①营销计划执行报告可以反映营销计划的执行情况 ②营销计划问题报告可以反映营销计划执行中出现的问题
		4）营销部应定期对各分支营销机构的营销计划的执行情况进行跟踪和检查	营销计划跟踪报告	营销计划跟踪报告可以反映营销计划的真实执行情况

3.4.3 项目立项决策标准

项目立项决策标准的主要事项有：项目立项调研，项目方案制定，项目可行性分析，项目立项申请，项目立项评审控制。具体的决策标准如表3-6所示。

表3-6 项目立项决策标准

序号	事项名称	事项描述	决策依据与标准	依据与标准说明
1	项目立项调研	1）项目办公室应组织项目前期筹备人员对项目进行调研，对项目市场背景、项目需求、项目技术、项目预计收益情况等进行调查分析	项目调研报告	项目调研报告可以反映项目需求、收益等信息

续表

序号	事项名称	事项描述	决策依据与标准	依据与标准说明
1	项目立项调研	2）市场部调研同行业市场占有率较高的产品，分析竞争对手同类产品的质量、价格和使用情况	市场调研报告	市场调研报告可以反映市场的真实信息
2	项目方案制定	1）项目前期筹备人员应对调研资料的分析结果进行比较，并根据其制定多个项目实施初步方案	（1）项目调研分析结果报告 （2）项目实施初步方案	①项目调研分析结果报告提供详尽的数据 ②项目实施初步方案为项目实施提供多个备选方案
2	项目方案制定	2）综合论证各备选方案，选择出较完善的方案，上报项目办公室审批确定后，对方案的经济性、技术可行性进行分析	项目方案分析比较报告	项目方案分析比较报告为项目方案的选择提供依据
3	项目可行性分析	1）项目办公室应组织各部门相关人员，对项目进行可行性分析，论证项目各方面是否满足项目启动要求	项目启动标准报告	项目启动标准报告为项目能否启动提供依据
3	项目可行性分析	2）编制完项目可行性分析报告后，项目前期筹备人员应将可行性分析报告交项目办公室审批，审批如果未通过，则须重新修改后再提交	（1）项目可行性分析报告 （2）项目可行性分析报告修改意见	①项目可行性分析报告为项目办公室提供项目内容 ②项目可行性分析报告修改意见为修改人员修改项目可行性分析报告提供方向与思路
4	项目立项申请	1）项目办公室应根据项目可行性分析报告的结果，编制项目立项申请表，上报给项目评审小组	（1）项目可行性分析结果报告 （2）项目立项申请表	①项目可行性分析结果报告为立项申请提供依据 ②项目立项申请表为审议小组审议项目提供内容
4	项目立项申请	2）项目评审小组须及时组织评审工作，确定项目是否符合立项条件	项目立项评审工作报告	项目立项评审工作报告确定项目是否可以立项

续表

序号	事项名称	事项描述	决策依据与标准	依据与标准说明
5	项目立项评审控制	1）根据具体情况制定项目评审依据，在项目实施现场组织调查、取证	（1）项目立项评审依据 （2）项目现场调查报告	①项目立项评审依据为项目立项评审提供评判标准 ②项目现场调查报告为评审工作提供证据
		2）按照规定的格式和内容形成项目初审意见，对初审意见进行复核，并作出评审结论	（1）项目初审意见报告 （2）项目评审结论报告	①项目初审意见报告为项目评审提供方向 ②项目评审结论报告为项目评审提供总结
		3）项目前期筹备人员应将项目实施方案、项目可行性研究报告、项目评审结论报告等文件提交到项目办公室审核	项目资料审核报告	项目资料审核报告对项目进行审核

第 4 章

团队角色与分工

4.1 优势、潜能、尊重、角色

4.1.1 发现团队优势

1. 团队优势的描述

团队优势是团队成员合作所产生的一种优势。团队成员制定一个共同的目标，明确各自的角色，进行高效的沟通，以此来提升团队整体的工作效率。那么，团队优势有哪些呢？

1）明确的目标

团队成员共同制定一个目标，为了实现这个目标而共同努力。

2）合理的分工

每位团队成员都可以根据自己的优点在团队中找到适合自己的角色，并履行自己的职责，完成自己的任务。

3）高效的沟通

团队成员之间的相互信任，便于有效的信息交流，提高各任务流程之间的衔接效率。

4）互补的技能

每位团队成员擅长的技能不一样，可以尽量使所有团队成员充分利用各自最擅长的技能，发挥各自的优势，进而转化为团队的优势。

2. 发现团队优势的方法

团队的优势是客观存在的，但是团队领导者通常很难及时、完整地发现团队优势，所以发现团队优势一般可以采取以下方法。

1）与成员保持良好的关系

每位成员都有自己的长处或者短处，因此，团队领导者要与成员保持良好的关系，以充分了解每位成员的优势，并把每位成员的优势发挥出来，从而转化为团队的优势。

2）进行性格测试

每位成员的性格都是不一样的，而每种性格最合适的角色也是不一样的，团队领导者可以根据每位成员的性格为其匹配最合适的岗位，这样才能让团队中的每位成员以更好的状态工作。

3）职业技能优劣势分析

对团队每位成员的职业技能以及职业技能的精通程度进行盘点，然后根据团队中所有角色需要的职业技能进行人岗匹配，让团队发挥出最大的效用。

能力倾向测验

4.1.2 激发团队潜能

1. 激发团队潜能的方法

1）团队领导者树立榜样

一个优秀的团队领导者能够给团队成员树立榜样，团队成员也会向团队领导者学习，进而形成良好的氛围。

2）确定共同的团队目标

团队领导者确定一个共同的团队目标，所有的团队成员都会为之努力奋斗，发挥出团队的合力。团队目标是团队的一面旗帜，能够引领团队创造出无限的可能。这个团队目标是具体的、明确的、可行的，能够为团队指明前进的方向。

3）打造良好的团队文化

团队文化可以反映一个团队的精神和价值观，是推动团队发展的原动力。良好的团队文化可以改善团队成员的精神面貌，增强团队成员的荣誉感和凝聚力。

2. 激发团队潜能的方式

1）明确团队使命

团队的使命就是团队共同努力的方向。团队使命可以反映团队的价值观，只有正确的价值观才能带领团队成员走得更远。

2）界定团队成员的职责

如果团队成员的职责界定清晰，就不会发生一个任务多人抢着干或者一个任务没人干的情况。当每位团队成员各司其职，成员出色地完成职责内的工作内容的时候，团队中每位成员的潜能都能被激发出来。

3）对团队成员进行培训

对团队成员进行专项培训，能提升团队成员的工作能力，改变其工作习惯，并且能够优化工作流程，对于团队整体的效率提升都是有很大帮助的。

4）设置合适的绩效激励

设置合适的绩效激励能够让每位团队成员发挥自己的主观能动性，每位团队成员都可以通过努力工作，拿到绩效奖励，这样可以充分调动团队成员的主动性、积极性。团队成员之间形成良好的竞争氛围，更有利于激发团队成员的潜能。

4.1.3　尊重团队个性

个性是指一个人的精神面貌或者心理面貌，团队个性就是团队所体现出来的整体精神面貌，它是由团队成员的个性、人格共同组合而成的。

每位团队成员都有自己的人格，对待不同的人格，团队领导者应该采取不同的方法，这样既能发挥出每位团队成员的性格优点，也能让他们产生被尊重的感觉，从而提升每位团队成员的工作满意度，以下为常见的4种人格类型以及对待这4种人格类型的方法。

1. 分析型人格

拥有分析型人格的人往往是以任务为导向的，他们非常理智，喜欢给予数据作出决策，常常会思考自己所说话的内容，喜欢约束自己的感情。

对于这种人格的团队成员，他们更注重解决问题，更善于与数据打交道，因此，团队领导者可以给拥有这种人格的团队成员安排具有分析性的工作。与拥有这种人格的团队成员相处时，需要为彼此保留一定的空间，在他们工作时尽量不去打扰。

2. 友善型人格

拥有友善型人格的人往往具有团队精神，在工作中喜欢与他人合作，能够照顾他人的感受，积极处理各种冲突。

与拥有友善型人格的团队成员相处时，团队领导者应该和他们一起寻找共同的兴趣，分享彼此生活中有趣的内容。对拥有这种人格的成员，应该安排需要与他人合作的工作，充分发挥友善型人格喜欢与他人打交道的特点。

3. 表现型人格

拥有表现型人格的人往往十分自信，拥有着强大的情感表达能力，精力充沛，性格比较外向，想象力丰富。

对于拥有表现型人格的成员，团队领导者应该给他们安排能够表现自我的工作，当他们表现良好的时候,应该及时表扬并进行奖励。当不断给拥有表现型人格的团队成员正面反馈时,这些成员会获得满足感,从而更用心地完成工作。

4. 驾驭型人格

拥有驾驭型人格的人具有结果和底线思维,更关注事实而非细节,做事有很强的目的性,而且比较喜欢快节奏的工作方式。

对于拥有驾驭型人格的成员,团队领导者应该避免与他们发生直接冲突,对他们尽量表示认可,让他们感到事情都在掌握中。如果拥有驾驭型人格的团队成员能力出众,可以尽量给他们安排一些需要统筹能力的工作。

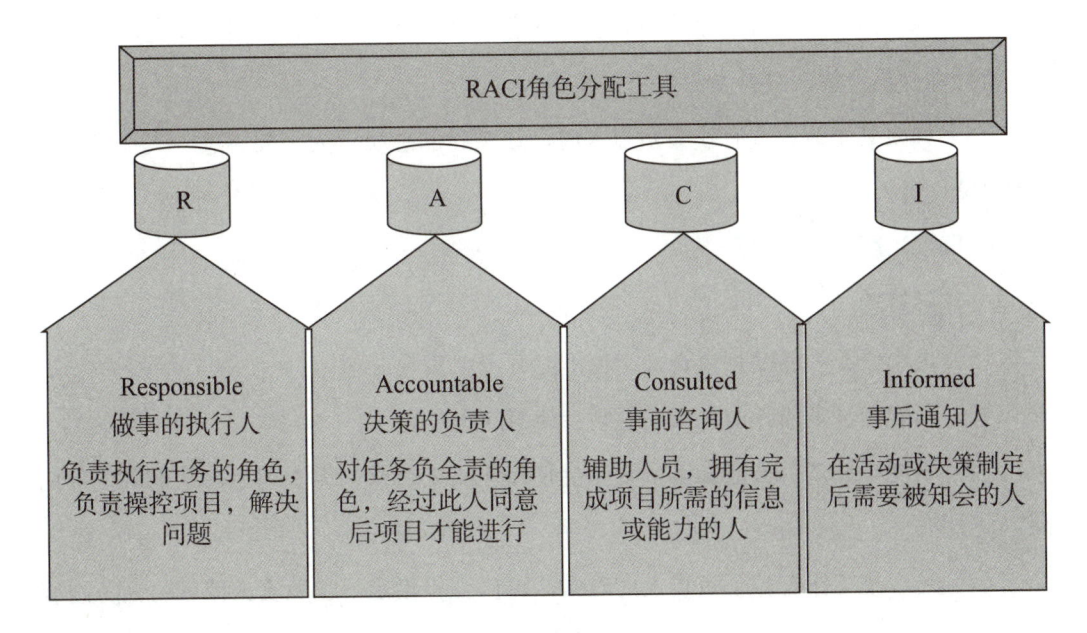

4.1.4 RACI角色分配

RACI角色分配是一个明确企业中各角色及其相关责任的最直观的模型。RACI角色分配可以帮助企业建立起更细致、完善的责任制度,每个任务都可以找到执行人、负责人、顾问、通知人,哪个环节出现问题都能找到具体的负责人。RACI角色分配工具如图4-1所示。

图4-1 RACI角色分配工具

1. RACI模型含义

1）做事的执行人（Responsible）

负责行动与实施，一个任务可以由多个人共同负责执行。

2）决策的负责人（Accountable）

为确保任务的完成，每个任务只能有一个负责人。

3）事前咨询人（Consulted）

在作决定前需要讨论、咨询专业意见的顾问。

4）事后通知人（Informed）

在活动或决策制定后需要被通知结果的人员。

2. RACI矩阵建立步骤

RACI矩阵是一种很有效的人力资源管理或者项目管理工具。RACI矩阵是一种分为角色分析和任务分析的二维表格，以下为RACI矩阵的建立步骤。

（1）辨识整个流程，找出各项活动，并将其记录在表格的左侧。

（2）辨识流程或活动的角色，将其记录在表格的上方。

（3）填写每个方格单元。

（4）每个流程中只有一个决策负责人角色，如果有多个决策负责人角色时，需要对该流程进行再分解，并重新分配决策负责人。

（5）如果某个流程没有决策负责人时，该项目的总负责人需要挑选一人担任该流程的决策负责人。

3. RACI矩阵注意事项

1）任务管理

（1）每个任务不能没有负责人，也不能有多个负责人。

（2）不能有过多的咨询人员，否则会使得成本过高。

（3）不能有过多的被通知者，否则会使得无关人员得知无关信息，从而降低部门的工作效率。

（4）当一个工作有多个负责人的时候，可以强行指定一位负责人或者将任务进行拆分。

2）角色管理

（1）一个部门分配的任务难度不能过重或者过轻。

（2）一个部门不能接收无关信息或者没有接收相关信息。

（3）管理层应该分配到决策负责人的角色。

（4）如果有人没有被分配到执行人或者负责人的角色，那么应该对该岗位职责进行重新设置。

4. RACI模型应用

1）诊断工具

当一个部门执行人或者决策人较少时，该部门的贡献率较低，可以将其他任务过重的部门的部分职责迁移到该部门当中。

当多个部门在多个任务上同时有执行人或决策人时，这些部门或者人员在协作的时候会产生问题或冲突，企业管理者应该及时预防发生互相推诿的问题。

当有员工担任过多的执行人角色时，应该关注该员工的工作压力，并且及时进行鼓励和奖赏。

2）沟通工具

在各种项目启动会、邮件沟通或者非正式的对话中，都可以用RACI矩阵来沟通，这会使得沟通更高效。

3）变化管理

在一个项目中出现人员变动时，为了保证项目的顺利进行，需要使用RACI矩阵对相关人员及时调整。

4.2 制订高效的计划

4.2.1 计划的6大分类类型

计划是团队各项活动取得高绩效的关键和起始。一般情况下，计划主要是依据时间和空间两个维度进行分类的，计划的分类类型主要表现为时间、层次、广度、程序、阶段、效用等，表4-1为计划的6大分类类型。

表4-1 计划的6大分类类型

分类依据	主要类型	具体内容说明
按计划时间	长期计划	通常情况下，把5年以上的计划称为长期计划
	中期计划	把1年（不含）~5（含）年的计划称为中期计划
	短期计划	把1年或1年以内的计划称为短期计划
按计划层次	经营计划	经营计划涉及企业战略目标的分解，强调既定目标的任务分解、分工与协作等
	作业计划	作业计划由基层管理者制订，包括具体任务、作业人员及其职责和权力、工作流程、可用资源与预算，以及目标产量、销量、利润指标的明确等
按计划广度	战略性计划	战略性计划是关于企业活动总体目标和战略方案的行动计划
	战术性计划	战术性计划是指在战略性计划的框架下，有关组织活动是如何具体运行的计划，包括实现组织目标的具体实施方案和细节等内容
按计划程序	程序性计划	在企业中不断出现的例行活动，在企业管理实践中已经形成既定模式，只要进入一定程序即可解决，所制订的计划即为程序性计划
	非程序性计划	在企业中属非例行活动，没有形成解决的程序或者方法，解决此类问题的行动计划即为非程序性计划
按计划阶段	创业计划	创业计划是指在一个企业还没有创立之前为其创立而制订的计划，包括创业领域的选择、创业资金的筹集和利用、创业的可行性研究、创业的风险分析等
	生存计划	生存计划是在企业成立之后为维持正常的运营所制订的计划，包括基本业务的确定、生产、销售、人员、资金运转等的具体安排
	发展计划	发展计划是指企业发展到一定程度，面临的让企业未来往更好的方向发展的一种计划类型，包括业务领域和范围的中心考虑和扩展、企业资源优化组合、企业结构调整变革等
按计划效用	指令性计划	指令性计划是由上级下达的具有行政约束力的计划
	指导性计划	指导性计划是由上级给出的一般性指导原则，具体执行有较大灵活性的计划

4.2.2 计划制订5大步骤

一项完整的计划包含若干要素和事项，计划制订一般可分为明确计划目标和任务、制定计划行动方案、进行人员安排和职权设计、制定计划应变措施、编制计划行动预算5个步骤。

1. 明确计划目标和任务

明确计划的目标和任务是制订一项计划的核心工作，明确目标可以指明计划的方向，明确任务可以说明计划的目标指代内容等。一项计划最好只针对一个目标，任务设置要合理清晰，以使计划能够得到有效制订和实施。同时，计划的制订要说明其实施的前提条件。

2. 制定计划行动方案

制定计划行动方案，主要是从现实出发分析为实现目标所需解决的问题和需要开展的工作等。在各项工作确定以后，对各项工作之间的关系和先后顺序进行分析，考虑和评价方案实行的程序和方法，以确保战略或行动方案能够顺利实施。

3. 进行人员安排和职权设计

在计划的工作任务明确以后，不仅需要落实每项工作的负责人员、执行人员、协调人员以及督导人员等，还要明确规定工作标准、检验标准，制定相应的激励与惩罚措施等。同时，要对各项工作安排及人员配置在时间和空间上的具体情况交代清楚。

4. 制定计划应变措施

制定计划的应变措施，主要体现为两个方面。一是事先制订多个计划，以避免计划在审批和情境变化过程中受到影响。二是要明确如何规避计划实施过程中可能遇到的一些风险，并设计出具体的风险规避办法及措施。

5. 编制计划行动预算

团队应该根据计划所涉及的工作要求、不同工作需要的资源性质和数量等进行资源选择和资源配置。在进行资源配置时，团队成员应保障工作所需的各项资源数量，并视具体情况留有一定的余量，以保证计划的顺利实施。

将每位团队成员所需要的资源进行汇总，编制计划实施时所需要的预算，以确保团队成员在工作的时候不会因为资源的不足从而影响计划完成的进度。

4.2.3 计划监控5大事项

计划监控对计划的具体执行情况进行事实的反馈,并为计划的改进工作提供指导。计划监控可以对计划执行的效果进行分析,其事项主要包括风险监控、预算监控、质量监控、进度监控、人力资源监控5个方面,以下是对计划监控事项的说明。

1. 风险监控

在计划的执行过程中,对风险进行监控是很有必要的。计划在执行的过程中充满了未知数,如计划执行时竞争对手作出的反应、部分产品出现的问题等,这些风险需要及时地进行监控,在风险刚出现的时候就控制住,以把损失降到最低。

2. 预算监控

计划在开始执行之前已经编制好了预算,但是计划在执行过程中,会由于突发的事件产生预算超支的情况。因此,在计划执行的关键节点上,应该对计划已经使用的预算及时进行汇总,并将相关信息反馈给上级,让上级对预算进行及时调整。

3. 质量监控

计划在执行过程中,应该保证计划执行的质量得到及时监控,如果质量达不到预期,团队领导者应该安排人员对质量进行及时的补救,并对计划执行时导致质量低的原因进行总结,吸取相关教训。质量是计划执行的重点,只有保证质量才能提升团队绩效。

4. 进度监控

计划完成的进度是对计划进行监控的直接体现,做好计划的进度监控工作有利于做好计划的统筹安排,当某个节点的进度比较慢时,应该集中资源对这个计划节点进行攻克,争取不对之后的进度安排产生影响。

5. 人力资源监控

执行计划时,人力资源是一个关键的要素,所以团队领导者应该对人力资源和计划执行的任务量进行盘点,当人力资源紧张时,可以从其他团队临时借调人员执行计划。团队领导者通过提前对执行下一步计划所需要的人力资源进行评估,做好人员的储备工作。

4.2.4 计划实施模型

计划是站在企业使命、发展战略和发展目标等角度上进行设计和落实的。一个企业的高效计划的落实与实施需要在时间和空间两个维度上展开,也就是要具体规定行动计划的参与成员在计划各个阶段实施的工作内容和工作方法等。高效计划落实实施模型如图4-2所示。

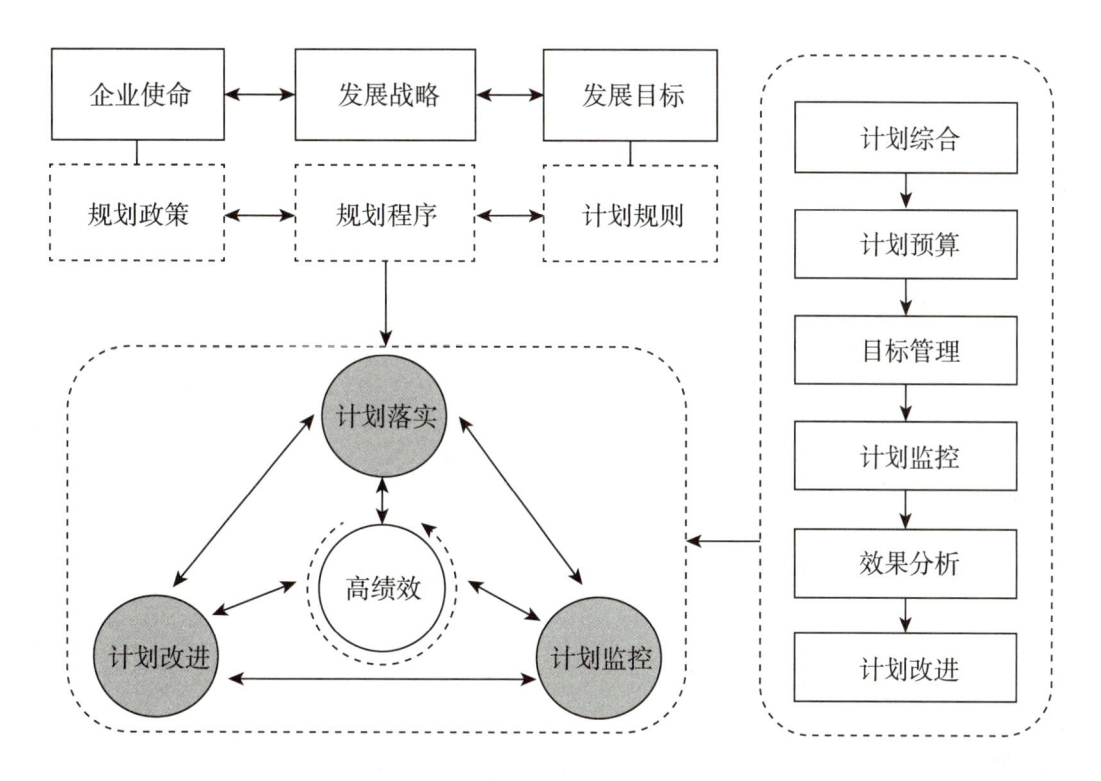

图4-2 高效计划落实实施模型

计划落实能够确立团队活动的目标方向,明确团队成员分工与协作、工作方法与程序、资源配置和使用等。同时,计划落实能够消除不必要的冲突、浪费、多余事项等,从而节约时间,降低成本,最终实现团队活动的高绩效。

计划改进能够解决计划落实过程中出现的问题,并为之后的计划执行提供指导。计划改进可以充分应对未来环境的变化,减少团队将面临的风险。

计划监控能够检查计划执行和计划改进情况,并将相关情况反馈给上级领导,上级领导根据计划执行和计划改进情况对团队资源进行统筹安排。

4.2.5 计划制订与实施规范

计划为团队活动的开展和稳定发展提供依据，所以计划在制订与实施过程中应该遵循相关的规定与标准。这里提供一份计划制订与实施规范，供读者参考。

规范名称	计划制订与实施规范
第1章 总 则		
第1条 目的 为了规范计划制订与实施的过程，使计划在制订与实施过程中有标准可以遵循，提高计划制订与实施的科学性和合理性，特制定本规范。 第2条 范围 本规范适用于团队高效计划制订与实施的过程，包括计划目标、计划方案、职责分工、资源分配等过程。 第3条 权责人员 1．团队领导者在任务开始前召开会议确定计划的具体内容，如计划需要达成的目标、计划执行的时间、计划执行的人员等。 2．计划负责人根据会议的具体内容制订团队计划，并将计划通知到每个计划执行人。 3．计划执行人根据计划中制定的职责范围来完成具体的任务。		
第2章 计划制订		
第4条 制订要求 1．可行性 1）技术上的可行性 团队的技术人员应该评估计划在实施的过程中是否拥有技术专利，技术上是否能实现预期的要求。 2）财务上的可行性 团队的财务人员评估计划执行过程中产生的成本、收益以及回款周期，如果成本大于收益或者回款周期过长，那么该计划在财务方面是不可行的。 3）人力资源上的可行性 计划负责人应该对执行计划所需要的人力资源进行盘点，然后与企业剩余的人力资源进行对比，评估人手是否充足。 4）政策上的可行性 计划负责人应该对计划是否符合国家的经济政策、行业政策以及法律法规等做一个全面的调查，符合之后才能执行该计划。 2．进度安排 计划负责人需要在制订的计划中做好进度安排工作，确定计划完成的每一个关键节点，这样可以对计划完成的期限以及计划完成的进度进行精确掌控。		

3．风险控制

计划负责人应该把制订的计划的风险控制到最小，这样才能使完成计划的成功率最大，这就需要在制订计划的时候尽量减少不可控因素发生的概率，并为确定性的事件做好提前预案，以控制因确定性事件发生而造成的损失。

第5条　制定程序

1．分析环境

市场调研人员在制订计划之前应先对市场环境、政策环境、企业内部环境做一个调研，评估其中的风险以及将会面临的挑战，做好制订计划之前的准备工作。

2．制定目标

完成一个计划会实现多个目标，但是当这些目标有冲突的时候，计划负责人需要对目标进行优先顺序排序，比如有时候计划的盈利目标比较重要，有时候计划的时间目标比较重要，当团队不能兼顾的时候，计划负责人需要对这些目标进行取舍，率先完成优先级比较高的目标。

计划负责人制定的目标要尽量可以量化，如此才能对目标的执行情况进行绩效考核。制定的目标应该是可以达成的，如果非常难以达成，那么该目标的执行人就会产生懈怠的心理，该目标也就不能产生激励的效果。

团队领导者制定了团队整体的目标后，还需要对目标进行分解，根据每位团队成员个人的工作能力以及素质把目标分解到每位团队成员，待计划完成之后，再根据绩效考核成绩对团队成员进行奖励。

3．拟定可行性计划方案

团队成员在团队目标确定之后，需要根据环境分析情况拟定尽可能多的计划方案，计划方案越多，选择优秀方案的成功率越大。在拟定方案的过程中，应该发挥每位团队成员的作用，集思广益，利用每位团队成员的经验。

4．评估选择计划方案

计划负责人邀请行业的专家对每个计划方案进行评估，评估每个方案的风险以及收益，尽量选择可行性最高、风险最小的方案。

5．制定预算

团队的财务人员在确定好计划之后，需要根据每个计划步骤编制好预算，做好团队的资源统筹以及分配工作，确保计划在执行的过程中不会因为资源分配不到位而耽误完成的进度。

第3章　计划实施

第6条　实施要求

计划在实施的过程中应该遵循以下要求。

1．按时完成

计划负责人需要在计划制订时就规定好完成的时间，在完成计划的过程中应该注意时间的控制，在每个关键节点都应该按时完成，如果因为特殊的因素没有按时完成，应该向上级申请宽限期限，上级同意后方可对计划进行调整。

2．及时反馈

计划执行人在计划实施的过程中应该及时反馈，向上级领导上报计划完成的进度以及完成计划过程中遇到的困难，上级领导根据上报的内容对问题及时解决，并作好下一步的安排。

3. 保证质量

计划执行人在完成计划的过程中，要按照之前制定的目标来保质保量地完成工作，对于计划完成质量高的计划执行人，计划负责人根据绩效考核办法来进行绩效激励。

4. 风险控制

计划负责人在计划执行的过程中应该控制好风险，对于风险因素应该及时处理，争取把风险控制在可接受的范围内。

第7条　实施程序

1. 任务分工

计划负责人根据计划目标的分解情况，按照每个计划执行人的熟练技能以及个性来分配任务，做到分工明确、权责分明。

2. 职责讲解

计划负责人对每个计划执行人讲解职责，使每个计划执行人对工作内容都十分熟悉，并共同制定绩效考核指标，为计划完成后的奖金发放提供依据。

3. 进度控制

在计划实施的过程中，计划执行人应该做好每阶段的进度控制，上一阶段的工作完成情况不能影响下一阶段的工作开展，每个关键节点的完成时间应该不能晚于计划规定的时间，如果某一阶段的工作完成时间可能超时，计划负责人应该抽调人力、物力帮忙按时完成，这样才能确保计划如期完成。

4. 监督检查

计划执行过程中，计划负责人对每个计划执行人的工作质量、工作进度进行检查，对计划执行过程中的风险情况进行监督，把风险控制在最小范围。

5. 完成总结

完成计划之后，计划负责人召开计划总结会议，总结计划执行过程中出现的问题以及成功的经验，为下一次的计划执行提供可借鉴的内容。

6. 绩效激励

计划完成后，人力资源部根据计划实施前制定的绩效考核指标对每个计划执行人进行绩效考核，并根据考核成绩安排奖金的发放、职位的晋升、培训赋能等，激发每个计划执行人的工作积极性，为下一次的计划执行作好准备。

第4章　附　则

第8条　特别说明

1. 计划执行的过程中，如果出现严重偏离计划方案的情况，计划负责人应该对计划的执行进行及时的检查，并对原计划方案进行修改。

2. 计划执行人在计划执行过程中不能违反国家政策、法律法规，如果出现相关情况，应该及时终止计划的执行。

第9条　编制单位

本规范由人力资源部制定、解释和修订。

第10条　生效时间

本规范自发布之日起生效、实施。

4.3 高效分工协作

4.3.1 任务分配与人员选择

1. 如何进行任务分配

任务分配的时候不仅要充分考虑每个团队成员的性格、能力、优缺点等，还需要对团队成员所需要执行的任务有充分的了解，这样才能让团队成员发挥自己的长处，保质保量地完成被分配的任务。以下为任务分配时可以采取的方法。

1）对任务进行分解

团队领导者首先要明确任务目标，指定任务的主要负责人，确定任务需要达成的成果以及任务完成的期限。对任务设置几个关键的节点，以实现对任务进度的控制，然后对任务进行分解。

任务分解也需要遵循一定的原则，某一级的任务应该等于其分解的子任务之和，分解的每个任务是可以量化的，这就需要明确每个子任务开始和完成的时间。各个子任务都是相互独立的，要确保每个任务都有一个可以交付的成果。

任务分配设计

2）明确职责

任务分解完成之后，将每个子任务安排给多个团队成员完成，安排好之后需要明确每个团队成员的职责，如果团队各成员的职责不清晰，可能出现互相推诿的局面。

如果每个团队对成员的职责都十分明确，则每个团队成员完成的工作成果不会被其他人窃取，工作也会尽心尽力地完成。当任务执行过程中出现问题的时候，可以迅速地找到第一责任人，让其对问题进行解决。

团队领导者根据每个团队成员的职责来赋予其权力，然后根据任务量来分配资源。权力和资源不能过大，也不能过小，过大会造成权力或者资源的滥用，过小会造成团队各成员无法开展自己的工作。

3）任务分配调整

任务在执行过程中，团队领导者需要对团队成员的工作进度进行跟踪，检查团队成员的工作任务有没有如期完成，对工作中使用创新方法提高工作效率的团队成员进行鼓励，对工作中进步比较大的团队成员进行表扬。

在任务跟踪的过程中，如果发现有团队成员的工作完成比较困难或者所做的工作与自己的能力范围不太匹配，那么团队领导者需要对分配的任务进行调整，以确保任务能够按时、高质量地完成。

2. 任务与人如何匹配

高绩效的团队需要由具有不同技能和性格的人组成，团队领导者应根据企业需要及成员特点分别为成员匹配合适的任务，通过团队成员的协作努力，才能保证整个团队的高效运作。

团队成员的匹配过程，就是挑选团队成员并将各种不同性质的工作职责分配给合适的人的过程。通过前文对成员角色的分类描述，团队领导者应当了解团队中所需要的成员及其角色定位，从而实施高效的团队成员匹配。实现任务与人匹配可以采取以下方法。

1）能职对应

每个团队成员都有不同的能力，也有不同的能力水平，在与任务进行匹配的过程中，应该根据每个团队成员的能力水平进行匹配，这样可以合理地配置团队的人力资源，最大限度地提高团队人力资源的投入产出比。

2）互补增值

每个团队成员都有自己的长处和短处，而某一个团队成员的长处可以弥补另一个团队成员的短处，每个人的能力形成互补，尽量避免因为某个团队成员的短处而影响整个团队的绩效。团队成员间可以取长补短，学习对方的优点，相互之间形成合力，为实现共同的团队目标而奋斗。

3）动态适应

团队成员对工作的适应是相对的，刚开始的时候因不熟练而不适应，当能力慢慢地提升后，可以进行岗位变动。所以，团队领导者应该根据每个团队成员的实际情况对岗位安排进行动态调整。

4）弹性冗余

弹性冗余是指在分配任务的过程中，让每个团队成员达到满负荷的状态，但是又不能影响其生理和心理健康。分配的任务量应该要适度，如果某个团队成员感觉压力很大，可能不利于该团队成员的工作开展，所以分配任务的时候应该留一定的余地让成员舒缓身心。

4.3.2 执行合作与高效协作

1. 如何进行高效合作

团队合作是指愿意与他人一起工作并共同完成一项工作，对他人的请求能够积极地提供帮助。在团队合作的过程中，能够增加团队的凝聚力，增进团队成员彼此之间的信任。拥有合作氛围的团队通常沟通效率高，工作氛围良好，彼此之间愿意互帮互助。

1）团队合作的作用

（1）充分调动各种资源。在团队合作的过程中，每个团队成员都会分享自己的信息资源，交流彼此成功的经验。如果遇到难以解决的问题，团队成员之间会相互帮助，利用各自的技能、学识、经验等资源共同解决问题。

（2）提升团队的凝聚力。团队凝聚力可以增强团队成员之间的归属感，当面临外部压力的时候，团队成员会紧密地团结在一起共同应对。团队凝聚力会让团队成员产生更强的责任感，团队成员之间能够互相接纳，工作满意度更高。

（3）形成良好的工作氛围。良好的工作氛围能让团队成员工作的时候身心愉悦，能够更快地投入到工作状态当中，从而提高工作效率。良好的工作环境也能提高团队成员工作积极性，形成一种独特的团队文化。

2）团队合作的方法

（1）开展团队建设活动。团队领导者应该积极地开展团队建设活动，以增进团队成员之间的感情，让团队成员彼此之间更了解，这样团队成员之间的信任感会得到增强，团队合作的时候会更方便。

在团队建设活动中，每个团队成员都会展现出自己的长处，这有助于当他人需要帮忙的时候能够更快找到合适的人选，为团队成员之间的合作打下坚实的基础。

（2）培养团队精神。团队领导者应该培养每个团队成员的团队精神，通过开展与其他团队之间的竞争，培养每个团队成员的荣誉感。团队成员的团队精神培养起来之后，团队意识也会增强，团队合作会不自觉地在团队之中开展起来。

2. 如何进行高效协作

协作是指有着共同目标的团队成员为了完成某项任务，利用团队成员之间的优势互补原理，合力完成工作的行为。

团队成员之间的相互协作与配合是高绩效团队建设的重点工作之一。要想提高团队成员之间的"紧密度",团队应分工明确,让合适的人扮演合适的角色。

1）团队协作的作用

没有群体支撑的个人绝对会一事无成。每个人只有在相应的团队中,得到志同道合的人的合力支撑,才能获得更好、更快的发展机会,同时也能从团队中获得更高的自信,提升个人的社会尊重感和自我成就感。

组建团队的目的不是希望得到1+1=2的结果,而是要达到1+1>2的效果,通过团队成员之间的密切协作实现1+1>2的效果,才是团队存在的真正价值。

团队成员之间的相互协作是团队价值的真正体现,没有协作就不能称其为团队。团队成员之间的协作问题解决不好,会使人心涣散,导致团队不战自败。

团队成员之间存在着一定的差别,包括性格、才能、技能等方面,团队协作要求成员真心诚意地付出,以实现团队共同的目标为重,做到优势互补,共同把团队的工作做好。团队要实现1+1>2的工作绩效,唯一依赖的手段就是团队成员之间的协作。

2）团队协作的方法

团队之间的协作能力越来越重要,它是团队取得成功的关键因素之一,团队成员没有良好的协作行为将导致团队内部搭建基石不稳定,团队成员人心涣散。因此,营造团队内部成员的协作力非常重要。实现团队协作可以使用以下方法。

（1）资源共享。不管一个人的能力多强,当其个人能力没有充分融入团队中时,在一定阶段必定会给团队带来影响。资源共享可以很好地评估团队的凝聚力和协作力,提高团队的资源共享度是让团队健康、稳定发展的基础。

（2）建立团队成员协作的意识。团队领导者可以使用激励的手段建立团队成员协作的意识,让每个团队成员自己主动地融入团队中。团队协作需要每个团队成员的积极参与,所以,团队领导者对积极帮助其他人的团队成员应该予以奖赏,这样会起到示范作用,形成良好的团队协作环境。

（3）营造互助的氛围。在工作的过程中,每个团队成员都会遇到难以解决的问题,这个时候向他人请教是一种良好的解决问题的方法,团队领导者可以将团队成员的互帮互助纳入团队成员的考核之中。形成互帮互助的工作氛围之后,团队成员之间的信任感会大大增强,团队高效协作也会成为一种良好的团队文化。

通过团队成员之间的资源共享,建立团队协作意识,营造互助的氛围之后,团队领导者可以为团队内的良好协作打好基础，以保证团队工作的顺利完成。

4.3.3 攻坚项目与重大任务

1. 攻坚项目

攻坚项目是指时间紧、任务重、难度大，需要付出极大努力去完成的项目，需要集中人力和其他资源进行攻关克难的项目。

通常攻坚项目包括科学上、生产技术上的难题等，所以攻坚项目是一个团队做大做强所必须要完成的项目，而攻坚项目的任务分配就显得尤为重要。

完成攻坚项目能让一个团队获得巨大的回报，同时，攻坚项目也需要花费巨大的成本，而且比较难以攻克。以下重点讲述攻坚项目如何进行任务分配。

1）攻坚项目工作细分

在攻坚项目开始之前，需要确定攻坚项目的目标，让所有团队成员都朝着这个目标努力。然后进行工作细分，确定每个部门或者团队需要完成哪些工作，以需要达到的工作结果为导向对项目进行细分，确保每个部门分到的任务没有过于轻松或者过于饱和。

2）攻坚项目角色分配

攻坚项目工作细分完成之后，需要对攻坚项目进行角色分配，每个工作都要确定好项目负责人、执行人以及相关咨询人等，攻坚项目的负责人需要有强大的抗压能力，遇到难以解决的问题不能退缩。

攻坚项目的负责人需要拥有这个行业的专业知识、丰富的实践经验，这样才能让其他成员信服，并能在其他成员遇到困难的时候指明方向。

攻坚项目负责人需要根据细分的工作给攻坚项目团队成员分配工作，确定这些成员的职责范围，并对这些成员的工作内容进行讲解。

3）攻坚项目预算编制

攻坚项目通常周期比较长，成本比较高，因此，需要在项目开始之前编制好项目预算。每项细分工作的负责人需要根据将来完成工作所需要的费用编制预算，然后将这些预算进行汇总并交由项目负责人审批，项目负责人对汇总的预算进行调整，最终确定攻坚项目的总预算。

4）攻坚项目绩效考核

攻坚项目比较难且投入的时间精力比较多，因此，需要对攻坚项目的成员进行绩效考核，对表现出色的成员进行绩效激励，对表现欠佳的成员进行惩罚，并在项目结束后进行专项培训以提高其专业能力。

攻坚项目完成后，发放项目完成奖金，实现带薪休假的奖励，以让团队成员恢复精力，然后进入到下一阶段的工作中。

2. 重大任务

重大任务是指影响力比较大且非常重要的任务。重大任务会对企业产生全面而深远的影响，因此，企业应该给予充分的重视。重大任务的每个步骤都需要让企业高层知晓并作出关键的决策。

对于重大任务，团队管理者需要一个职位比较高、精明能干的重大任务负责人，这样才能方便调动团队资源，并从全局的角度出发执行任务，而不是单纯地从某一部门或者单一角度出发考虑问题。

1）重大任务分解

重大任务在分配前，团队管理者应该对重大任务进行详细分解，以明确任务的内容与需求，确定人力、物力、资金等资源的需求，并且寻找专家顾问担任重大任务的管理咨询工作。在重大任务开始前挑选重大任务的负责人，并确定重大任务负责人的职责范围。

2）确定重大任务分配方案

重大任务负责人根据团队成员的能力和素质安排工作，给每位团队成员确定工作目标与要求，确定团队成员的职务分工和职责范围，并编制好进度计划表，以确定进度安排与时间要求。

每位团队成员上报完成工作需要的资金、物资等资源，重大任务负责人审核通过后，再统筹安排各种资源的分发工作，以确保不会耽误工作的进度。

重大任务负责人将这些内容进行汇总，制定成重大任务分配方案并交给团队上层领导审批，审批通过后方可执行。如果有任何需要改进的地方，重大任务负责人对重大任务分配方案进行修改并重新提交。

3）重大任务发布沟通

重大任务分配方案确定后，重大任务负责人将任务分配结果发布给团队成员，帮助团队成员明确任务完成的期限、权责、标准、要求，告知团队成员自己被选择的原因，提高团队成员的工作积极性。

重大任务负责人帮助团队成员核实自己收到的任务信息是否完整或者矛盾，以免因为信息不对称造成沟通不畅，进而影响任务的完成情况。

4）重大任务正负激励方案

重大任务被分配完成之后，还应该设置正负激励方案，以提高团队成员的工作积极性。在任务开始前，重大任务负责人与团队成员共同制定考核指标，确定绩效奖金、年终奖的发放程序，以及考核不达标后的降职或者换岗处理程序。

4.3.4 临时任务与紧急任务

1. 临时任务

临时任务是突然产生的，未被列入日常工作计划的任务。临时任务是区别于常规任务而言的，由于临时任务是突然增加的任务，因此需要把临时任务分配给有多余精力的团队成员。

1）临时任务人员安排

当团队领导者遇到一个临时任务，应该先确定临时任务的最终完成时间，了解这个临时任务的工作量，在团队成员中找出这段时间内任务不多且能够出色完成这项临时任务的候选人。然后与这些候选人进行面谈，讲解任务内容、任务性质，并说明完成临时任务的任务奖励，询问这些候选人接受任务的意向。

确定任务被分配的人后，确认其需要的团队支持，并尽最大可能地给予其帮助，协调好其他相关人员积极地配合其工作。

2）临时任务处理

分配到临时任务的团队成员先制订任务计划，确定完成任务的思路，编制临时任务进度表，确定能够按时完成临时任务。在执行任务的过程中，安排相关人员进行监督，以确保任务完成的过程中没有出现差错。

在执行临时任务的过程中，若产生其他不可抗力的因素，则需要及时调整计划，以应对实际环境的改变。

3）临时任务经验总结

临时任务完成之后，团队领导者需要根据任务完成的实际情况对任务执行人进行奖赏，并对其进行荣誉表扬，不仅从物质上进行激励，还要从精神上进行激励。

任务执行人对临时任务进行总结，传授成功的经验，对其中需要完善的地方进行总结与归纳，以确保下次能够做得更好。

2. 紧急任务

紧急任务通常都是需要在短时间内完成的任务，如果没有完成会影响后面的项目进度。所以当紧急任务来临时，首先要确定的是完成任务的期限，然后确定紧急任务的影响范围，在完成这些之后就需要对紧急任务进行分配。

1）紧急任务的分配

由于紧急任务需要在短时间内完成，所以应该匹配完成任务效率最快的团队成员完成紧急任务。团队领导者需要先确定紧急任务的相关事项，以确保对紧急任务有充分的了解，然后制定紧急任务实施方案。

根据紧急任务的相关事项，团队领导者从人力资源库中找出能最快完成任务的团队成员，如果该团队成员有自己需要完成的工作内容，可以将其工作临时安排给其他团队成员，待其完成紧急任务之后，重新将工作交接给该团队成员。

2）紧急任务的准备

当紧急任务被分配完成之后，团队领导者应该通知所有的团队成员积极配合紧急任务负责人完成工作，并给予其资金、人力的支持，确保紧急任务不会因为其他的因素而影响完成时间。任务负责人要编制紧急任务进度表，做好关键时间节点的控制。

3）紧急任务的执行

紧急任务的执行优先级应该设置得最高，任务负责人需要确保以最快的速度完成，而且任务负责人有充分的权限调动各种资源。在执行任务的过程中，如果遇到问题应该及时申请协调解决；如果遇到解决不了的问题，应该及时上报上级领导，并说明问题难以解决的原因，然后由上级领导召开专项会议进行商讨解决。

4）紧急任务完成激励

由于紧急任务的特殊性质，影响范围通常都是比较大的，因此，团队领导者对于完成了紧急任务的成员应该给予激励，这样才能确保下次紧急任务来临的时候，被分配到任务的团队成员能够全力以赴地完成紧急任务。

团队领导者对于其他积极配合的团队成员要论功行赏，由任务负责人对其他成员表示感谢，并对这次任务进行总结、分析，提出意见或建议，团队领导者对于能够提高紧急任务完成质量或效率的意见或建议予以采纳。

4.4 产品研发、技术研发、营销推广团队角色与分工

4.4.1 产品研发团队角色与分工

1. 产品研发团队角色定位

产品研发团队的成员主要包括市场经理、市场推广专员、市场调研专员、产品经理、项目经理、产品总监、产品设计师、研发工程师、测试工程师及其他人员。

（1）市场经理的主要工作有市场调研、产品推出。

（2）市场推广专员主要负责研发产品的市场推广工作。

（3）市场调研专员主要负责市场调研工作。

（4）产品经理主要的工作有总结产品需求，辅助产品设计、产品开发，负责产品验收与版本复盘。

（5）项目经理主要的工作有产品研发立项和产品进度安排。

（6）产品总监主要负责产品方案的审核工作。

（7）产品设计师主要设计产品功能以及为代码编写与测试提供支持。

（8）研发工程师主要负责产品代码的编写与产品问题的修复。

（9）测试工程师主要负责产品开发测试以及辅助产品问题修复的工作。

（10）其他人员负责协助以上成员的工作，并提供支持。

2. 产品研发团队任务分工

产品研发团队的主要任务有产品研发立项、产品设计、产品开发、产品验收、产品推出，产品研发团队任务分工如表4-2所示。

表4-2 产品研发团队任务分工

序号	任务名称	任务细分	完成人	协作与支持	备注
1	产品研发立项	市场调研	市场经理	市场调研专员	市场调研范围广，数据真实，有代表性
		总结需求	产品经理	市场经理	总结需求应该抓住问题的本质，注意区分伪需求
		项目立项	项目经理	市场经理/产品经理	项目立项应该协调好各部门的工作，制订计划，确定好各人员的工作范围
2	产品设计	设计产品功能	产品设计师	产品经理	设计功能时应该先整体后局部，遇到问题积极与上级领导沟通
		产品方案审核	产品总监	产品经理	产品方案审核着重于需求的完整性和方案的合理性
		产品方案技术评审	研发经理	研发工程师	技术评审着重于产品研发在技术上是否可行，并给出具体的修改意见
3	产品开发	进度安排	项目经理	产品经理	进度安排主要预估产品能够推出的时间，并编制产品研发进度表
		代码编写	研发工程师	产品设计师	代码编写主要是按照产品的需求来进行的
		测试	测试工程师	研发工程师/产品设计师	模拟真实的使用环境进行测试，验证产品方案是否符合需求
4	产品验收	产品功能验收	产品经理	产品设计师	主要检查设计的产品功能是否满足用户的需求
		产品问题修复	研发工程师	测试工程师	若出现生产问题或者其他的性能问题，应该及时修复
		产品版本复盘	产品经理	研发经理	统计研发过程中的数据，以方便将来进行产品更新改进
5	产品推出	客户培训	市场经理	研发经理	培训客户如何使用新产品以发挥出最大功能

续表

序号	任务名称	任务细分	完成人	协作与支持	备注
5	产品推出	产品推广	市场推广专员	市场经理	集中向目标客户推广并及时收集客户的反馈意见,做好售后服务工作

4.4.2 技术研发团队角色与分工

1. 技术研发团队角色定位

技术研发团队的成员包括技术研发经理、技术研发调研专员、技术研发工艺师、技术研发设计师、技术研发工程师、技术改造主管、技术改造专员、市场经理及其他人员。

(1)技术研发经理主要工作有协助研发调研工作并编写研发调研报告,对技术研发工作进行规划以及对技术研发成果进行检验,为研发技术的应用提供支持。

(2)技术研发调研专员主要负责技术研发调研工作的实施。

(3)技术研发工艺师主要负责工艺技术设计以及辅助工艺技术开发的工作。

(4)技术研发设计师主要为工艺技术的设计提供支持。

(5)技术研发工程师主要负责技术开发以及为研发技术的应用提供支持。

(6)技术改造主管主要负责技术改造的验收、评估工作。

(7)技术改造专员主要负责技术改造工作。

(8)市场经理主要负责研发技术的推广工作。

(9)其他人员负责协助以上成员的工作,并提供支持。

2. 技术研发团队任务分工

技术研发团队的主要任务有技术研发调研、工艺技术设计、技术开发、技术改造、研发技术应用。技术研发团队任务分工如表4-3所示。

表4-3 技术研发团队任务分工

序号	任务名称	任务细分	完成人	协作与支持	备注
1	技术研发调研	调研计划实施	技术研发调研专员	技术研发经理	运用科学的调研方法对研发技术的应用前景进行调研
		调研数据分析	技术研发调研专员	技术研发经理	通过数据分析估算市场需求、成本回收周期以及利润率等
		编写研发调研报告	技术研发经理	技术研发调研专员	对研发数据及分析结果进行汇总，并编写调研报告
2	工艺技术设计	编写工艺技术方案	技术研发工艺师	技术研发设计师	工艺技术方案应该得到专家委员会的审议通过后才能实施
		工艺技术试运行	技术研发工程师	技术研发工艺师	试运行过程中遇到的各种问题应该及时上报并予以处理
		工艺技术完善	技术研发工艺师	技术研发设计师	根据试运行的资料对工艺技术的可靠性和经济性进行完善
3	技术开发	技术开发规划	技术研发经理	技术研发工程师	依据行业技术的发展趋势和技术研发条件进行技术开发规划
		技术开发实施	技术研发工程师	技术研发工艺师	对技术开发过程进行监督，并及时处理技术开发过程中出现的问题
		技术开发成果鉴定	技术研发经理	技术研发工程师	鉴定技术开发成果是否符合预期
4	技术改造	技术改造可行性分析	技术研发工程师	技术改造专员	通过调研对技术改造进行可行性分析
		技术改造实施	技术改造专员	技术研发工程师	监督技术改造的过程，遇到问题及时上报给上级领导
		验收评估	技术改造主管	技术改造专员	检验技术改造是否达到计划要求并进行验收评估
5	研发技术应用	研发技术试用	技术研发经理	技术研发工程师	检验研发技术的稳定性、实用性
		研发技术推广	市场经理	技术研发经理	向目标客户推广所研发的技术，提高市场占有率

4.4.3 营销推广团队角色与分工

1. 营销推广团队角色定位

营销推广团队的成员包括市场经理、市场专员、市场推广专员、产品经理、产品助理、营销策划主管、营销策划专员、营销渠道主管、营销渠道专员及其他人员。

（1）市场经理主要负责确定用户画像、分析营销数据、评估营销推广效果以及辅助完成营销调整优化的工作。

（2）市场专员主要负责确定产品的市场定位工作。

（3）市场推广专员负责确定产品推广渠道以及评估营销推广效果。

（4）产品经理主要负责产品卖点打造，确定产品市场定位以及产品用户画像。

（5）产品助理主要负责产品信息汇总以及产品卖点打造工作。

（6）营销策划主管主要负责营销创意呈现以及营销创意收集。

（7）营销策划专员主要负责营销创意收集以及产品创意呈现工作。

（8）营销渠道主管主要负责产品营销渠道选择，完成数据监测跟踪以及营销数据分析工作。

（9）营销渠道专员主要负责营销渠道用户分析工作。

（10）其他人员负责协助以上成员完成营销推广工作，并提供支持。

2. 营销推广团队任务分工

营销推广团队的主要任务有确定目标用户、制作营销内容、选择营销渠道、监测营销数据、调整优化。营销推广团队任务分工如表4-4所示。

表4-4 营销推广团队任务分工

序号	任务名称	任务细分	完成人	协作与支持	备注
1	确定目标用户	确定产品市场定位	市场专员	产品经理	根据产品的性质与功能对产品进行市场定位
		打造产品卖点	产品经理	产品助理	找出产品最突出的优点，打造成产品的卖点
		确定用户画像	市场经理	产品经理	根据产品适用的人群，确定产品的用户画像

续表

序号	任务名称	任务细分	完成人	协作与支持	备注
2	制作营销内容	汇总产品信息	产品助理	产品经理	汇总产品的所有信息，如产品功能、产品使用范围等
		收集营销创意	营销策划专员	营销策划主管	寻找营销推广的创意并将所有的创意进行收集
		呈现营销创意	营销策划主管	营销策划专员	将营销创意与营销推广的载体进行结合并呈现出来
3	选择营销渠道	分析营销渠道用户	营销渠道主管	营销渠道专员	对所有营销渠道的用户进行分析
		估算营销渠道成本与收益	营销渠道主管	市场经理	估算营销推广渠道的成本以及收益
		确定推广渠道	营销渠道主管	市场推广专员	根据推广渠道的成本与收益选择最佳的推广渠道
4	监测营销数据	跟踪数据监测	市场专员	营销渠道主管	对每个渠道的营销数据进行监测与跟踪
		分析营销数据	市场经理	营销渠道主管	分析每个营销渠道的数据，汇总成本、流量、销售数据的转化率
		评估营销推广效果	市场经理	市场推广专员	评估每个营销渠道的推广效果
5	调整优化	优化渠道组合	营销渠道主管	市场经理	根据每个渠道的成本与收益，对渠道的组合进行优化
		纠正营销推广问题	市场推广专员	市场经理	对营销推广过程进行监督，并及时纠正出现的问题

第 5 章

团队制度与系统

5.1 设计高效能团队运营制度体系

5.1.1 团队制度体系图谱

要打造高效能、能战斗的团队,须设计团队的运营制度体系。团队制度体系图谱如图5-1所示。

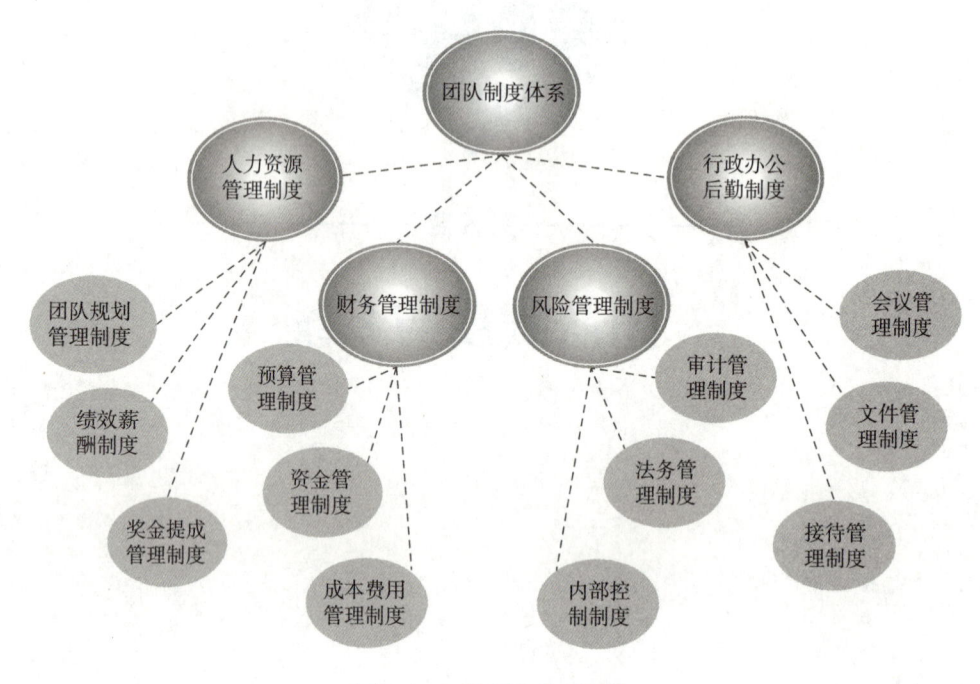

图5-1 团队制度体系图谱

5.1.2 核心制度设计案例

团队制度是指导团队成员工作,约束团队成员行为的重要依据,更是鞭策团队、激励团队进步的重要工具。团队制度体系的规范化和程序化,可以不断提高团队的工作能力和竞争实力。

下面是4个团队核心制度设计的案例,分别为团队规划管理制度、绩效管理工作制度、奖金提成管理制度、股权激励制度,供读者参考。

1. 团队规划管理制度

制度名称	团队规划管理制度	受控状态	
		编　号	

第1章　总　则

第1条　目的

为实现以下目的，特制定本制度。

1．规范团队规划工作，根据团队发展环境，运用科学、合理的方法，有效地进行人力资源供需预测、投资和控制。

2．合理制订岗位编制、人员配置、教育培训、薪资分配、职业发展、人力资源投资等方面的全局性计划，以确保团队战略发展目标的实现。

第2条　规划任务

1．确保团队在运营发展过程中对人力资源的需求，获得并储备一定数量的具备特定知识、技能的人力资源。

2．能够有效地调整人员的分布状况，把人工成本控制在合理的支付范围内。

3．有助于调动成员积极性，建设训练有素、运作灵活的人员队伍，提高团队对未知环境的适应能力。

4．能够有效预测团队潜在的人员过剩或人力不足的问题，以便及时采取应对措施。

5．减少团队关键岗位、关键技术和关键环节对外招聘的依赖性。

第2章　人力资源规划工作的内容

第3条　人力资源总体规划的内容

1．根据团队的经营目标与发展战略，通过人力资源管理子系统，做好供求平衡与员工发展工作。

2．计划期内，团队对人力资源管理的总方针、目标（总体目标）、总政策（配套政策）、实施步骤和总预算的安排。

第4条　配备计划

1．允许团队内部人员有计划地定期流动，熟悉各岗位技能、业务流程等，使之成为复合型人才，使得当团队内部某岗位需要人员时就可以让该员工及时到岗以满足临时业务需要。

2．通过岗位再设计对各岗位工作内容、工作量等进行再次设计，从而达到人和岗的最佳配备。

第5条　晋升计划

1．把有能力的人尽量安排在能充分发挥其能力的岗位上，实现人和岗的最佳配备。

2．实现最大效用地激励员工。

第6条　补充计划

1．优化人力资源结构，满足团队人力资源的数量和质量要求，改善团队人员素质结构及绩效。

2．合理填补团队在一定时期内可能出现的岗位空缺，避免因某岗位空缺而出现断层。

3．促进团队成员成长与能力提升，为团队发展作准备。

4．须补充人员的岗位、数量，对人员的要求。

第7条 使用调整计划
1．帮助团队成员多方向发展，激发其潜能，提高人力资源使用效率，做到适人、适岗。
2．有计划地进行人员内部流动，合理调配岗位，形成良性人员循环系统，使团队充满活力。

第8条 职业发展计划
1．选拔后备人才，形成人才梯队，规划职业生涯。
2．事先准备具有一定资质的人员，进行系列培训，确保未来的用人需求。
3．调动团队成员积极性，将团队发展和个人前途联系起来。

第9条 团队成员关系计划
1．协调、改善劳资关系，降低非期望离职率，增进团队成员沟通，减少投诉和不满。
2．完善团队文化，提升团队成员满意度。

第10条 培训开发计划
1．拟定培训项目，组织开展培训活动。
2．评估培训效果，如素质提高、技能提升、态度作风转变等方面。

第11条 绩效薪酬福利计划
1．结合薪酬调查来设计科学、合理的薪酬结构、薪酬标准。
2．制订具有行业挑战性的福利计划。
3．以提高绩效、增强团队凝聚力及完善团队文化为目标，构建科学、合理的绩效管理体系。

第3章 人力资源规划的制定与评估

第12条 人力资源规划制定的原则
1．确保人力资源需求的原则。人力资源规划解决的核心问题就是团队人员需求问题。
2．与内外环境相适应的原则。人力资源规划应对团队经营的内、外部环境变化作出及时的预测、分析。
3．与战略相适应的原则。人力资源规划应能满足团队战略发展的需要。
4．保持适度流动性原则。控制人员流动率，使团队人力资源得到最佳利用。

第13条 人力资源规划制定程序
1．团队经营发展目标、战略规划、经营环境分析。团队人力资源部正式制定人力资源规划前，必须向各部门索要各类数据，人力资源部负责从以上数据中提炼出所有与人力资源规划有关的数据、信息，并整理编报，为有效的人力资源规划提供基本数据。
（1）人力资源部组织讨论上述数据，制定标准并分解衍生出具体的人力资源活动计划。
（2）人力资源部制订年度人力资源规划工作进度计划，报请各级领导审批通过后，告知团队全体人员，并根据团队战略规划和经营发展目标下发各部门工作评价表及各部门人力资源需求申报表，在限定工作日内收回。
（3）人力资源部在收集完所有数据之后，对以上数据进行描述、统计、分析，制作年度人力资源规划环境分析报告，由团队人力资源环境分析审核小组完成环境分析的审核工作。审核小组成员构成为团队各部门负责人、团队人力资源部环境分析专员、人力资源部负责人。

（4）人力资源部应将审核无误的年度人力资源规划环境分析报告报请总经理审核批准，待总经理审核批准后方可使用。在人力资源环境分析进行期间，各部门应该根据本部门的业务需要和实际情况，在人力资源规划活动中及时、全面地向人力资源部提出与人力资源有关的信息、数据。在进行人力资源环境分析时，工作人员应该认真吸收、接纳各部门传递的环境信息。

2．人力资源部根据团队或部门实际情况确定其人员规划期限，通过团队人力资源信息库全面了解团队现有人力资源情况，为预测工作准备翔实的资料。确定团队经营目标，并明确为实现此目标，团队需要配备的人员数量、质量和时间要求。

3．分析人力资源需求和供给，采用定性和定量相结合的方法对人力资源进行需求和供给预测。

（1）人力资源需求预测内容包括人员数量、质量、层次结构。人力资源需求预测常用的方法包括定员定额法、趋势分析法、回归分析法、德尔菲法、现状规划法、经验预测法、管理人员判断法等。

（2）人力资源内部供给分析需要利用团队人力资源信息库，人力资源供给预测项目包含内部供给和外部供给两部分。

4．制订人力资源供求协调平衡的总计划和各项业务计划，并分别提出供求不平衡时的调整措施。结合人力资源需求分析结果与人力资源供给分析结果，编制人力资源规划并进行供求综合平衡，制订各分项业务具体的执行、调整计划，以期达到人力资源供求协调平衡。

5．人力资源规划的组织实施与评价、修正。对编制好的人力资源规划实施监控，并根据经营环境、社会环境的变化及时调整，使其更适合团队的发展。

第14条　人力资源规划评估

人力资源部通过定期与非定期的人力资源规划工作评估，使有关政策和措施得以改进和落实，有利于调动员工的工作积极性，提高人力资源管理工作的效益。评估可以从以下两个方面进行。

1．管理层可以在人力资源费用变得难以控制或过度花费之前，采取措施来防止各种失调，并以此使团队的人工成本得以降低。

2．团队可以有充裕的时间来发现人才。因为好的人力资源规划，可以在团队实际雇用员工前，已经预计或确定对各种人员的需求。

第4章　附　则

第15条　编制单位

本制度由人力资源部负责编制、解释与修订。

第16条　生效时间

本制度自××××年××月××日起生效。

编制日期		审核日期		批准日期	
修改标记		修改次数		修改日期	

2. 绩效管理工作制度

制度名称	绩效管理工作制度	受控状态	
		编　　号	

第1章　总　则

第1条　目的

为实现以下目的，特制定本制度。

1．通过绩效管理将团队成员个人的工作表现与团队战略目标紧密地结合起来，确保团队战略目标快速、平稳地实现。

2．在绩效考核管理过程中促进管理者与团队成员之间的交流与沟通，形成良好的沟通机制，增强团队的凝聚力。

3．通过绩效管理提高团队的管理水平，提升团队成员的工作绩效，促进团队快速发展。

4．通过绩效考核对团队成员工作业绩、工作能力等进行客观评价，为团队成员薪资调整、职位变动、培训与开发等人力资源管理工作提供有效的依据。

第2条　适用范围

本制度适用于在团队中除试用期以外的所有正式聘用团队成员。

第2章　绩效考核的要求和周期

第3条　考核的要求

1．考核者在进行考核时要客观、公正，不得徇私舞弊，切忌带入个人主观因素或武断猜想。

2．只对被考核者在考核时期和工作范围内的表现进行考核，不得对除此以外的事实和行为作出评价。

3．考核要能客观地反映被考核者的实际工作情况，避免由于光环效应、主观偏见等因素带来误差。

4．考核者与被考核者在绩效考核过程中，需要进行充分沟通，以确保考核的准确、合理。

5．考核者应及时将考核结果反馈给被考核者，同时应当就考核结果对被考核者进行解释、说明。

第4条　考核周期

绩效考核周期分为月度考核、季度考核、年度考核三种。

1．月度考核，一般在次月1日—10日进行。

2．季度考核，一般在下一季度第一个月的1日—15日进行。

3．年度考核，一般在次年1月1日—25日进行。

第3章　绩效考核的内容

第5条　团队管理人员考核内容

团队管理人员的绩效考核指标体系包括以下四个方面，针对不同的考核岗位，可选取不同的指标组合和权重。

1．财务指标：团队考核期的收入和利润目标完成情况。

2．客户指标：客户、经销商满意度及市场维护相关指标的完成情况。

3．内部过程指标：部门或岗位的考核期重点工作的完成情况。

4．学习成长指标：部门或岗位业务能力和创新能力的提升情况。

第6条 普通团队成员考核内容

普通团队成员的绩效考核指标体系包括以下三个方面。

1. 工作业绩：本职工作的完成情况，从工作效率、工作任务、工作效益等方面衡量。
2. 工作能力：团队成员胜任本工作所具备的各种能力，从知识结构、专业技能、一般能力等方面考核。
3. 工作态度：团队成员对工作所持有的评价与行为倾向，以工作的认真态度、努力程度、责任心、主动性等衡量。

第7条 附加分值

附加分值主要是针对员工日常工作表现的奖惩记录而设置的。

第8条 绩效考核指标确定

1. 对团队总体发展战略目标进行层层分解，确定团队内各级组织、单位的整体目标。
2. 根据整体目标，确定分解到岗位的工作目标，并选取4~6个指标作为考核指标，同时根据重要程度确定各指标的权重。
3. 确定各项考核指标的衡量标准或评分标准。

第4章 绩效考核的组织与实施

第9条 绩效考核的组织与实施程序

1. 人力资源部发布考核通知，考核通知应明确考核标准、考核表的提交时间和要求等。
2. 人力资源部对各团队的绩效考核工作进行培训和指导，培训内容包括：明确考核规定，解释考核内容和项目，统一考核标准，严肃考核纪律等。
3. 各团队管理人员设立本团队考核计划和目标，并指导团队成员做好本岗位绩效考核工作。
4. 团队成员按照绩效考核要求，在规定时间内进行自我评估并填写考核表。
5. 各团队管理人员按照考核要求对自己和团队成员的工作表现及计划目标的达成情况进行记录和评定，并按期上交至人力资源部。

第10条 绩效考核监督

人力资源部在绩效考核实施过程中，负责监督和检查考核落实情况，并为考核者提供指导。

第11条 绩效考核等级划分

人力资源部根据各团队提交的"岗位考核评分表"，计算出被考核者的最终得分，并确定其等级。

1. A级：得分为90分（含）以上。
2. B级：得分为80分（含）~89分。
3. C级：得分为70分（含）~79分。
4. D级：得分为60分（含）~69分。
5. E级：得分为60分以下。

第12条 绩效考核结果公布

人力资源部在考核得分统计后的3个工作日内公布考核结果，如遇特殊情况需要延迟公布时间的，须采用公告的形式说明原因。

第5章 绩效反馈

第13条 绩效面谈前的准备

1. 考核者应收集并填写好有关绩效考核的资料。
2. 被考核者应准备可以证明自己绩效的资料和证据，以及个人要求和个人发展计划等。

第14条 实施绩效面谈

1．考核者与被考核者在面谈中应先就绩效考核的目的、目标、评估标准达成一致，再讨论被考核者的具体考核得分。

2．被考核者陈述自己的工作表现并进行初步自我评估，考核者应认真听取被考核者的陈述，并就问题逐项分析，争取与被考核者达成一致。

3．考核者应指出被考核者工作上的不足，并与其共同制订下一阶段的绩效改进计划。

第15条 制订绩效改进计划

绩效改进计划应由考核者与被考核者进行绩效面谈后，经双方认可并共同制订，内容应包括目前水平、期望水平、有待改进的方面、改进措施和达成目标的期限等。考核者应随时跟踪改进计划的落实情况，并及时给予被考核者支持和帮助。

第6章 绩效申诉

第16条 绩效申诉程序

人力资源部是团队成员绩效考核申诉的日常管理部门，被考核者若对考核结果不清楚或者持有异议，可填写"绩效考核申诉表"，向人力资源部提出申诉。

1．人力资源部在考核结果公布后的7个工作日内须接受团队或员工的申诉，过期则不予受理。

2．人力资源部在接到申诉后，须在5个工作日内作出是否受理的答复，对于无客观事实依据，仅凭主观臆断的申诉不予受理。

第17条 绩效申诉处理

人力资源部对申诉内容进行调查，然后与团队管理人员、当事人进行沟通、协调，不能协调的，报总经理处理。

第7章 绩效考核结果的运用

第18条 绩效考核资料的存档

各团队绩效考核相关资料均须统一整理，并交人力资源部存档。

第19条 绩效考核结果的运用

1．教育培训。在考虑教育培训工作时，可以把绩效考核的结果作为参考资料，借此掌握教育培训的重点，并作为开发团队成员能力的依据。

2．岗位调动、工作调配。在进行工作调配或岗位调动时应该考虑其考核结果，分析其长短处，把握团队成员的适应能力、发展潜力等。

3．晋升。对团队成员进行晋升考核时，可将团队成员的历史绩效考核成绩作为考核资料加以运用。

4．提薪。参照员工的绩效考核结果，决定提薪的幅度。

5．奖励。奖励的分配应与员工业绩完成情况、员工所作的贡献等相匹配。

第8章 附 则

第20条 编制单位

本制度由人力资源部负责编制、解释与修订。

第21条 生效时间

本制度自××××年××月××日起生效。

编制日期		审核日期		批准日期	
修改标记		修改次数		修改日期	

3. 奖金提成管理制度

制度名称	奖金提成管理制度	受控状态	
		编　号	

第1章　总　则

第1条　目的

为了奖励先进团队和个人，激发员工的积极性、能动性和创造性，弘扬爱岗敬业、积极奉献的精神，引导正确的价值取向，高标准地达到团队的业绩目标，特制定本制度。

第2条　适用范围

本制度适用于企业中各团队奖金提成的发放工作的管理。

第2章　个人奖金管理

第3条　个人奖金种类

团队成员个人奖金的种类分为工龄奖、创造奖、功绩奖和全勤奖等4种。

第4条　工龄奖

1．评奖条件

凡在本团队工作时间满____年、____年及____年，且其服务成绩与态度均属优秀，未受通报批评及以上惩处的团队成员分别授予服务____年奖、服务____年奖及服务____年奖。

2．奖金

（1）年满____年的：奖金=当前基本年薪×____%。

（2）年满____年的：奖金=当前基本年薪×____%。

（3）年满____年的：奖金=当前基本年薪×____%。

第5条　创造奖

1．评奖条件

团队成员符合以下所列各项条件之一者，并经审查合格后授予创造奖。

（1）设计新产品、开发新服务等对团队有特殊贡献者。

（2）从事有益于业务的发展或提高的，对节省经费、提高效率或对经营合理化的其他方面作出贡献者。

（3）在独创方面尚未达到发明的程度，但对团队生产技术等业务发展确有特殊的贡献者。

（4）上述各项应至少观察6个月，经效果判断确定有效后发放奖励。

2．奖金

本项奖金与功绩奖合并为同一种奖励方法，同成员具体的绩效评估和激励内容挂钩。

第6条　功绩奖

1．评奖条件

团队成员符合以下所列各项情况之一者，经审查属实后授予功绩奖。

（1）从事对团队有显著贡献的特殊行为。

（2）对提高团队或企业的声誉有特殊功绩。

（3）对团队或企业的损害能防患于未然。

（4）遇到突发事件如灾害事故等能随机应变，采取得当措施。

（5）敢冒风险救助企业财产及人员脱离危难。

（6）具有优秀品德，且可以作为团队或企业的楷模，并有益于企业树立良好风气的其他情况。

2．奖金

本奖项与创造奖合并为同一种奖励方法，若条件符合，二者可重复奖励。

（1）一等奖：奖金为____元。

（2）二等奖：奖金为____元。

（3）三等奖：奖金为____元。

（4）四等奖：奖金为____元。

（5）鼓励奖：奖金为____元。

第7条 全勤奖

1．评奖条件

凡连续____月内没有迟到、早退、旷工、请假或其他误工情况发生的满勤团队成员，且经审查后无违纪行为记录的，均可获此奖金。

2．奖金

此奖金可跨等级重复领取。

（1）月度奖：当月薪酬总额的____%。

（2）季度奖：当季薪酬总额的____%。

（3）半年奖：半年薪酬总额的____%。

（4）年度奖：当年薪酬总额的____%。

第3章 团队奖金管理

第8条 获奖要求

获得团队奖励时，必须满足以下要求。

1．两人或两人以上小组、团体。

2．团队内人员必须全部为本团队正式员工。

3．圆满完成各自或各团队的各项本职工作。

4．能够遵守团队的各项规章制度。

第9条 奖项设置

团队奖励只设置创造奖和功绩奖两项。

第10条 评奖条件

团队奖项的评奖条件等同个人创造奖和功绩奖的评奖条件。

第11条 奖金额度

团队奖励的奖金额度按所作贡献的经济效益乘以一定的比例，即先进团队奖=团队所创造的经济效益×____%，比例的大小由受益团队经商议决定。

第4章 提成管理

第12条 提成比例设计

团队的提成比例是由业绩目标达成情况决定的，具体如下。

1．提成为3%~5%，须达到____%的业绩目标。

2．提成为6%~8%，须达到＿＿%的业绩目标。

3．提成为9%~10%，须达到＿＿%的业绩目标。

4．提成超过10%，须达到＿＿%的业绩目标。

第13条　提成发放标准

团队根据员工的实际业绩完成情况，确定提成的发放标准。

1．业绩完成情况≥100%，应发放提成的＿＿%。

2．85%≤业绩完成情况＜100%，应发放提成的＿＿%。

3．70%≤业绩完成情况＜85%，应发放提成的＿＿%。

4．60%≤业绩完成情况＜70%，应发放提成的＿＿%。

5．业绩完成情况＜60%，应发放提成的＿＿%。

第5章　奖金提成评定

第14条　奖金提成申报

1．评定委员会及时在公示栏发出奖金提成申报通知，符合奖励条件的个人或团队可在申报期内向所在团队的管理人员提出评定申请，若申报团队为跨团队的，则由团队管理人员直接向评定委员会提交申请。

2．团队管理人员对申请人的资格进行初步审核，确认无误后将评奖申请提交评定委员会。

第15条　奖金提成审查

评定委员会以企业奖金提成管理规定为准则，根据各自奖项和提成的评定办法对申报人的资格进行审查。凡申报人具有以下情节之一者，除依照企业管理规定进行处罚外，还应取消其六个月内获得任何奖金的资格。

1．工作不力者或不能胜任本职工作者。

2．有违法犯罪行为者。

3．在企业外的行为足以妨碍其应执行的工作及损害企业声誉或利益者。

4．在言论或行为上对团队、企业及同事不利、不忠实者。

5．利用工作之便牟取私利者。

6．其他造成恶劣影响的品行问题者。

第16条　奖金提成金额批准

评定委员会确认申报人确有获奖资格后，应根据奖励办法确定获奖金额，并上报总经理审批。

第17条　奖金提成发放

奖金和提成的发放时间及方式可由各团队根据自身实际情况确定并执行。

第6章　附　则

第18条　编制单位

本制度由人力资源部负责编制、解释与修订。

第19条　生效时间

本制度自××××年××月××日起生效。

编制日期		审核日期		批准日期	
修改标记		修改次数		修改日期	

4. 股权激励制度

制度名称	股权激励制度	受控状态	
		编　　号	

第1章　总　则

第1条　目的

为了完善团队激励机制，进一步提高团队成员的积极性、创造性，促进团队业绩持续增长，在提升团队价值的同时为团队成员带来增值利益，实现团队成员与团队的共同发展，特制定本制度。

第2条　适用范围

本制度适用于企业中所有符合股权激励条件的团队。

第2章　团队成员持股管理

第3条　股权激励

出于团队快速发展的需要，为激励人才，企业授权团队成员在特定条件下，可以按照约定的价格认购企业____%的股权。

第4条　获得股权激励的条件

1．满足以下条件的团队成员。

（1）为_____团队的正式成员。

（2）截至_____年____月____日，在_____团队连续司龄满____年。

（3）为团队_____等岗位高级管理人员和其他核心成员。

（4）虽未满足上述全部条件，但团队股东会认为确有必要进行激励的其他人员。

2．团队股权的资格认定权在股东会，股权名单须经股东会审批，并经监事会核实后生效。

第5条　标的股权的来源、数量和分配

1．来源：股权计划拟授予激励对象的标的股权为____原股东出让股权，或采用虚拟股形式。

2．数量：实际资产总额____%的股权。

3．分配

（1）股权激励的登记内容：姓名、职位、获授股权（占团队实际资产比例）、占本次授予股权总量的比例。

（2）因引入战略投资者，增加注册资本，派发现金红利，资本公积金转增股权或其他原因需要调整标的股权数量、价格和分配的，股东会有权进行调整。

第6条　有效期

1．本次股权激励的有效期为____年，自第一次授权日起计算。有效期内授予的股权，均设置行权限制期和行权有效期。

2．行权限制期为____年。

3．行权有效期为____年。

第7条　授权日

1．有效期内的_____年____月____日。

2．_____团队将在_____年度、_____年度和_____年度分别按实际资产总额的____%、

____%、____%比例向符合授予条件的团队成员授予标的股权。

第8条 可行权日

1．各次授予的自其授权日_____年后，满足行权条件的股权方可行权。

2．本次授予的股权的行权规定

（1）在符合规定的行权条件下，股权自授权日起持有满____年（行权限制期）后，可在____年（行权有效期）内行权。

（2）在该次授予的____年行权有效期内股权应采取匀速分批行权的原则来行权。

（3）行权有效期后，该次授予的行使权利自动失效，不可追溯行使。

第9条 禁售期

1．团队成员在获得所授股权之日起____年内，不得转让该股权。

2．禁售期满，团队成员所持股权可以在股东间相互转让，也可以按照本制度约定，由企业回购。

第10条 授予条件

团队成员获授标的股权必须同时满足如下条件。

1．业绩考核条件：____年度净利润达到____万元。

2．绩效考核条件：根据"企业股权计划实施考核办法"，团队成员上一年度绩效考核合格。

第11条 授予价格

授予团队成员标的股权的价格由股东会讨论确定，应严格按照相关法律法规确定。

第12条 股权转让协议书

团队在标的股权授予前与团队成员签订"股权转让协议书"，约定双方的权利义务。若团队成员未签署"股权转让协议书"或已签署"股权转让协议书"，但未按照付款期限支付转让标的股权款的，视为该团队成员放弃参与本次授予。

第13条 授予股权的程序

1．企业与团队成员签订"股权转让协议书"，约定双方的权利义务。

2．企业于授权日向团队成员送达"股权授予通知书"一式两份。

3．团队成员在三个工作日内签署"股权授予通知书"，并将一份送回企业。

4．企业根据股权签署情况制作股权持股员工管理名册，记载持股员工姓名、获授股权的金额、授权日期、股权授予协议书编号等内容。

第14条 持股员工发生职务变更情况

1．持股员工职务发生变更，仍在团队任职，其已经获授的股权不作变更。

2．持股员工职务发生变更，仍在团队任职，变更后职务在本制度股权授予范围内，按变更后的职务规定获授股权。

3．持股员工职务发生变更，但仍在团队任职，但变更后职务不在本制度股权授予范围内，变更后不再享有获授股权的权利。

第15条 持股员工离职

指由各种原因导致持股员工不在企业任职的情况。

1．持股员工与企业的聘用合同到期，企业不再与之续约的，其已行权的股权继续有效，已授予但尚未行权和尚未授予的股权不再行权和授予，予以作废。

2. 有下列情形之一的，其已行权的股权继续有效，但须将该股权以_____价格转让给企业的其他股东，或企业根据新的股权计划新增的股权激励对象；或由企业以_____价格回购，已授予但尚未行权和未授予的标的股权不再行权和授予，予以作废。

（1）持股员工与企业的聘用合同到期，本人不愿与企业续约的。

（2）持股员工与企业的聘用合同未到期，本人因个人绩效等原因被辞退的。

（3）持股员工与企业的聘用合同未到期，本人向团队提出辞职并经企业同意的。

3. 持股员工与企业的聘用合同未到期，因企业经营性原因等被辞退的，其已行权的股权继续有效，并可保留；但未经股东会一致同意，该股权不得转让给股东以外的其他人；已授予但尚未行权的股权和未授予的股权不再行权和授予，予以作废。

4. 持股员工与企业的聘用合同未到期，未经企业同意，擅自离职的，其已行权的股权无效，该员工须无条件地将已获得的股权以购买价格的1/3回售给企业其他股东，或由企业按该价格回购；已授予但尚未行权和未授予的标的股权不再行权和授予，予以作废。

第16条 持股员工丧失劳动能力

1. 持股员工因公（工）丧失劳动能力的，其已行权的股权和已授予但尚未行权的股权继续有效；尚未授予的标的股权不再授予，予以作废。

2. 持股员工非因公（工）丧失劳动能力的，其已行权的股权继续有效，已授予但尚未行权的股权由企业董事会酌情处置；尚未授予的标的股权不再授予，予以作废。

第17条 持股员工退休

持股员工退休的，其已行权的股权和已授予但尚未行权的标的股权继续有效，尚未授予的标的股权不再授予，予以作废。

第18条 持股员工去世

持股员工去世的，其已行权的股权和已授予但尚未行权的股权继续有效，尚未授予的标的股权不再授予，予以作废。

第19条 特别条款

在任何情况下，持股员工发生触犯法律、违反职业道德、泄露团队机密、失职或渎职等行为且严重损害团队及企业利益或声誉的，企业董事会有权立即终止其已获授但尚未行权的股权，符合本制度规定情形的，按相应规定执行。

第3章 附　则

第20条 编制单位

本制度由股东会负责编制、解释与修订。

第21条 权利义务

股权激励计划一旦生效，持股员工同意享有股权计划下的权利，即可认为其同意接受本次股权激励计划的约束并承担相应的义务

第22条 生效时间

本制度自×××年××月××日起生效。

编制日期		审核日期		批准日期	
修改标记		修改次数		修改日期	

5.2 设计高效能团队运营流程体系

5.2.1 团队流程体系图谱

要打造高效能、能战斗的团队,还要设计团队的运营流程体系。常见的团队流程体系图谱如图5-2所示。

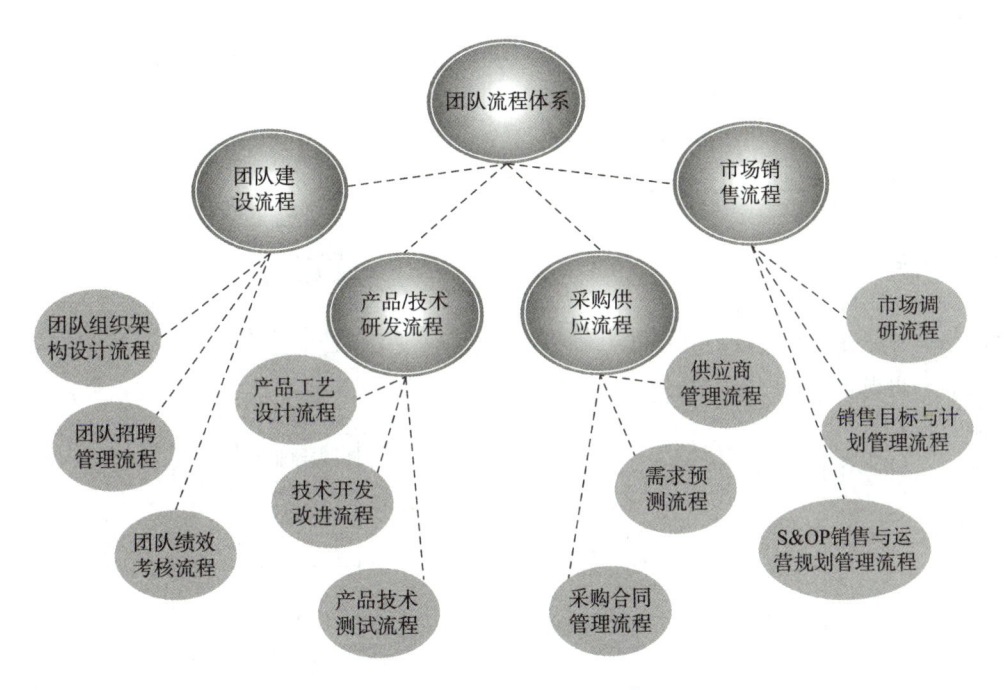

图5-2 团队流程体系图谱

5.2.2 核心流程设计案例

团队流程是梳理工作输入和结果输出的重要工具,是保障团队高效、顺畅运行的重要条件,更是不断提升团队管理水平的重要发力点。

下面是4个团队核心流程设计的案例,分别为团队组织架构设计流程、团队招聘管理流程、团队绩效考核流程、重大事项决策流程,供读者参考。

流程再造
管理案例

1. 团队组织架构设计流程

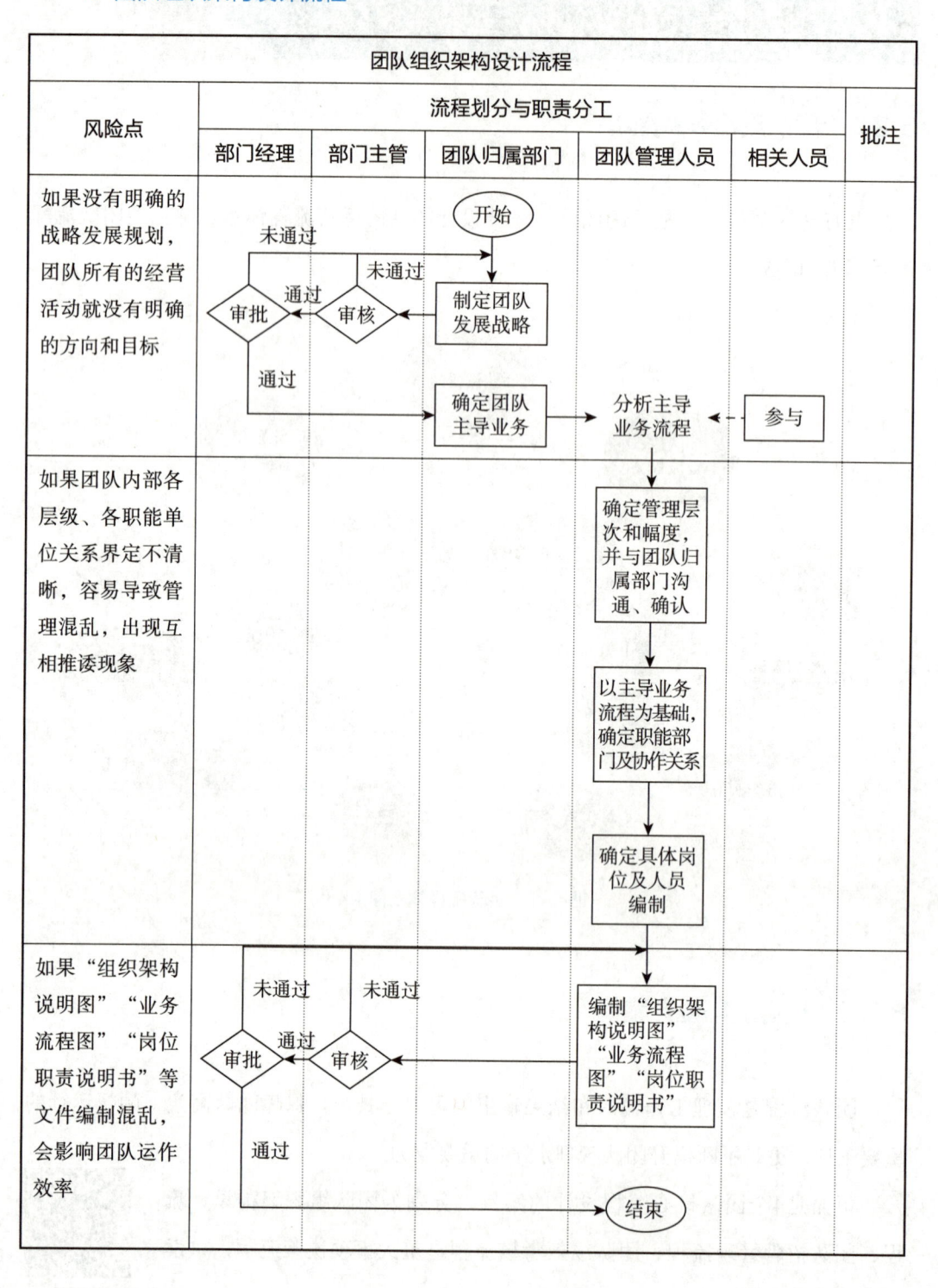

团队组织架构设计流程							
风险点	流程划分与职责分工						批注
^	部门经理	部门主管	团队归属部门	团队管理人员	相关人员	^	^
如果没有明确的战略发展规划，团队所有的经营活动就没有明确的方向和目标	审批（未通过→；通过↓）	审核（未通过→；通过↑）	开始 → 制定团队发展战略；确定团队主导业务	分析主导业务流程	参与		
如果团队内部各层级、各职能单位关系界定不清晰，容易导致管理混乱，出现互相推诿现象				确定管理层次和幅度，并与团队归属部门沟通、确认；以主导业务流程为基础，确定职能部门及协作关系；确定具体岗位及人员编制			
如果"组织架构说明图""业务流程图""岗位职责说明书"等文件编制混乱，会影响团队运作效率	审批（未通过→；通过↓结束）	审核（未通过→；通过↑）		编制"组织架构说明图""业务流程图""岗位职责说明书"			

2. 团队招聘管理流程

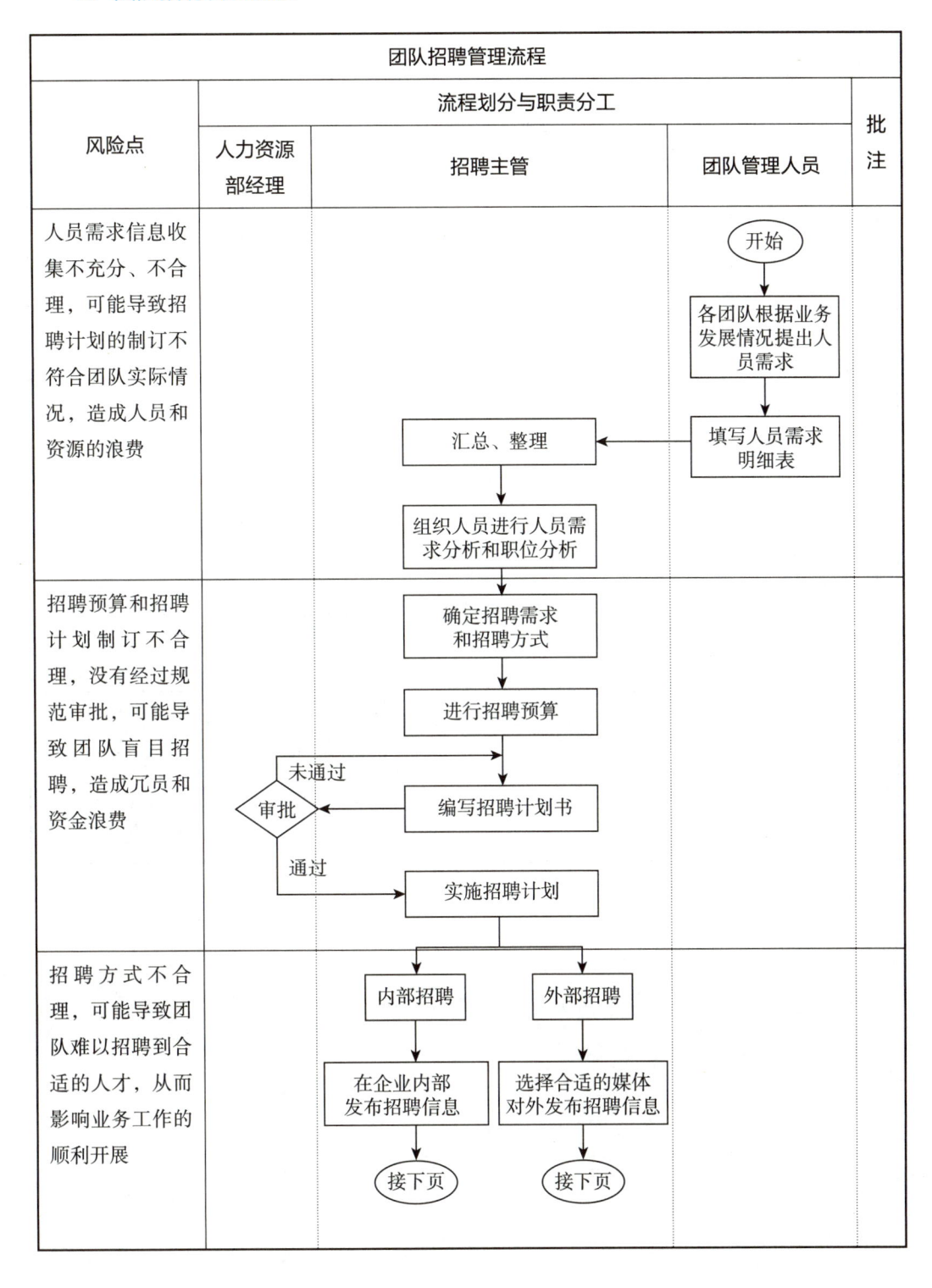

风险点	流程划分与职责分工			批注
	人力资源部经理	招聘主管	团队管理人员	
人员需求信息收集不充分、不合理，可能导致招聘计划的制订不符合团队实际情况，造成人员和资源的浪费		汇总、整理 ← 组织人员进行人员需求分析和职位分析	开始 ↓ 各团队根据业务发展情况提出人员需求 ↓ 填写人员需求明细表	
招聘预算和招聘计划制订不合理，没有经过规范审批，可能导致团队盲目招聘，造成冗员和资金浪费		确定招聘需求和招聘方式 ↓ 进行招聘预算 ↓ 未通过 ← 审批 ↓ 编写招聘计划书 通过 ↓ 实施招聘计划		
招聘方式不合理，可能导致团队难以招聘到合适的人才，从而影响业务工作的顺利开展		内部招聘 → 在企业内部发布招聘信息 → 接下页 外部招聘 → 选择合适的媒体对外发布招聘信息 → 接下页		

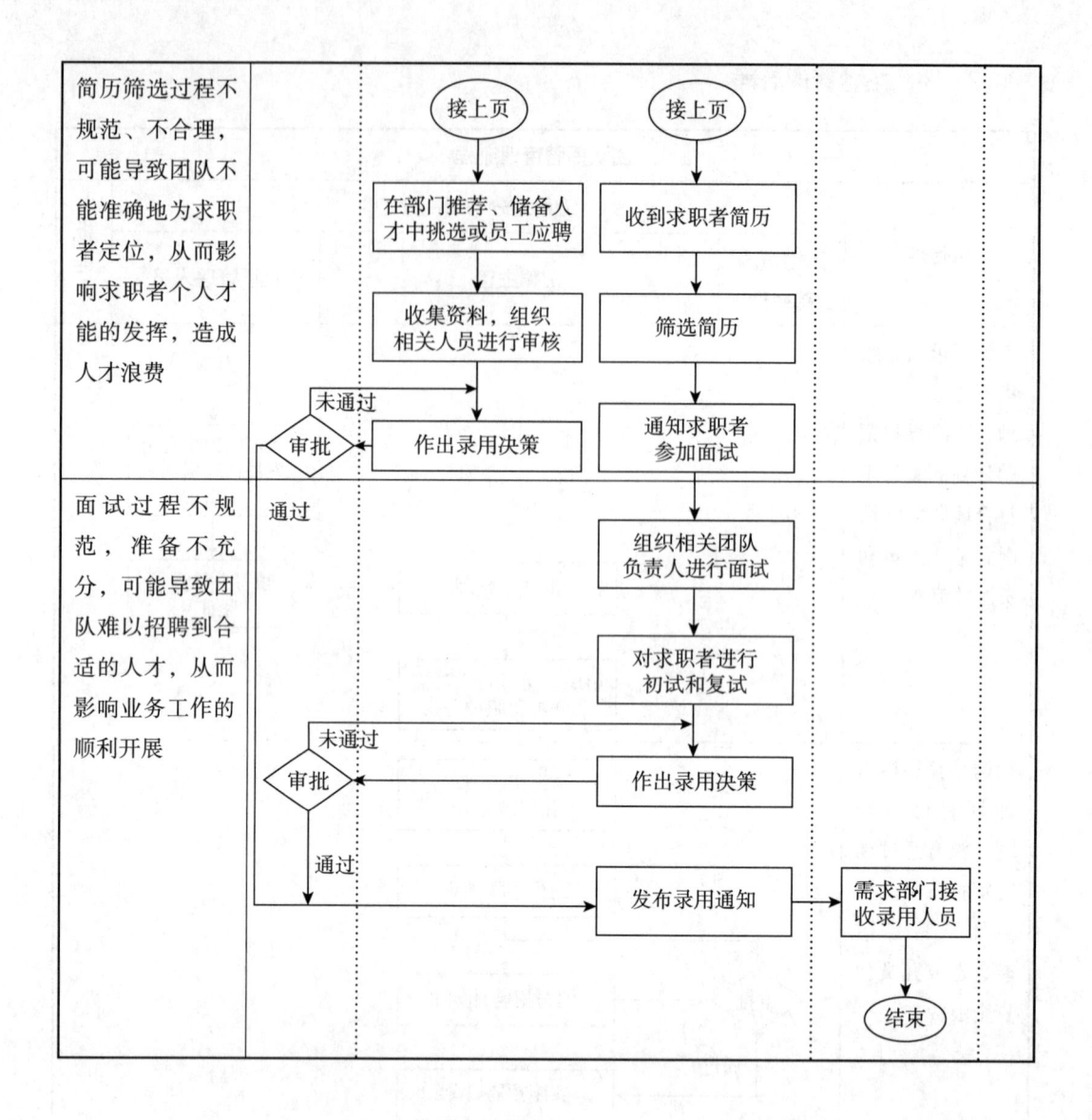

风险说明	流程图
简历筛选过程不规范、不合理，可能导致团队不能准确地为求职者定位，从而影响求职者个人才能的发挥，造成人才浪费	接上页 → 在部门推荐、储备人才中挑选或员工应聘 → 收集资料，组织相关人员进行审核 → 审批（未通过）；接上页 → 收到求职者简历 → 筛选简历 → 通知求职者参加面试 → 作出录用决策
面试过程不规范，准备不充分，可能导致团队难以招聘到合适的人才，从而影响业务工作的顺利开展	审批（通过）→ 组织相关团队负责人进行面试 → 对求职者进行初试和复试 → 作出录用决策 → 审批（未通过/通过）→ 发布录用通知 → 需求部门接收录用人员 → 结束

3. 团队绩效考核流程

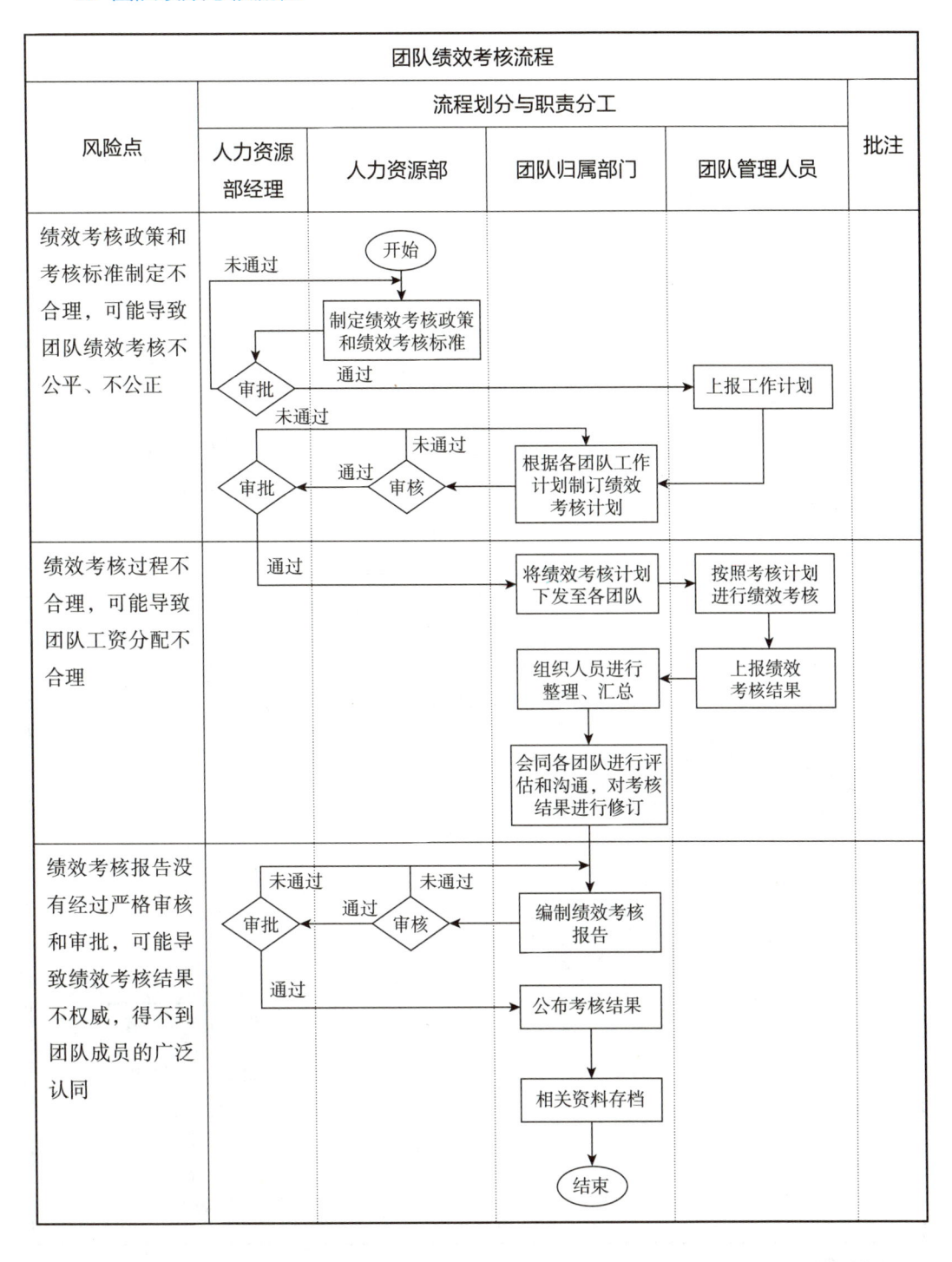

风险点	流程划分与职责分工				批注
	人力资源部经理	人力资源部	团队归属部门	团队管理人员	
绩效考核政策和考核标准制定不合理，可能导致团队绩效考核不公平、不公正	审批（未通过／通过）	开始 → 制定绩效考核政策和绩效考核标准 → 审批 → 审核（未通过返回）	根据各团队工作计划制订绩效考核计划	上报工作计划	
绩效考核过程不合理，可能导致团队工资分配不合理	通过		将绩效考核计划下发至各团队 → 组织人员进行整理、汇总 → 会同各团队进行评估和沟通，对考核结果进行修订	按照考核计划进行绩效考核 → 上报绩效考核结果	
绩效考核报告没有经过严格审核和审批，可能导致绩效考核结果不权威，得不到团队成员的广泛认同	审批（未通过／通过）	审核（未通过返回审批；通过继续）	编制绩效考核报告 → 公布考核结果 → 相关资料存档 → 结束		

4. 重大事项决策流程

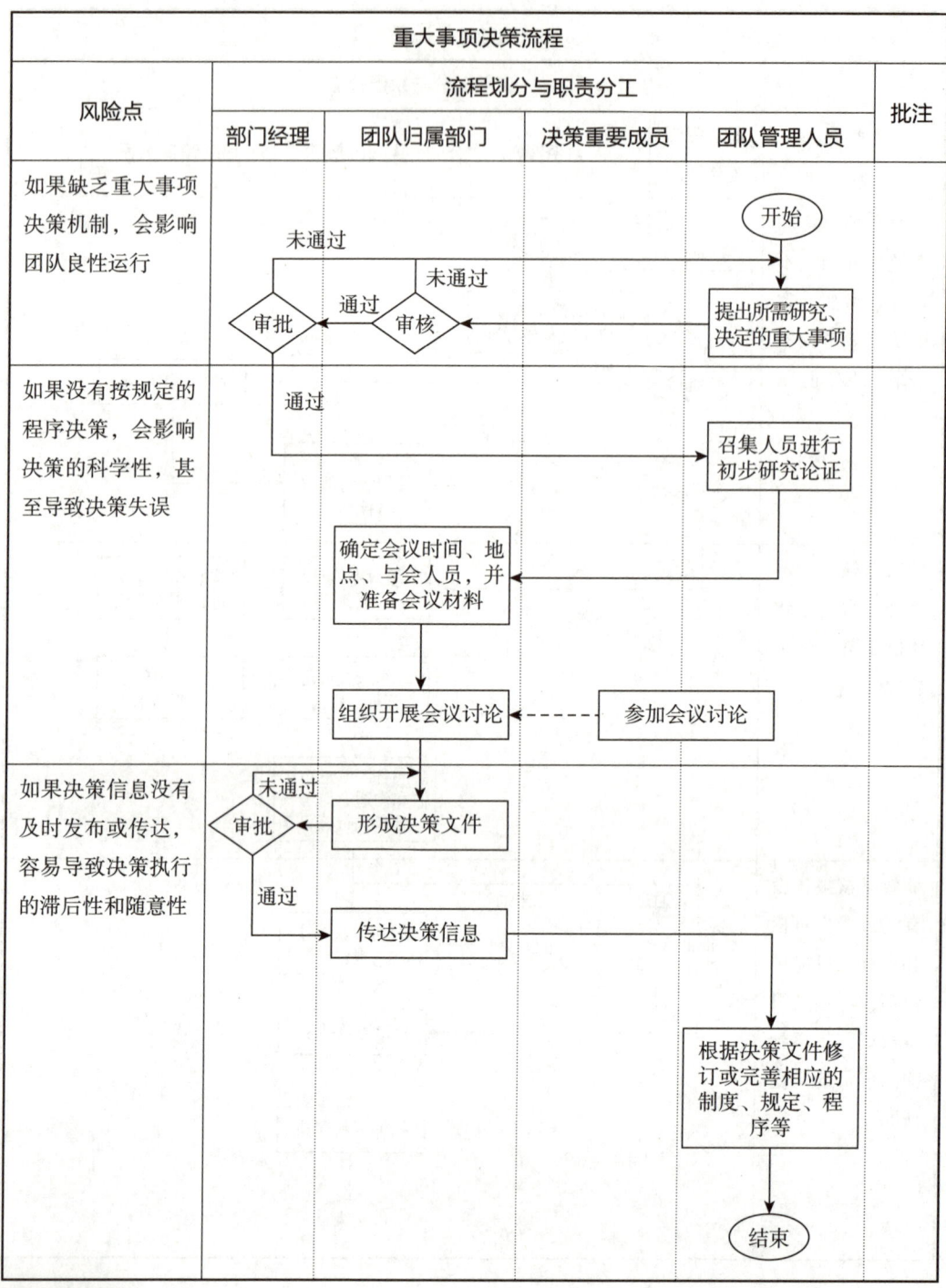

风险点	流程划分与职责分工				批注
	部门经理	团队归属部门	决策重要成员	团队管理人员	
如果缺乏重大事项决策机制，会影响团队良性运行	←未通过── 审批 ←通过── 审核 ←未通过──		←────────	开始 → 提出所需研究、决定的重大事项	
如果没有按规定的程序决策，会影响决策的科学性，甚至导致决策失误		通过↓ 确定会议时间、地点、与会人员，并准备会议材料 ↓ 组织开展会议讨论	←──── 召集人员进行初步研究论证 ┄┄┄┄→ 参加会议讨论		
如果决策信息没有及时发布或传达，容易导致决策执行的滞后性和随意性	←未通过── 审批 ↓通过	形成决策文件 ↓ 传达决策信息		↓ 根据决策文件修订或完善相应的制度、规定、程序等 ↓ 结束	

流程再造调查问卷示例

5.3 设计高效能团队运营管理体系

5.3.1 团队管理体系图谱

要打造高效能、能战斗的团队，还要设计团队的运营管理体系。常见的团队管理体系图谱如图5-3所示。

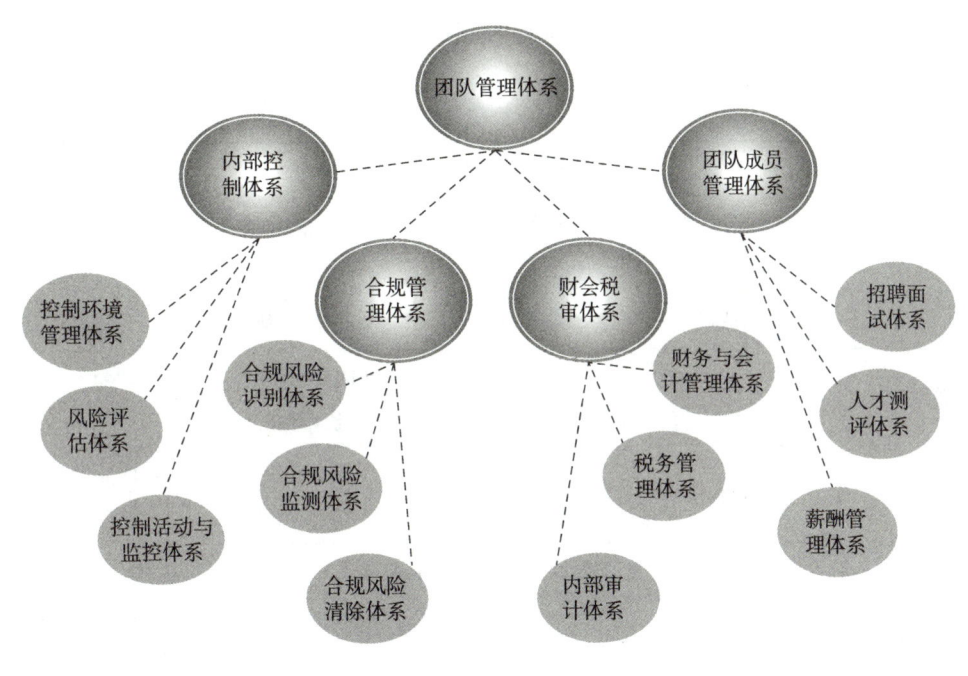

图5-3 团队管理体系图谱

5.3.2 管理体系设计案例

团队管理体系的优劣直接影响团队的整体效能，科学、合理的团队管理体系可以帮助团队高质量地完成企业分配的任务目标，低效、混乱的管理体系不仅无法推动团队的效能进步，反而会给团队的运营带来诸多程序上的困扰。

下面是4个团队管理体系设计案例，分别为招聘面试体系设计、人才测评体系设计、薪酬管理体系设计、培训开发体系设计，供读者参考。

1. 招聘面试体系设计

1）招聘面试体系设计维度

团队构建招聘面试体系时，应结合自身所处的发展阶段、经济实力和用人规律等，通过多种渠道招聘人才。这里主要从岗位职责、制度、流程、工具、表单和方案6个维度设计招聘面试体系，以期整个招聘面试过程实现规范化操作。

同时，招聘管理还需要关注的是招聘方式的选择问题。招聘方式多取决于团队战略计划、外部劳动力市场环境、内部生产经营环境、招聘岗位和上岗速度等因素。不同种类、不同层次人员适合的招聘方式如表5-1所示。

表5-1 不同种类、不同层次人员适合的招聘方式

不同种类人员适合的招聘方式				
适合程度	行政办公类	生产作业类	专业技术类	销售类
最适合	网络招聘、报纸招聘	校园招聘、报纸招聘	网络招聘、报纸招聘	网络招聘、报纸招聘
较适合	内部晋升	员工推荐、杂志招聘	内部晋升、校园招聘	内部晋升
适合	员工推荐	内部晋升、职业中介	员工推荐、杂志招聘	职业中介、广播电视
不同层次人员适合的招聘方式			
适合程度	高层管理、研发人员	中层管理人员、技术骨干、业务骨干	一般管理人员、普通员工
最适合	内部晋升	内部晋升、员工推荐	网络招聘、报纸招聘
较适合	猎头公司	网络招聘	内部晋升

2）招聘面试体系设计要素

招聘面试体系设计31个关键要素如表5-2所示。

表5-2 招聘面试体系设计31个关键要素

设计维度	具体设计要素	设计维度	具体设计要素
岗位职责	招聘主管岗位职责 面试主管岗位职责 招聘专员岗位职责 面试专员岗位职责	制度	招聘管理工作制度 网络招聘实施规定 猎头招聘实施规定 面试管理工作制度
流程	招聘计划编制流程、招聘广告编写流程 内部招聘管理流程、外部招聘管理流程 猎头招聘管理流程、招聘费用预算流程 面试方案设计流程、结构面试管理流程	工具	岗位评价模型 心理测评模型 胜任素质模型
表单	招聘方式汇总表、招聘成本分析表 招聘工作计划表、招聘评估指标表 招聘渠道评价表 面试试题评估表、面试工作计划表	方案	内部竞聘实施方案 校园招聘实施方案 招聘费用预算方案 招聘效果评估方案 面试设计执行方案

2. 人才测评体系设计

1）人才测评体系设计维度

从岗位职责、制度、流程、工具、表单和方案6个维度设计人才测评管理体系。同时，需要明确的是，人才素质测评效果如何，做好前期准备工作是关键。

（1）确定测评目标和被测人员要注意以下2点。

①明确测评目标。一般来讲，团队实施人员素质测评的目标主要体现在鉴定团队人员素质，选拔优秀的人才，优化人员配置，解决团队里存在的人力资源问题，开发人力资源等方面。

②选择被测人员。若测评是为了选拔、甄选人才，那么所有的候选人是被测人员；若测评是为了科学地配置和考核人才，则团队里所有的员工是被测人员；若测评是为了开发人员素质，则应针对相应员工及其潜在的素质进行测评。

（2）成立测评小组和培训测评人员要注意以下5点。

①测评人员应坚持原则、公正严明、不偏不倚，做事仔细认真，一丝不苟。

②测评人员应了解被测人员的工作情况及其大概的素质水平。

③测评人员应有一定的专业知识，有一定的人员素质测评方面的工作经验，或接受过相关的培训。

④根据测评目的、被测人员等具体情况确定测评小组成员的数量，同时，需要指定和民主选出测评小组的负责人，即测评小组组长，由其负责运行测评的整个过程。

⑤具体实施测评的人员应当很熟悉测评的过程、操作细节及注意事项，能够预见和应对测评过程中突发的事件。培训测评人员的方式可以选择组长外派学习、小组成员接受培训、演练测评过程3种。

（3）建立测评指标体系。测评指标是人员素质在内容方面的具体化，主要反映被测人员的主要特征及特定的考察维度，是测评指标体系的基本单位。测评指标体系由一组彼此关联的测评指标组成，体现了各指标之间的内在联系及其在整个指标体系中的重要性。

从内容方面来说，测评指标体系主要包括测评指标和指标权重两个方面。而测评指标又包括测评要素和测评标准，其构成如图5-4所示。

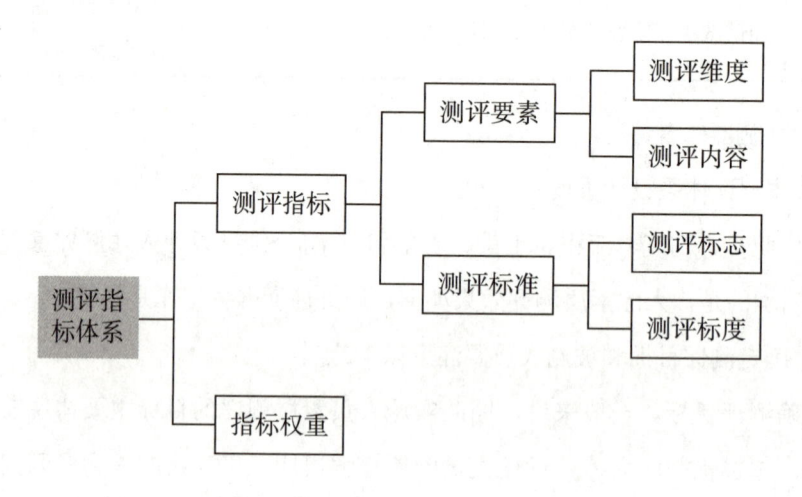

```
                                    ┌── 测评维度
                        ┌── 测评要素 ┤
                        │           └── 测评内容
              ┌── 测评指标 ┤
              │         │           ┌── 测评标志
测评指标体系 ──┤         └── 测评标准 ┤
              │                     └── 测评标度
              │
              └── 指标权重
```

图5-4　测评指标体系构成

（4）拟定测评实施方案。建立测评指标体系后，测评实施方案的拟定工作主要包括以下6个方面。

①分析团队测评需求。通过了解团队的经营性质、管理体制、经营理念、团队文化等各方面的内容，把握团队所追求的人员素质水平，从而更好地鉴别测评要素，确定测评内容。

②选择测评方法和测评工具。根据测评目标和测评内容来选择测评方法和测评工具，并合理运用测评方法与测评工具的组合。

③确定测评时间和测评地点。测评内容和测评方法共同决定了测评过程所花费时间的长短。测评时间应该选择合适的测评时间段，以使被测人员能够正常、充分地展现其素质水平。因此，不宜在中午、晚上及人们易疲劳的生理时间段里实施测评。确定测评地点是为了提高测评的可靠性和有效性，所以应选择宽敞、光线充足、无噪声的地点实施测评，以避免影响被测人员的注意力、思维反应及答题思路。

④安排测评项目的实施顺序。人员素质测评项目一般是由多种测评方法、多个子项目构成的，因此，需要妥当安排不同项目的先后顺序。

在安排测评子项目的顺序时，要考虑4个方面的因素：测评项目的复杂程度、测评项目的成本、测评内容的敏感性和测评项目对被测人员的影响程度。

⑤具体实施准备事项。包括准备测评设备，准备测评辅助材料，布置测评现场等一些具体工作的安排与落实。

⑥预算测评费用。若聘请专业的测评机构来实施人员素质测评，则其报价是整个测评项目费用中最主要的构成部分。若由团队内部人员自行实施测评项目，则需要考虑相关人员的培训费用、时间成本、测评工具制作费用、测评设备及辅助材料费用、测评现场布置费用等。

2）人才测评体系设计要素

具体而言，人才测评体系设计19个关键要素如表5-3所示。

表5-3 人才测评体系设计19个关键要素

设计维度	具体设计要素	设计维度	具体设计要素
岗位职责	人才测评项目经理岗位职责 人才测评师岗位职责	制度	人才测评管理制度 测评方法选择规定
流程	人才测评管理流程 测评机构选择流程 人才测评实施流程	工具	营销人员测评模型、生产人员测评模型 财务人员测评模型、技术人员测评模型 高层管理人员测评模型 中层管理人员测评模型 基层管理人员测评模型
表单	测评技术汇总表 人才测评方法一览表 韦克斯勒成人智力量表	方案	管理人员素质测评方案 团队各级成员素质测评方案

3. 薪酬管理体系设计

1)薪酬管理体系设计维度

薪酬管理体系的设计主要从岗位职责、制度、流程、工具、表单和方案6个维度进行,使薪酬战略得以落实,并将薪酬战略转化为具体的薪酬制度、薪酬管理流程等。

同时,薪酬管理体系设计需要满足对外有竞争力,对内保持公平公正,对团队员工有激励性,对成本有控制性,以及符合国家、所在区域薪酬管理的相关规定和要求。

2)薪酬管理体系设计要素

薪酬管理体系设计19个关键要素如表5-4所示。

表5-4 薪酬管理体系设计19个关键要素

设计维度	具体设计要素	设计维度	具体设计要素
岗位职责	薪酬主管岗位职责 薪酬专员岗位职责	制度	员工薪酬管理制度 员工福利管理制度 员工奖金管理制度
流程	薪酬体系设计流程、薪酬调查管理流程 提薪审核管理流程、股权激励管理流程 员工保健管理流程	工具	工资体系设计模型 奖金福利设计模型 津贴设计模型
表单	员工工资汇总表 员工调薪登记表 员工奖金核定表	方案	管理人员薪酬设计方案 团队各级员工薪酬设计方案 团队奖金提成设计方案

4. 培训开发体系设计

1)培训开发体系设计维度

员工培训开发是提高团队核心竞争力,增强团队竞争优势的重要途径。培训开发体系的设计要与团队的运营管理过程相融合,如果不能将培训开发体系设计融合到团队运营管理过程中,就会导致培训开发效果大打折扣,甚至起到反作用。

越来越多的团队已经认识到构建培训开发体系的重要性,然而在实践中,培训开发体系的构建效果往往难如人意,具体难点如图5-5所示。

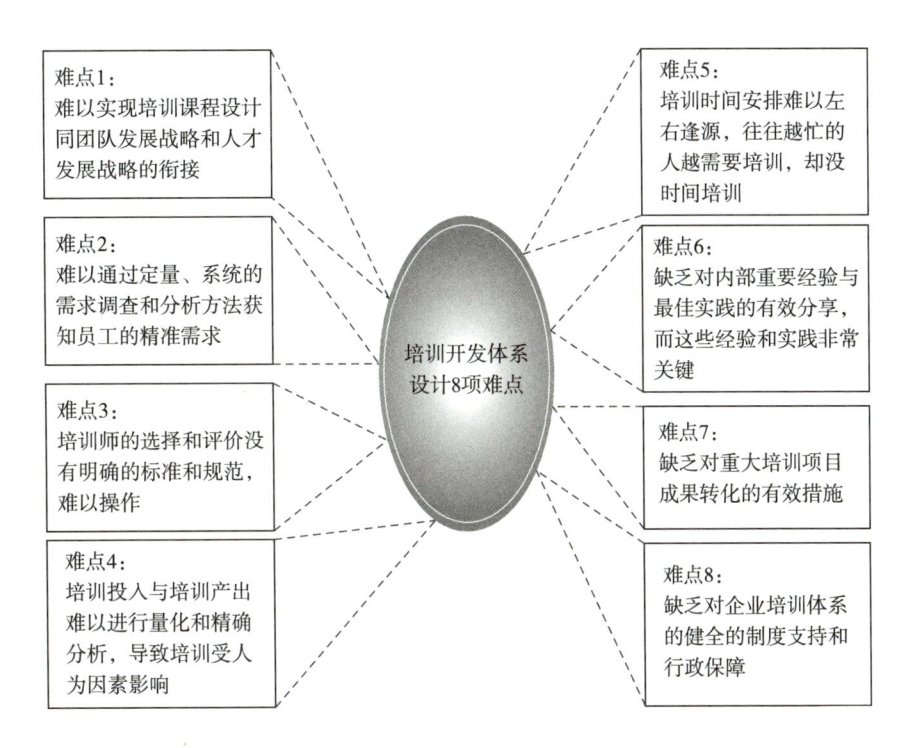

图5-5 培训开发体系设计8项难点

难点1： 难以实现培训课程设计同团队发展战略和人才发展战略的衔接

难点2： 难以通过定量、系统的需求调查和分析方法获知员工的精准需求

难点3： 培训师的选择和评价没有明确的标准和规范，难以操作

难点4： 培训投入与培训产出难以进行量化和精确分析，导致培训受人为因素影响

难点5： 培训时间安排难以左右逢源，往往越忙的人越需要培训，却没时间培训

难点6： 缺乏对内部重要经验与最佳实践的有效分享，而这些经验和实践非常关键

难点7： 缺乏对重大培训项目成果转化的有效措施

难点8： 缺乏对企业培训体系的健全的制度支持和行政保障

主要从岗位职责、制度、流程、工具、表单和方案等6个维度设计培训开发体系，以期攻克上述8项难点，使培训开发体系高效发挥其应有的功效。

2）培训开发体系设计要素

培训开发体系设计22个关键要素如表5-5所示。

表5-5 培训开发体系设计22个关键要素

设计维度	具体设计要素	设计维度	具体设计要素
岗位职责	培训开发主管岗位职责 培训开发专员岗位职责	制度	在职人员培训制度、外派员工培训制度 培训外包管理制度、销售人员培训制度
流程	培训需求调查流程 培训课程开发流程 员工培训管理流程 培训实施管理流程	工具	培训课程开发模型 培训课程体系设计模型 培训课程运营评估模型 E-Learning课程建设模型
表单	新员工培训计划表 新员工培训评定表 员工培训申请表 员工培训档案表、员工培训评估表	方案	新进员工培训方案 在职员工培训方案 员工外派培训方案

第 6 章

团队沟通与执行

6.1 团队沟通方法、步骤、技巧

6.1.1 团队高效沟通4大方法

团队高效沟通是团队协作、团队配合的基础。高效的团队沟通方法对团队整体效率的提升作用是非常大的，以下为团队高效沟通的4大方法。

1. 单向沟通法

单向沟通法是指一方只发送信息，另一方只接收信息，而不进行反馈的沟通方式。基层的命令传达就是一种单向沟通，这种沟通方法的目的是快速传达信息，节约时间。

1）单向沟通要点

（1）态度友善。单向沟通的时间比较短，因此在沟通的过程中应该注意态度友善，留给对方良好的印象，在以后的合作中才会互帮互助。

（2）快速陈述。单向沟通法需要信息的发送者先明确自己沟通的目的，规划沟通的内容，熟悉沟通环境，然后快速地陈述需要表达的信息。

（3）表达准确。表达准确是指在单向沟通的过程中使用的语言必须是具体的、明确的，不能模棱两可。

（4）积极倾听。在单向沟通中，作为信息接收者的一方，应该积极倾听，以表示自己对这次沟通的重视。

（5）主动接收。信息的接收者应该主动接收信息发送者发送的信息，以加快单向沟通的效率，从而为以后的沟通创造良好的环境。

2）单向沟通的应用

（1）当团队注重沟通的速度和工作秩序的时候，需要用到单向沟通，因为单向沟通的速度比较快，可以提高工作的效率。

（2）如果团队领导者由于经验不够无法快速作出决断的时候，可以采用单向沟通的方法以保持自身的权威性。

（3）如果只是例行公事或者进行低层命令的传递也可以采用单向沟通的方法。

2. 双向沟通法

双向沟通是指信息的接收者和发送者的身份不断变化的沟通方法。双向沟通传递的信息比较准确，能够对信息及时反馈，而且沟通双方都有参与感。

1）双向沟通要点

（1）互相尊重。双向沟通应该以彼此相互尊重的原则进行，只有相互尊重才能营造出一种良好的沟通环境。

（2）积极反馈。双向沟通不同于单向沟通的地方就是积极反馈，反馈可以将双方知道的信息做一个交换，并确保沟通双方都能完全理解对方的信息。

（3）协商讨论。双向沟通时应该就双方要讨论的问题协商解决，不能单方面作出决定，完全不顾及对方的感受，否则就失去了双向沟通的意义。

（4）换位思考。双向沟通的双方可以从对方的立场、价值观来思考问题，这样能更充分地理解对方想要表达的内容。

（5）处理异议。在沟通的过程中，双方的意见不一定会统一，这时候需要使用恰当的方法来处理存在的分歧。

（6）彼此认同。双向沟通时双方应该对对方的观点表示认同，做到彼此接纳，从而使沟通双方产生深厚的友谊，为下一次的双向沟通创造有利的条件。

2）双向沟通的应用

（1）人力资源部与每位团队成员的绩效沟通就是一种双向沟通。人力资源部向被考核者解释绩效考核指标，被考核者如果觉得有任何的不妥之处，可以向人力资源部反馈，并要求将考核指标进行相应的修改。

（2）如果对处理的工作的正确性要求比较高，员工的工作关系需要十分融洽的时候，可以采用双向沟通的方法。

（3）如果遇到难以解决的问题，需要共同讨论，发挥每位团队成员的智慧进行解决的时候，可以采用双向沟通的方法。

3. 团队会议沟通法

团队会议沟通法，是有组织、有领导地召集团队成员商议事情的活动。团队会议体现了会议的四个基本条件，即有组织、有领导、商议事情和集会。

1）团队会议沟通法要点

（1）会议角色。在团队会议过程中，一个人可以担任几个会议角色，同样地，有的会议角色可以由多人同时或轮流担任，在具体的会议中，也可能缺少某种角色。

（2）会议主持人。在团队会议中，会议主持人是影响整个会议效果的关键。会议主持人要扮演3个角色，即引导者角色、组织者角色以及监督者角色。会议主持人要履行以下职责。

①营造和谐的会议气氛。

②对会议进程进行把控。

③负责总结、讨论会议内容。

④引导发言人解释发言内容。

⑤帮助参会者厘清思路。

⑥避免意见一边倒。

⑦减少和会议无关的争论。

⑧保持中立的态度。

2）参会者须知

为了实现高效的沟通，保证团队会议沟通的效率和质量，在团队会议中，所有的参会者都需要知晓并遵守以下事项。

（1）会前针对各自的角色和职责作充分准备。

（2）会中提出自己的想法和意见。

（3）以解决问题为己任。

（4）具有大局意识，摒弃个人的偏见。

（5）尽可能多地获得信息。

（6）耐心聆听，尊重他人的意见。

（7）勇于发言，言之有理。

（8）不说伤害他人的话。

（9）就会议讨论结果达成一致意见。

（10）在会后积极进行总结。

3）团队会议沟通法操作工具

团队会议沟通法操作工具的会议评估表如表6-1所示。

表6-1 会议评估表

评估项目	是	否
提前通知所有会议参与者	☐	☐
参会者针对各自的角色和职责作充分的准备	☐	☐
参会者集中讨论共同的问题	☐	☐
舒适、无干扰的会议室	☐	☐
会议按时开始	☐	☐
清楚、明白会议议程	☐	☐
在某一时间只关注一个问题	☐	☐
每个问题的所有观点都被完全地加以考虑	☐	☐
建立良好的、轻松的对话气氛	☐	☐
维持很好的会议节奏,合理控制会议议程	☐	☐
参会者积极发言,平等地相互交流	☐	☐
参会者清楚地表达他们的意见和真实的情感	☐	☐
参会者认真地倾听其他人的意见和建议	☐	☐
参会者对其他人的发言有直接和建设性的响应和回答	☐	☐
参会者自发地培养创新能力和思想,能开诚布公地表达意见	☐	☐
参会者精力充沛,情绪高涨	☐	☐
讨论问题的解决方案时,没有人身攻击和成员之间的冲突	☐	☐
参会者能够接受别人的观点,没有个人攻击或其他过激行为	☐	☐
会议分歧和干扰能够很好地被处理	☐	☐
在进行充分讨论前,不作出最后判断	☐	☐
用简明的总结概括会议过程和达成一致的成果	☐	☐
讨论被有效地引导以达成共识,然后顺利结束	☐	☐
清楚地说明和记录活动内容	☐	☐
建立起后续的监测方法	☐	☐
会议导向了积极的情感和相互理解	☐	☐

4. 价值观沟通法

具有不同价值观的人，其看待事物的角度和处理事物的方式是不同的，即不同的价值观导致不同的行为风格，与具有不同价值观和行为风格的人进行有效沟通时应采用不同的沟通方式。下面介绍4种价值观类型，以及在团队中与具有相关类型价值观的成员进行沟通的要点。

1）追求卓越型

追求卓越的人，期待个人目标被回应、有价值。其基本取向是：如果我认真负责，并证明我的价值，则我不必要求也会得到奖励。

与这类团队成员沟通的要点有：强调某件事值得做的理由；用理想化的诉求请求他们协助；向其诉诸卓越，设高标准；对其表示重视；在团队内部强调自我发展。

2）主动行动型

主动行动的人，主动而有能力。其基本取向是：如果我要某件事情发生，我必须使其发生。

与这类团队成员沟通的要点有：向其提供机会，赋予更多责任；适当地强调挑战性；适当放权，提供资源使其能有所作为。

3）追求理性型

追求理性的人，强调客观与合理。其基本取向是：我必须维持我现有的一切，并运用现有资源，谨慎而有条理地在过去的基础之上激励未来。

与这类团队成员沟通的要点有：向其提出低风险的构想，提供分析机会；多从逻辑、熟悉度、惯例、结构等相对客观的角度与其进行沟通。

4）追求和谐型

追求和谐的人，不吝啬欣赏。其基本取向是：只有在我能先满足别人的需求和情感时，我才能期望得到奖励。

与这类团队成员沟通的要点有：多向其提供团队合作的机会；给予其释放情绪的机会。

6.1.2 团队高效沟通5个步骤

团队沟通的过程中总会出现观点不一致、意见不统一的情况，对此我们应该积极地协调与沟通，做到最终达成一致意见。团队沟通不仅需要使用合适的方法，也需要采用合适的步骤，循序渐进地完成高效沟通，使团队在沟通时不出现差错。团队沟通的步骤可以分为5步，如表6-2所示。

表6-2 团队沟通的5个步骤

序号	步骤	说明
1	事前准备	在沟通前，做好充分的准备工作 1）首先，确定沟通的主题，并具体列出要传递、获取或交换的信息，采用SWTO分析法，分析双方的优势和劣势，并在沟通之前列好沟通事项的顺序，做好发生冲突的预处理方案 2）其次，安排好沟通的时间和地点。安排好时间有助于对沟通过程在时间上进行控制，地点的选择则影响沟通的环境气氛 3）最后，适时地发出沟通的邀请。让被邀沟通者作好思想准备，这样有助于增强沟通的效果
2	确认需求	1）沟通的双方确认需要沟通的具体事项、关键点、要解决的问题以及要达到的目标和得到的结果等 2）确认需求时，沟通双方应该采用正确的提问方式，可以采用引导提问，重复对方提出的内容，并对对方提出的内容进行总结、归纳
3	阐述观点	1）沟通双方按照沟通的主题、事项分别阐述自己的观点，同时听取对方的观点并进行思考和分析 2）沟通是一个双方交流的过程，因此，要注意引导被邀沟通者的谈话，千万不要单方面地夸夸其谈、口若悬河，最终达不到沟通的目的
4	处理异议	1）针对双方的观点存在异议的，双方应协商处理，以期达到双方都满意的结果 2）由于沟通双方不恰当的回答，可能会使被邀沟通者出现一些不适当的反应，给沟通带来困难，达不到沟通的目的，对此要灵活处置 3）沟通中尽量避免对方敏感和不愿意透露的个人私事，不说伤及他人的话 4）在谈话陷入僵局时，要采取果断措施宣布有关事项，或暂时中止沟通，等气氛融洽时，再继续进行，这样才能达到预期的效果
5	达成一致与实施	1）通过对异议的共同处理，双方在平衡利弊的基础上，对沟通的问题达成一致的协议，协议达成一致之后应该对对方表示感谢与赞美 2）达成协议之后，双方应根据协议约定执行

6.1.3　团队高效沟通6大技巧

团队高效沟通是需要技巧的，技巧使用得当能够提高团队沟通的效率，避免沟通环节中出现问题。如果每个团队成员都能做到高效沟通，就能让团队成员之间实现良好的协调与配合，减少不必要的误会，提高团队整体的工作效率。以下6大技巧可以让团队进行高效沟通。

1. 正确地使用语言文字

语言文字运用是否恰当直接影响沟通的效果。使用语言文字时要简洁、明确，叙事说理要言之有据、条理清晰、富于逻辑性、措辞得当、通俗易懂。沟通时，不要乱用辞藻，不要讲空话、套话。

非专业沟通时，少用专业术语。可以借助语言与表情动作，以增强沟通的生动性与形象性，使对方容易接受。

2. 营造良好的沟通氛围

良好的沟通氛围能让沟通双方的身心更愉悦，沟通意愿更强，能够交换到更多的有效信息。选择正确的沟通时间、沟通地点、沟通方式，可以创造出有利的沟通环境和沟通氛围，使沟通双方都能满意，为下次沟通创造有利的条件。

3. 克服团队成员间的沟通障碍

团队成员在沟通过程中要认真感知，集中注意力，以便信息被准确而又及时地传递和接收，避免信息错传。增强记忆的准确性也可以有效地消除沟通障碍，对于记忆准确性高的人，传递信息可靠，接收信息也比较准确。

4. 疏通团队沟通渠道

团队沟通往往会因为没有合适的沟通渠道而沟通不畅，所以应该对团队沟通渠道进行疏通，规定每种沟通渠道的使用场景。需要进行沟通的时候可以使用规范的沟通渠道进行沟通，在沟通的时候也会留下痕迹待以后查询。

5. 积极参与他人观点的讨论

当团队成员分享了自己的观点之后，我们应从对方的立场出发思考对方的观点，积极地参与讨论，这样可以换位思考，理解对方的观点，还要充分调动每个团队成员沟通的积极性，让他们都能积极参与沟通。

6. 建立有效的团队沟通机制

建立有效的团队沟通机制可以让团队成员的沟通方式符合工作需要，缩短信息传递链，保证信息的及时传递。团队领导者应该增加沟通的渠道，保证信息能够准确送达到被通知者，不会造成信息传递错误的情况。

6.1.4 团队高效沟通7个问题

团队沟通的时候会产生各种问题，这些问题或是团队因素，或是个人因素引起的。对于这些问题，团队领导者必须重视并积极寻求解决的方法。以下为团队高效沟通中产生的7个问题。

1. 选择性认知

选择性认知是信息接收者在处理信息时的一种选择性倾向。具体来讲，选择性认知是指在传播的大量信息中，信息接收者所感知到的往往是那些与自己的既有兴趣、习惯、需求等一致或接近的部分信息。

选择性认知会造成信息接收者对接收到的信息的理解与信息传递者所要表达的有一定的出入，这会降低团队沟通的效率。

2. 信息过滤

信息过滤指信息传递者有意操纵信息，以使信息显得对信息接收者更有利。信息过滤的类型主要有两种，即基于内容的过滤和协作过滤。

信息过滤的主要决定因素是组织结构中的层级数目。组织纵向层级的数目越多，过滤的机会就越多。换言之，只要存在地位上的差异，过滤活动就会存在。

3. 信息超载

信息超载是指在应用或处理信息的过程中，由于信息量过大超出了个人的有效处理能力，从而产生面对信息的低分析决策能力和无形的压迫感。

信息超载是相对个人而言的，因为一项信息对信息处理能力相对弱的人而言可能是超载的，但是对于信息处理能力强的人来说是一种正常现象，所以对拥有不同信息处理能力的人传递的信息量要做好区分，对信息处理能力弱的人应该多次少量地传递，这样信息传递才不会出现遗漏现象。

4. 沟通层级过多

当组织过于庞大的时候，会造成沟通的层级过多，信息的传递也就会有滞后性，所以在某个信息需要快速传递的时候会造成信息传递的速度过慢。对于这种情况，应该允许信息直接传递到相关人员的手上，而不必一级一级地传递信息，信息接收者在接收到信息之后也会立即执行，从而提高工作效率。

5. 对信息的态度不同

1）认识差异

在管理活动中，有一种普遍的现象，即不少成员和管理者容易忽视信息的作用，这就为正常的信息沟通造成了很大的障碍。

2）利益观念

在团体中，不同的成员对信息有不同的看法，所选择的侧重点也不相同。很多员工只关心与他们的物质利益有关的信息，而不关心企业目标、管理决策等方面的信息，这也成了信息沟通的障碍。

6. 相互不信任

有效的信息沟通要以相互信任为前提，这样才能使下层成员向上层领导反映的情况得到重视，上层领导向下层成员传达的决策得到迅速实施。管理者在进行信息沟通时，应该不带成见地听取意见，鼓励下级成员充分阐明自己的见解，这样管理者才能做到思想和情感上的真正沟通，才能接收到全面、可靠的信息，才能作出明智的判断与决策。

7. 沟通者的畏惧感

在管理实践中，信息沟通的成败主要取决于上级与下级、领导与成员之间全面、有效的合作。但在很多情况下，这些合作往往会因下属的恐惧心理以及沟通双方的个人心理品质而形成障碍。

一方面，如果领导过分威严，给人造成难以接近的印象，或者管理人员缺乏必要的同情心，不愿体恤下级成员，很容易造成下级成员的恐惧心理，影响信息沟通的正常进行；另一方面，不良的心理品质也是造成沟通障碍的因素。

6.2 高绩效员工的行为表现

6.2.1 个人的行为表现

高绩效员工个人的行为表现有多种形式,但总的来说具备三大共性表现,分别为:精神高度集中,不断地追问,自发、自觉、自律。

1. 精神高度集中

要实现工作目标,就要保持专注;要高效地完成工作,就要做到心无旁骛。精神集中是发挥员工智力、体力潜能的必要条件。

高绩效员工在团队中的突出特点之一就是高价值贡献,他们往往能够在一定的时间内完成更多的工作,并且成果显著。

如果你持续关注这些高绩效员工的工作习惯,会发现他们保持高价值产出的秘诀都离不开同一种行为特性,即精神高度集中于实现工作目标。

2. 不断地追问

对工作的理解、对事物的认识、对本质的挖掘都要通过实践来完成,而不断地解决问题就是提高实践能力的关键路径之一。

不断追问如何解决问题的员工,是企业在执行层面上解决问题的关键力量。只有不断地追问如何解决问题,才能持续完善工作思维,提升个人能力,进而获得较高的绩效。

不论是重复性较高的工作,还是富有挑战性的工作,高绩效员工的个人行为都体现着不断追问、不断进取的特点。我们可以把这些因素看作高绩效员工的基本素质,并在选择团队成员时进行着重识别。

3. 自发、自觉、自律

自发是指不受外力影响而自然产生,是人们未认识、未掌握客观规律时的一种个体活动。

自觉是指自己感觉到、意识到、觉悟到一些东西,是人们有所认识后而主动去做的。

自律是指在没有人进行现场监督的情况下,通过自己要求自己,变被动为主动,自觉地遵循一些规则，并以此来约束自己的一言一行。

在高绩效员工的个人行为中，自发性、自觉性、自律性的行为是十分常见的，这是他们不断获取知识、总结经验、改进工作的自我行为规范。

通过自发、自觉、自律的个体进步，高绩效员工能够持续性地处在较高的价值水平之上。

6.2.2 团队中的行为表现

高绩效员工在团队中的行为表现主要涉及三大方面，分别为：工作能力的体现、工作关系的处理、创新与攻克难题的态度。

1. 工作能力的体现

工作能力是指对员工所担任职位的一组标准化的要求，用以判断其是否称职。

在团队工作的过程中，能够体现高绩效员工工作能力的行为表现一般包含：合理安排工作时间和事项进程；高效、准确、快速地沟通和交流；持续地提升专业技能水平；不打折扣地执行工作命令；保质保量地完成工作任务等。

2. 工作关系的处理

普通员工想要在团队工作中成长为高绩效员工，一定要学会妥善处理工作关系。

高绩效员工在处理工作关系时的行为表现主要包含三个部分：处理对上与管下的关系、处理分工与协调的关系、处理权力与责任的关系。

1）处理对上与管下的关系

对上要对领导负责、对团队负责、对企业负责；管下要对员工负责、对任务负责、对业绩负责。高绩效员工对上时兢兢业业、履职尽责，管下时律下必严、严格要求。

2）处理分工与协调的关系

做完、做对、做好自己分工内的工作是高绩效员工的基本责任，同时他们更善于关注全局，懂得协调，善于协调，并理顺各方关系。一个人做好自己的事情并不能给团队带来成功，每个人都做好自己的事情才能给团队带来成功。

3）处理权利与责任的关系

高绩效员工在团队中会不断地被委以重任，懂得处理权利与责任关系的员工才能不断成长进步，否则他们将有可能对整体团队关系和工作业绩产生消极的影响。

有权就有责，权责是相当的。高绩效员工往往能够更合理地使用自身权利，使其充分发挥作用，在承担责任时有正确的权利观，进而维护整体团队关系的稳固与和谐。

3. 创新与攻克难题的态度

遇到困难，遭遇瓶颈时，团队中的高绩效员工往往能够挺身而出，帮助团队梳理思路，解决问题，突破限制。

他们具有创新的意识，不断地汲取新的知识和经验，将想法不断地与工作实践进行结合，从而能够在关键时刻有所回应。

他们具有攻克难题的态度，有挑战自我、挑战对手的勇气。只有具备这样的精神状态才能不断地推动团队发展、进步。

6.2.3 对外的行为表现

高绩效员工对外的行为表现主要涉及三大方面，分别是：与客户接触的行为、与其他部门沟通的行为、与合作伙伴对接的行为。

1. 与客户接触的行为

与普通员工相比，高绩效员工在与客户接触时，更注意给客户留下良好的第一印象，更多地关注客户的真实需求，更热情地与客户进行交流、沟通，更尊重客户。

他们以积极的心态和正向的情绪与客户接触，并传递这些能量，在一个合理、合适的时间点上向客户介绍产品知识，清晰、明确地表达自己，不打断客户，不否定客户，耐心聆听客户的需求，并不断满足客户的需求，最终实现自己工作的目标。

2. 与其他部门沟通的行为

与企业其他部门进行沟通时，不是简单地传递内容，机械地通知，其中会涉及协作、竞争、配合、利益、资源等多方面因素，因此，把握沟通技巧极其重要。

讲清楚沟通事项的重要性和价值很重要。为了争取其他部门人员的配合，高绩效员工会强调沟通事项的重要性和价值，通过这样的手段来进行适度施压，以促进事项的达成。

良好的沟通态度和情感维护很有必要。高绩效员工往往具备较强的关系处理能力，良好的人际关系能够帮助他们高效、高质地完成工作任务。

追踪过程、及时协调、注意方式很重要。跨部门沟通时，为了保证沟通的质量和有效性，避免拖拉延误，高绩效员工会及时沟通工作进度，发现问题及时协调资源，以保证工作任务能够继续向前推进。

3. 与合作伙伴对接的行为

与合作伙伴对接，要具备长远的眼光，即使是短期的合作也要维护良好的双方关系。要注意，同客户接触行为不同的是，与合作伙伴对接的行为往往倾向于一个双向满意的过程，而前者则是一个单向满意的过程。

高绩效员工与合作伙伴对接时，首先应做到确立诚信，即互相诚信的合作关系。任何一方的单一诚信都无法保证合作的顺利完成。

建立互利共赢的合作关系。高绩效员工与合作伙伴之间不是零和博弈，他们在努力实现团队目标的同时，也会注意给合作伙伴留下利益空间。

发展长期的、可信赖的合作关系。双方互信、共担风险、共享信息的合作关系往往是高绩效员工的独特优势。

6.3 高效执行与变通管理

6.3.1 高效执行的4个法则

团队高效执行的4个法则分别为：聚焦重要目标，关注KPI指标，坚持激励反馈，建立执行问责制。

1. 聚焦重要目标

重要目标往往是团队工作业绩的主要产出点，并不是所有的目标都可以称为重要目标，在团队业务工作中，重要目标的数量在一般情况下呈现出二八原则的特性，即20%的业务工作目标为重要目标，80%的为非重要或一般目标。

团队在执行过程中要集中精力去完成重要目标，而不是将精力分散到多个其他目标中，这样往往会造成事倍功半的效果。

高效执行的团队是坚持要事第一的团队，它全神贯注地去实现能带来显著成果的重要目标。

2. 关注KPI指标

KPI（Key Performance Indicator）意为关键绩效指标，它是衡量各职位工作绩效的主要指标，它衡量的内容最终取决于团队的战略目标。

KPI指标往往是和达成最终目标关系最紧密的指标，它们发挥着重要的杠杆作用。高效执行的团队要学会向KPI指标上倾斜资源。

通过分解KPI指标，明确任务，落实行动，快速执行，最终一步步实现团队的业务目标。

3. 坚持激励反馈

激励反馈是调动团队成员积极性和热情的重要手段，一般通过记分表来衡量团队成员的工作，以获得一目了然的结果，该结果既可以作为绩效评估的数据来实施激励工作，又可以及时反馈信息，帮助团队成员了解自身工作情况，并不断改善工作。

激励性记分表是不断提升团队高效执行力的重要工具，其中选手型记分表比教练型记分表更适用。

4. 建立执行问责制

执行问责制是对团队过去和未来行为计划的定期问责，通过规律性地执行问责程序，来剔除执行过程中的错误动作，不断提高团队执行流程的正确性和准确性。

团队成员在执行问责制的约束下，个人行为的规范性和标准性得以提高，进而促进团队整体执行效率的改善。

6.3.2 高效执行的5个关键

团队高效执行的5个关键分别为：明确目标，坚定执行；扫清障碍，避免拖延；日事日清，高效行动；主动出击，寻求突破；结果导向，勤奋耐心。

1. 明确目标，坚定执行

明确目标指明了工作的前进方向，明确目标是团队养成高效执行力的首要任务。如果没有明确的业务目标，那么团队就相当于失去了前进的"眼睛"，团队的积极性和热情就难免会受挫。

确定目标时不要盲目虚设，没有事实根据的，仅凭主观意愿而设立的目标不仅脱离现实，更是团队管理者偷懒无能的体现。

审视团队的实际情况，判断团队的竞争能力，研究团队的发展潜力，结合市场和行业的现状，对各类发展因素进行归纳分析，来确定可实现的、最擅长的、能积累的目标。

一旦明确目标后就要坚定地执行，利用不断实现目标的精神激励作用，在团队中营造正向循环的工作氛围。

2. 扫清障碍，避免拖延

确定目标后立即进入执行程序当然是高效的体现，但不可忽视一些重要风险因素，这些风险因素的干扰和障碍极有可能在日后的某些关键时刻突然爆发，对团队的重要工作形成冲击。

高效执行团队应在执行之前花费一些时间对任务进行风险分析，扫清障碍，实在无法排除的干扰要制定有针对性的管理预案。

扫清障碍后就可以全力投入执行阶段，高效的执行力会产生爆发力，而拖延一直都是高效执行的大敌。团队管理者要设计相关管理制度，规划监督程序，利用客观的约束力来解决团队的拖延问题。

3. 日事日清，高效行动

定期进行成果检查是养成团队高效执行力的重要手段之一，日事日清是最简单、最常用的检查方式。通过日事日清的执行检查，团队管理者可以准确地把握执行进度，及时发现执行问题并制定解决措施。

日事日清也是打造个人高效执行力的重要手段，自律是有效执行的保证，通过日事日清的执行节奏来养成个人的工作习惯。

高效行动是团队高效执行力的重要保证，只有高效行动的团队才可能具备高效执行的条件，执行必须到位，落实刻不容缓。

4. 主动出击，寻求突破

高效执行是团队充分发挥能动性的表现，守株待兔的团队无法养成高效的执行力，被动前进的团队也无法养成高效的执行力。

执行力以目标为基准，咬定目标，主动出击。没有主动性就没有执行力，没有执行力就没有团队的战斗力。

团队行动的速度在很大程度上决定了团队的工作成效，陷入困境的团队尤其不能自怨自艾，只有积极地行动才能寻找到突破点。

5. 结果导向，勤奋耐心

要关注过程，更要注重结果。团队在执行过程中，不能一味地埋头苦干，要定期进行总结，比对目标，确定目标和方向的正确性，只有这样才能获得理想的结果。

高效执行需要魄力，更需要耐力，没有勤奋的行动力，就没有高效的执行力。高效的执行力要兼顾效率和效果，勤奋耐心，脚踏实地。

机遇面前，当仁不让，一流的员工追求一流的业绩，高效的团队追求高效的成果。

6.3.3 问题解决的7个步骤

问题解决的7个步骤分别为：事件回顾与问题陈述，情景分析与环境脚本设计，筛除非关键问题，制订工作计划，头脑风暴，建构论证，整理来龙去脉。

1. 事件回顾与问题陈述

问题出现后，首先应清晰地对事件进行回顾，整理细节和关键信息。通过再现问题的相关事件，清晰地陈述要解决的问题。

经过事件回顾后，应该得到具体而非笼统的、有内容且可行动的问题描述。

2. 情景分析与环境脚本设计

情景分析是指将问题置于特定的环境中，通过预测的方式来猜想可能发生的情况。环境脚本要根据问题处理的思路方向进行设计调整，不断地构建相应的假设环境。

可以通过画逻辑树来进行假定性的分析，将问题分为几个部分，分别予以分析，保证问题得到完整、全面的解决。

3. 筛除非关键问题

通过问题分析来定义问题，将问题分为不同的部分后，针对不同部分给出假设性的解决方案，然后列举出充足原因来验证或推翻这些假设方案。

构建金字塔的结构来筛选问题，去除所有的非关键问题，把重要的精力集中于重点问题上。

4. 制订工作计划

要制订详细的工作计划，而不能等数据收集完整之后才开始工作。要结合问题的实际情况反复修改、补充、完善工作计划。坚持有序地工作，准确掌握二八原则。

5. 头脑风暴

针对问题中的关键项、复杂项进行头脑风暴，不要拘泥于浅层现象，要挖掘问题的本质。反复利用数据进行假设，一遍遍地分析假定情况，不要情绪化地兜圈子。

把所有成员的研究，包括关键点和关键数据，做摘要集并发放给每个人，形成头脑风暴共同的事实基础。要充分利用专家意见，获得更清晰的指导方向。

6. 建构论证

对问题情景分析、假设性分析的结果做综合性归纳，对每种可能进行论证，整理、建构问题处理方案论证集。

7. 整理来龙去脉

确定问题解决措施的关键结论，通过整理问题的来龙去脉，验证措施的合理性、逻辑性、现实性。

6.3.4 变通管理

为了实现团队的高绩效目标，在工作过程中需要提高团队的执行力，有变通性地管理和领导团队成员，从而更高效地完成工作任务。

1. 变通管理执行实施模型

变通管理的执行实施需要各方面"软件"和"硬件"系统的支持，共同确保团队各项工作任务的高效、变通执行。变通管理执行实施模型如图6-1所示。

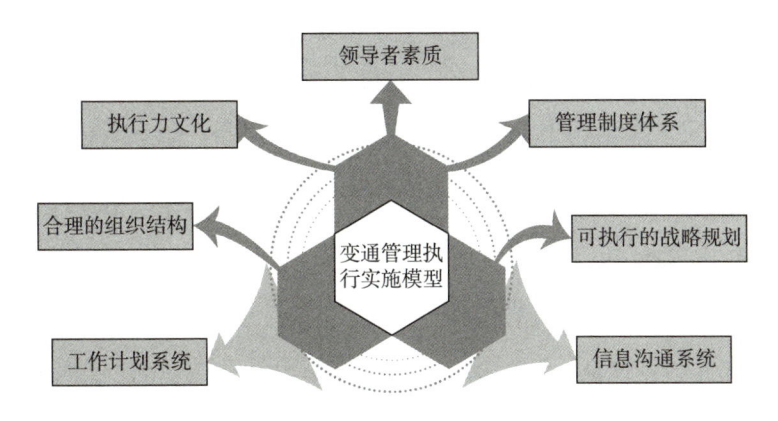

图6-1 变通管理执行实施模型

1)领导者素质是团队执行过程的关键因素

执行力是领导者意志的体现,有效的执行是需要领导者亲力亲为的系统工程。一名执行型的领导者应当将团队的各个环节结合起来。

领导者决定了整个团队执行力的强弱,执行力的实施就是通过团队领导者与团队成员之间的沟通和示范来推动的。

2)执行力文化是实施执行的平台

有效执行的最终目的是在团队内部建立一种执行力文化。这种执行力文化以团队的动态互动的组织结构为基础,而这种组织模式体现出来的价值观,就是团队文化的核心。团队执行力的效果和作用正是执行力文化的最终体现。

3)管理制度体系是执行系统的规范

要保持与提高团队的执行力,团队就必须建立科学、完善的管理制度,而不是通过对个人的自我约束,因为后者有太多的随意性与不确定性。

在日常的工作中,必须用制度来规范执行力的标准,以达到调动团队成员工作状态的目的,用制度统一员工与组织的执行力。

4)合理的组织结构是执行力实施的基础

合理的组织结构可以使团队中各个部门运转通畅,有效地协调人员之间的合作。组织的分工程度、管理幅度、协作方式、组织内部控制关系等,都应充分考虑团队战略的需要,服从于战略目标的实现。

5)可执行的战略规划是执行力实施的导向

战略是团队发展的向导,它是以未来为基点,为寻求和维持持久竞争优势而作出的事关全局的重大策划和谋略。团队执行力的发挥必须以明确的战略目标为基础。

6）工作计划系统是确保执行力实施的基本因素

团队战略规划后，团队的运行便有了方向。在方向的指引下，对目标的分解就是把共同目标分解为团队目标、部门目标和员工目标，这可以体现出目标的层级关系，使目标有系统、有层次，让执行更具有可操作性。

7）信息沟通系统是执行实施过程的保证

信息沟通系统包括团队内部的信息沟通及团队与外部环境的信息沟通。完善的信息沟通系统保证团队内外可进行充分的沟通，从而使团队获得执行过程所需要的充足的信息，保证了团队执行过程的准确实施。

2. 变通管理执行分解

1）变通管理执行不到位的5个表现

并不是所有的任务和工作都能够按计划顺利执行，在实际工作中总是会有执行不到位的情况出现。

一般而言，在变通管理中执行不到位的表现有如下5点，分别为：遇事拖延，偏离目标，马虎轻率，浅尝辄止，虎头蛇尾。在团队中变通管理执行不到位的原因分析及解决工具如表6-3所示。

表6-3　变通管理执行不到位的原因分析及解决工具

原因类型	原因分析	解决工具
目标不确定	在提高执行力的时候，先明确团队要做什么，正确定位目标后，将目标细化，具体可将目标设定为"基本目标""挑战目标"和"极限目标"。有了方向和具体数量的指标后，才能充分发挥执行者的作用。如果没有统一、确定的目标，执行力越高则偏离程度越大	目标计划书
指令不清晰	领导者没有清晰地将战略和目标传递给员工，导致执行层面不了解所要执行的命令，战略和目标在执行中的效果打了折扣	计划确认表、任务说明书
结构不合理	机构臃肿，结构混乱、职责不清、"学非所用、用非所长"，导致组织结构不合理，分工不合作，互相推诿，工作效率低下	岗位说明书、工作指导书

续表

原因类型	原因分析	解决工具
不分轻重缓急	1. 眉毛胡子一把抓，工作没有关键和重点以及先后顺序和轻重缓急。团队应遵循"二八"效率原则，即抓20%的工作重点。一般而言，80%的工作效率来自20%的工作重点 2. 只有明确重点环节和轻重缓急，有的放矢，执行效率才能更好地被发挥出来	工作流程进度表、交办事项检查表
跟踪不到位	1. 过程跟踪不到位，强调"不管过程，只要结果"，其实这是一个错误的观点 2. 在执行过程中遇到问题跟踪不到位，问题的解决就会被拖沓延长，结果执行力当然大打折扣	工作确认报告、追踪检查表
标准不统一	1. 什么样的结果才是合格和满意的，往往缺乏相应的考核标准，使员工在执行过程中感到困惑 2. 正确的做法应该是将执行目标层层分解，并制定每个岗位的考核标准，才能使执行者有一个执行的参照系和对照标准，不至于出现标准混乱、评价过于主观的现象	工作流程注意事项与工作指导书
奖罚不分明	没有明确的奖罚措施，使得员工工作时的工作量做多做少都是一个样，工作干好干坏都是一个样，结果人人谋求安逸，工作没有积极性，当然也不会取得高效执行的成果	奖励制度与项目利润中心制度
团队不合作	缺少团队合作精神，没有团队意识，团队成员各自分工、互不协作，导致团队关系恶化，团队效率低下	团队共识和团队建设
文化不务实	团队文化就是团队的个性，是把自己的团队与别的团队区别开来的属性。团队文化如果太虚幻，刻意追求华而不实的文化，不但不利于执行，反而有害于执行	团队文化建构和团队精神凝聚
培训不到位	总是怀疑员工培训的意义和价值，对于员工的培训没有足够的重视，不能做好员工的职业规划，员工培训体系不健全，导致员工知识、技能、态度等不能适应工作，无法发挥高效的执行力	人力资源重整、员工人生事业规划和员工系统培养

2）变通管理执行中的3大障碍

（1）文化因素。有3种文化对变通管理执行的阻碍影响最大，分别为：人治文化、中庸文化、关系文化。

①人治文化，强调人治第一，制度第二。团队在创立初期主要靠初创者个人的精明和独到之处成就一个团队发展前期的辉煌。随着团队的快速发展，业务范围越来

越大，个人的作用逐渐成为中小团队向中大型团队成长中的瓶颈，按照资历进行排位会极大地影响团队成员的进取心和团队的凝聚力。因此，团队必须"打掉"人治的文化，建立一种以制度为先而不是人治为先的团队文化。

②中庸文化，强调含糊其词，不表明立场。中庸文化在团队中多表现为，以"也许、大概、差不多"来应对上级领导的检查，往往不能指出问题，发现阻碍业绩达成的要素，从而降低团队中层管理的执行力。

③关系文化，强调熟人关系，过分注重人际关系。如果团队里面充满了遇事靠关系、讲交情这样的文化，那么团队的制度和工作也就无法有效执行下去。团队首先是以盈利为目的的组织，团队需要赚取利润和生存，一个发展中的团队必须改变关系文化，打破熟人关系，建立生人文化，让机制和规则成为推动团队积极向前的动力。

（2）制度因素。团队制度的不健全是又一大影响变通管理执行的阻碍。没有完善的制度，团队的各项工作规范、流程将没有标准，无法顺畅、有序地进行变通管理执行。

要提高团队中层的变通执行力，就要强化制度、流程，减少人为的影响因素。管理者应该建立制度执行前的责任体系，明确目标，落实责任，同时建立制度执行中的检查体系，对出现的问题要找到根源，彻底解决；建立制度执行后的即时激励机制，提高员工的积极性。如果团队能够依靠制度进行管理，同时将团队的目标和个人的目标结合起来，提高全员的执行力，就能够共同保证团队目标和任务的高效执行。

（3）管理水平因素。管理者的自身素质和管理水平也是变通管理执行的一大阻碍因素。

管理者的任何一个决策失误或是指示错误都有可能使整个团队偏离目标，甚至前功尽弃。因此，团队在选拔和任命管理者的过程中必须把合适的人放在合适的工作岗位上，以使个人的价值最大化。

但对人的评价不能仅仅依靠感性，更多的应是依靠理性和业绩，把那些有潜力的人员放到合适的工作岗位上，制订培养和发展计划，使他们在实践中快速成长为团队需要的管理人才。

3）变通管理有效授权的5个原则

团队领导者要打造高效变通执行的团队，不仅要敢于授权，愿意授权，更要善于授权，有效授权。只有把握原则的正确授权才能提高团队的执行力和工作效率，更好地完成目标，得到成果。无原则的授权只能是事倍功半。因此，领导者在变通管理授权时，必须遵循如表6-4所示的5个原则。

表6-4　变通管理有效授权的5个原则

授权原则	具体说明
权责对应	1. 领导者授权时，必须保证被授权者的职权与职责相一致，即有多大的权力就应担负多大的责任，做到权责统一 2. 使被授权者明确其责任和权力范围，向被授权者明确交代所授权事项的责任范围、完成标准和权力范围，让他们清楚地知道自己有什么样的权力，有多大的权力，同时要承担什么样的责任
因能授权	授权必须慎重地确定授权的范围和大小，特别注意选好被授权者，根据被授权者的能力授予权限，如果超过其能力范围，不仅难以取得预期的授权效果，反而会给管理带来问题
逐级授权	一个组织从最高领导者到各层级下属人员的职权关系越明确，则决策和信息沟通工作就越有效。下属人员必须知道是谁授予自己的职权，以及当遇到超出职权范围的问题时，应该向谁请示
信任原则	"用人不疑，疑人不用"，领导者通过考察来了解被授权者，一旦授权给被授权者就要信任他，一般不要直接干涉被授权者的工作，以发挥他的工作积极性
有效控制	1. 授权要具有某种可控性，不具有可控性的授权，就不是授权，而是管理者弃权。及时、有效的监控手段是推动项目沿着既定的轨道按部就班运行的必要措施 2. 如果缺乏行之有效的管控手段，就容易造成放任自流的情况，最终导致授权流于形式，达不到预期效果或彻底宣告失败 3. 授权后，领导者要纵观全局，掌握大方向，对被授权者进行监督、指导，对整个管理系统实行统一的协调和控制，及时纠正局部存在的问题，确保授权的可控性

6.4　销售、客服、采购团队高效执行标准

6.4.1　销售团队高效执行标准

销售团队高效执行标准如表6-5所示。

表6-5 销售团队高效执行标准

序号	工作事项	事项分解与执行标准	主要成果	权责人员
1	销售任务与人员管理	1）根据团队下达的销售目标合理分配销售任务，将责任落实到每个销售人员	销售任务分配合理，落实准确	销售专员、销售主管、销售经理
		2）及时、有效地对销售人员进行产品知识、销售方法、销售技巧等方面的培训	一线销售人员专业素质合格	
		3）组织销售人员制订工作计划，进行工作总结，汇总销售人员对产品价格和服务的意见	工作总结反馈及时	
2	开展销售活动	1）定期开展市场调查，分析市场动态和竞争对手情况，提出有效的改进意见	市场数据收集全面，且准确性高	销售专员、销售主管
		2）通过各种途径收集并分析客户资料，开发客户，完成部门制定的年度、季度、月度销售指标	客户开发数为____个/月	
		3）组织拟定、签订销售合同，保证合同的正常履行	合同签约数为____个/月	
		4）配合市场部、销售部等其他团队执行销售活动方案，扩大企业产品的市场份额	市场份额增长率为____%	
3	客户回访管理	1）定期进行客户回访，挖掘客户需求，促使客户续签或二次购买	客户复购率为____%	销售专员、销售主管
		2）组织收集客户意见与建议，正确处理客户的投诉	客户满意度高	
4	销售账款管理	1）随时掌握客户的信用情况，确定并更新赊销额度，减少呆、坏账损失	呆、坏账损失额少于____元	销售专员、销售主管、销售经理
		2）按照销售合同及时收回销售账款	回款及时	

续表

序号	工作事项	事项分解与执行标准	主要成果	权责人员
4	销售账款管理	3）汇总客户欠款账目，开展催款工作，完成回款目标	回款率超过____%	销售专员、销售主管、销售经理
5	客户信息管理	1）更新、完善客户资料库，保证资料库的实用性与时效性	客户资料库更新及时、数据准确	销售专员、销售主管
		2）分析客户信用情况，评定客户信用等级	客户信用分级合理	
		3）对客户进行分级管理	客户管理收益明显	

6.4.2 客服团队高效执行标准

客服团队高效执行标准如表6-6所示。

表6-6 客服团队高效执行标准

序号	工作事项	事项分解与执行标准	主要成果	权责人员
1	客户服务管理	1）及时响应客户咨询，不让客户等待，合理安排客服专员值班	服务响应速度快	客服专员、客服主管、客服经理
		2）服务差评次数少，客户的满意度评分高	服务差评次数少于____次/月	
		3）服务规范，没有因客服职业素养问题带来的投诉	服务规范，无投诉	
2	准确识别客户	1）统计尽可能多的客户数据，以增强客户数据的科学性	应至少统计____份客户数据	客户专员、客户主管、客服经理
		2）验证客户信息，增加全新的客户信息，去除过时的客户信息	过时客户信息删除准确率为100%	
3	客户差异分析	1）统计大量数据，分析不同客户之间的差异	至少采取____种方法对客户数据进行分析	客户专员、客户主管、客服经理

续表

序号	工作事项	事项分解与执行标准	主要成果	权责人员
3	客户差异分析	2）将不同差异划分类型，再将客户归类整理	客户数据归类准确	客户专员、客户主管、客服经理
4	进行客户满意度大数据调查	1）确定客户满意度调查方向和目标，设计客户满意度调查问卷	客户满意度调查问卷内容详尽，功能性强	客服专员、客户专员、客服主管、客户主管、客服经理
		2）向目标客户发放满意度调查问卷，并回收问卷	至少发放____份满意度调查问卷	
		3）进行问卷分析，寻找客户在满意度方面的核心关注点，并撰写问卷分析报告	至少采用____种方法进行问卷分析	
5	制定客户满意度管理办法	1）根据问卷分析报告，找到客户满意度管理的重点，编制客户满意度管理办法	客户满意度管理办法的内容合理，可执行强	客服主管、客户主管、客服经理
		2）将客户满意度管理办法报上级领导审批，审批通过后进行公示，公示期过后正式执行	客户满意度管理办法不断被优化调整	
		3）按客户满意度管理办法的相关内容，开展客户满意度管理工作，提升客户满意度	客户满意度管理办法实施一段时间后，客户满意度提升率提高了____%	

6.4.3 采购团队高效执行标准

采购团队高效执行标准如表6-7所示。

表6-7 采购团队高效执行标准

序号	工作事项	事项分解与执行标准	主要成果	权责人员
1	采购需求数据统计	1）统计并汇总企业各部门的采购需求	采购需求统计按时完成率达到____%	需求统计专员、采购主管

续表

序号	工作事项	事项分解与执行标准	主要成果	权责人员
1	采购需求数据统计	2）根据各部门采购需求，编制采购需求相关报表，并将报表报主管领导审核	采购需求数据统计准确	需求统计专员、采购主管
2	编制采购计划与预算	1）按时编制年度、月度采购计划，报采购经理审批后组织实施	（1）采购计划编制及时率达到____% （2）采购计划完成率达到____%	采购主管、采购经理
		2）按照采购成本编制各环节预算和供应链总体采购预算	（1）各环节预算完成率达到____% （2）总体采购预算完成率达到____%	
3	采购计划的执行与变更	1）分解采购计划，并对采购计划的执行情况进行监督	采购计划完成率达到____%	采购专员、采购主管、采购经理
		2）根据订单与需求变动的实际情况，及时组织编制临时采购计划	临时采购计划编制及时率达到____%	
		3）根据生产与销售变动的实际情况随时调整采购计划	采购计划调整及时率达到____%	
4	采购工作管理	1）组织开展供应商调查、评估、考核工作，与合格供应商建立战略伙伴关系	（1）供应商数量不低于____家 （2）供应商合格率达到____% （3）供应商考核工作按时完成 （4）供应商满意度评分达到____分	采购专员、采购主管、采购经理
		2）监督并参与大批量订货业务的洽谈工作	洽谈工作顺利进行	
		3）主持采购招标和合同评审工作，签订采购合同，监督合同执行情况并建立合同台账	采购合同履约率达到____%	
		4）监督采购进展情况，指导团队成员开展采购跟单和催货工作，进行采购交期管理	采购交期准时率达到____%	

续表

序号	工作事项	事项分解与执行标准	主要成果	权责人员
4	采购工作管理	5）监督、指导团队成员开展采购物资验收工作，确保采购的物资满足要求	采购物资质量合格率达到____%	采购专员、采购主管、采购经理

第 7 章

团队评估与激励

7.1 评估与激励机制设计

7.1.1 评估机制设计与实施

团队评估是对团队作出的综合性估量和评价,涉及诸多方面,但其中最重要的是团队的绩效评估。绩效评估是评价一个团队业务能力的最关键部分,也是体现团队竞争实力的核心要素之一。

1. 团队绩效评估机制设计

在进行团队绩效评估的过程中,应设计科学、合理的绩效评估机制,避免各类主观因素给评估结果带来的影响,从而确保团队评估结果的客观性和真实性。

1)团队评估的模型

对团队的绩效结果进行评估时要遵循一定的原则,才能保证其操作过程的客观性和规范性。团队评估的过程设计可通过如图7-1所示模型来展示。

KPI类型:个人/组织
复杂程度:低/中/高
KPI数量:少/中/多
指标分解方式:职能分解/BSC
指标分解程度:管理层/中间层/操作层
指标与承担者:一一对应/一对多
评估形式:上下级评估/360度评估/第三方评估/系统评估
业绩与薪酬:挂钩/不挂钩
其他:评估周期/评估沟通/电子化评估

评估目的:成员个人绩效提升与激励,着眼于通过激励个体成员,提高业绩,进而促进团队业绩提升,但这种递进关系通常是不必然的;团队绩效提升则直接将关注点放在了团队业绩提升上

匹配性原则　优先性原则
评估模式
导向性原则

评估基础　评估能力

评估基础:主要是指组织战略、业务流程、组织结构、岗位职责等是否具备基本的合理性,并且是否被澄清。良好的评估基础将使团队实施以团队业绩提升为目的的业绩评估模式成为可能,并且使团队在追求关键业绩指标的科学性和业绩与薪酬挂钩的有效性时能够拥有更多的施展空间

评估能力:主要是指评估数据管理能力,包括在数据生成、收集、处理、分析、报告等工作上,所能承担的工作量和复杂程度

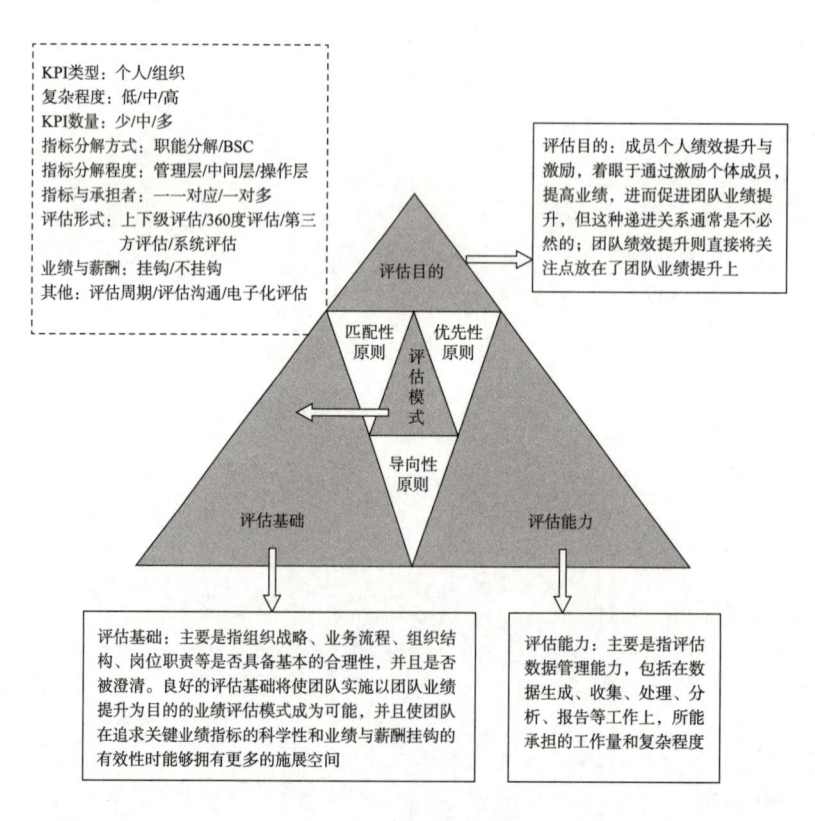

图7-1　团队评估模型

团队评估模型通过对评估目的、评估原则、评估基础和评估能力的全面分析,来确定一种策略性的团队业绩评估模式。评估目的通常是提升团队成员个人绩效和提升团队整体绩效,不同的评估目的选择不同类型的业绩指标。

以"员工个人业绩提升与激励"为主要目的的评估,通常选取与个人或团队的工作投入、产出及个人资质有关的业绩指标,而且对指标的量化程度、统计方法的严谨程度都不能要求太高。

以"团队的业绩提升"为主要目的的评估通常选取与战略、流程以及跨职能团队有关的业绩指标,并且对指标的质量、统计方式等有较高的要求。

2) 团队评估的原则

团队评估应遵循如图7-2所示原则。

匹配性原则	要求评估的目的、基础和能力与评估模式之间必须相互匹配,评估模式既不能超越评估能力和基础所提供的可操作性框架,又能够顺利地达成评估的目的
优先性原则	现实评估管理工作中,匹配是偶然的,不匹配才是普遍的,因此,对哪些部分作一下调整来实现匹配性成为工作的重点问题,优先性就是针对这类问题而提出的
导向性原则	有时我们会发现一些好的业绩指标,但又没有好的数据支持进行评估。导向性原则建议尽量保留这些指标。考核人员可以先把这些重要的管理倾向性表述在这些关键业绩指标中,无须评估,这本就是对业绩指标的业绩标识。虽然没有业绩评估指标推动式的激励,但它们的引导作用仍然不可忽视

图7-2 团队评估原则

根据匹配性原则、优先性原则和导向性原则可以比较理性地选择适合团队的业绩评估模式。当团队评估能力和评估基础较低时可以选择个人业绩提升和个人激励目标,进而侧重于选择评估个人业绩和个人激励的业绩指标。反之,则选择有利于团队业绩提升的指标体系。

3) 团队评估的要求

(1) 团队评估对企业的要求。团队评估对企业的评估基础和评估能力有较高的要求,当前主流业绩管理理论也在就团队的绩效提升方面展开讨论。

评估基础主要是企业战略、业务流程、组织结构、岗位职责等是否具备基本的合理性,并且是否被澄清,良好的评估基础将使企业实施以团队业绩提升为目的的业绩评估模式成为可能,并且使团队在追求关键业绩指标的科学性和业绩与薪酬挂钩的有效性时能够拥有更多的施展空间。

评估能力主要是指评估数据的管理能力，包括在数据的生成、收集、处理、分析、报告等工作上所能承受的工作量和复杂程度，评估能力越高，就越能支持战略性的业绩评估。反之，团队也许会由于评估能力的限制，而只能暂时性地选择对个人业绩的评估。

（2）团队评估对管理人员的能力要求。在数据管理能力较为有限的前提下，管理人员的业绩沟通能力也是一项重要的评估能力。

评估能力不是一个独立的方面，它与评估基础有很大的关联，在运营流程、组织结构还没有厘清的情况下，不仅难以生成有价值的业绩数据，而且对数据收集也会造成很大的困难。

4）团队评估的考核指标

（1）定性指标：指无法直接通过数据计算、分析、评价，须对评价对象进行客观描述和分析来反映评价结果的指标。对于定性指标，在考核工作中，确定评价标准是关键环节，而评价标准的制定是基于考核指标的准确性的。

采用定性指标进行评价标准制定的关键工作是维度设计，具体如表7-1所示，即确定从哪些维度进行标准设计。

表7-1 定性指标评价标准维度设计

维度	解释说明
质量	从定性指标的工作完成质量方面进行评价标准设计，如客户投诉率、满意度、合格率、报告可行性等
数量	从定性指标的工作完成数量方面进行评价标准设计，如周转次数、个数、用时数、人数、项数、出错次数、失误次数等
时限	从定性指标的工作完成的时限要求方面进行评价标准设计，如提前几天或几小时、推迟几天或几小时、在几天之内完成等标准
成本	从定性指标的工作完成的成本方面进行评价标准设计，如费用预算使用率、费用额、预算达成率
风险	从定性指标的工作完成中可能出现的风险方面进行评价标准设计，如可能出现的伤亡次数、事故发生率、差错率等

确定考核维度后，再根据各维度的重要性分别设立各维度的权重。对定性指标要

想能够实现比较精确的考核，就必须尽量减少笼统和模糊性的描述。

（2）定量指标：指可以准确地确定数量，制定精确的衡量标准并能设定绩效目标的考核指标。定量指标分为绝对量化指标和相对量化指标两种。绝对量化指标如销售收入，相对量化指标如销售收入增长率。

定量指标通常具备三大特性：可测量性，即指标数据或者信息是可以获取到的，可以查证的，符合经济性要求的；可实现性，即指标量化后的相关数据能够通过努力实现；方便操作，即在进行相关指标量化时应便于工作人员在实际工作中得到相关数据。

5）团队评估的考核标准

（1）考核标准的种类。团队评估的考核标准通常包括如表7-2所示的4种。

表7-2 考核标准的种类

标准种类	内容说明
综合等级标准	将反映绩效考核指标内涵及外延等诸方面的特征进行综合，根据反映标准指标综合程度的不同，按顺序进行等级划分并分配一定的分值
分解提问标准	将反映绩效考核指标内涵和外延等诸方面的特征独立并列，并对独立并列的特征采用一定的表述方式进行提问，考核者可以根据回答的情况作出具体的判断
绝对标准	所谓绝对标准，是以客观现实为依据，而不以考核者或被考核者的个人意志为转移的标准，如出勤率、废品率、文化程度等
相对标准	所谓相对标准，是采取相互比较的方法，此时每个因素既是被比较的对象，又是比较的尺度，因而标准在不同群体中往往就有差别，而且不能对每个因素单独作出"行"与"不行"的评价。如在评选先进时，规定10%的员工可选为各级先进，于是在员工之间进行相互比较，每个员工既是被比较对象，也是比较的尺度

（2）考核标准等级的划分方法。通过对考核指标标准划分等级来区别业绩达到的水平及其差异，标准通常被划分为3~4个等级，可用百分制或优、良、中、差等等级评定方法。

将考核标准等级的划分归纳起来，有4种方法，如表7-3所示。

表7-3 考核标准等级划分方法

划分方法	操作说明
习惯划分法	1. 依据考核实践中人们对考核对象区分的心理习惯而划定等级的一种方法，常见的等级一般是3~9级 2. 等级过少时考核者容易操作、区分，但考核对象的差异性区分不明显且评判结果相对集中 3. 等级过多时可以展示不同考核对象的差异性，但评判结果相对分散，考核者不便把握与操作 4. 若划定的等级超过9个，则考核者难以把握与平衡整个考核工作，一般来说，划定3个、4个、5个等级较为合适
两级划分法	根据考核对象在每个考核标志上正、反两种极端的表征，把每个指标度划分为2~3个等级。这种划分法便于操作，但中间状态评判难度大，因此又有人在两级划分的基础上增设中间一档，使其成为三级标度
统计划分法	考核指标度的等级划分并不是事先主观规定的，而是根据考核对象在每个考核标志上的实际表现统计，来确定等级的一种方法，例如，根据聚类分析结果进行划分
随意标度法	在每个指标内容中，考核的标志是考核对象最佳状态或最优水平的描述，标志实际上是一种最高级的标准特征表述，考核者考核时可以根据考核对象与这一标准的差异程度酌情给予不同的分数或等级

2. 团队绩效评估实施

团队绩效评估考核的实施通常包括制订绩效评估计划、确定评估标准和方法、收集评估数据、分析评估数据和应用评估结果5个流程。

1）制订绩效评估计划

为了保证绩效评估顺利进行，团队必须事先制订绩效评估计划，在明确评估目的前提下，有目的地选择评估的对象，确定评估的内容和时间。

2）确定评估标准和方法

（1）确定评估的标准。绩效标准作为分析和考察团队成员绩效的尺度，通常包括绝对标准、相对标准和描述法。确定考核评估标准和方法如表7-4所示。

表7-4 确定绩效评估标准和方法

评估标准	评估方法
绝对标准	包括目标管理法、等级评估、KPI和BSC，如出勤率、废品率、文化程度等，以客观现实为依据，而不以考核者或被考核者的个人意志为转移
相对标准	如序列比较法、相对比较法、强制比例法等，每个人既是被比较的对象，也是比较的尺度，因而标准在不同群体中往往就有差别，并且不能对每个团队成员单独作出"行"与"不行"的评价
描述法	如全视角考核法、重要事件法、绩效定量管理法

（2）选择评估方法。在确定评估目的、对象、标准后，就要选择相应的评估方法。常用的考核评估方法有如下几种，如图7-3所示。

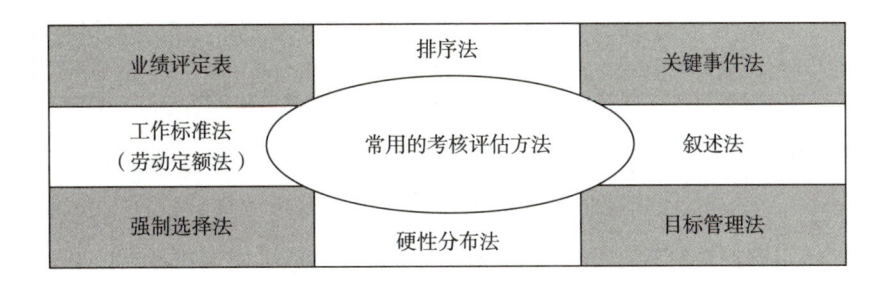

图7-3 常用的考核评估方法

（常用的考核评估方法包括：业绩评定表、排序法、关键事件法、工作标准法（劳动定额法）、叙述法、强制选择法、硬性分布法、目标管理法）

3）收集评估数据

作为评估基础的数据收集工作必须具有非常严格的要求，否则会影响评估结果的真实性。绩效评估是一项长期、复杂的工作。在数据收集方面，最好的办法是注重长期跟踪，随时收集，使数据收集工作变成一种日常行为。

4）分析评估数据

根据评估的目的、标准和方法，对所收集的数据进行分析、处理和综合。分析评估数据的具体步骤如表7-5所示。

表7-5 分析评估数据的具体步骤

步骤	实施说明
划分等级	把每个评估项目，如出勤、责任心、工作业绩等，按一定的标准划分为不同的等级。一般可分为3~5个等级，如优、良、合格、稍差、不合格

续表

步骤	实施说明
对单一评估项目的量化	为了能把不同性质的项目综合在一起，就必须对每个评估项目进行量化，不同等级赋予不同数值，用以反映实际特征，如优为10分，良为8分，合格为6分，稍差为4分，不合格为2分
对同一项目不同评估结果的综合	多人参与同一项目的评估时，结果会有所不同。为了综合这些意见，可采用算术平均法或加权平均法进行综合。以5个等级为例，3个人对某团队成员工作能力评估分别为10分、6分、2分，用算术平均法计算，该员工工作能力为6分；用加权平均法计算，3人分别为其上司、同事、下属，评估结果的重要程度不同，因此要赋予他们的评分不同的权重，上司为50%，同事为30%，下属为20%，则该团队成员的工作能力为 $10×50\%+6×30\%+2×20\%=7.2$（分），等级在良与合格之间
对不同项目的评估结果的综合	有时为达到某一评估目的要考察多个评估项目，只有把这些不同的评估项目综合在一起，才能得到较全面的客观结论，一般采用加权平均法。当然，具体权重要根据评估目的、被评估人的层次和具体职务来定

5）应用评估结果

得出评估结果并不意味着绩效评估工作的结束。在绩效评估过程中获得的大量有用信息可以运用到经营管理工作中去，常见的考核评估结果应用途径有以下5种。

（1）利用向团队成员反馈评估结果的机会，帮助团队成员找到问题，明确方向，这对团队成员改进工作，提高绩效会有促进作用。

（2）为人事决策如任用、晋级、加薪、奖励等提供依据。

（3）检查团队管理各项政策，如人员配置、团队成员培训等方面是否存在失误？还存在哪些问题？

（4）分析团队成员个人潜能，结合团队实际需要为团队成员设计职业发展规划。

（5）促进团队人力资源开发。

3. 团队绩效评估实施的误区

团队绩效评估的手段是与企业的发展情况和管理机制相对应的，不合理的绩效评估只会限制企业发展速度，是一件得不偿失的事。

绩效评价结果的准确性也将会影响团队成员业绩提升和之后的各种人事决策，因此，应细化考核评估管理工作，提升考评工作的准确性和客观性。

目前在团队绩效评估中常出现的评估误区包括以下5点。

1）宽厚性误差

当评价者给出不应该有的高评价时，被称为宽厚性误差。这种行为产生的动机往往是避免引起评议争议的。当使用主观性强的业绩标准，并要求评价者与团队成员讨论评价结果时，这种行为多见。

宽厚性误差可能带来的组织问题包括3点，如图7-4所示。

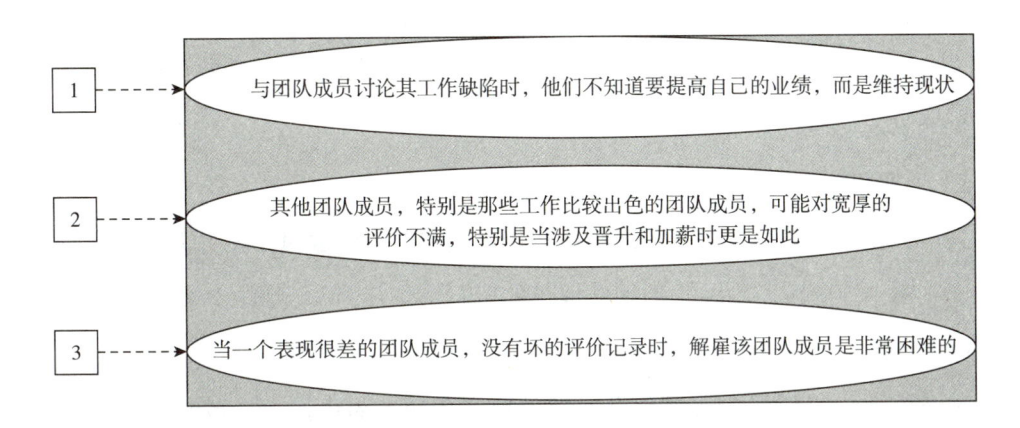

```
1 ──→ 与团队成员讨论其工作缺陷时，他们不知道要提高自己的业绩，而是维持现状

2 ──→ 其他团队成员，特别是那些工作比较出色的团队成员，可能对宽厚的
       评价不满，特别是当涉及晋升和加薪时更是如此

3 ──→ 当一个表现很差的团队成员，没有坏的评价记录时，解雇该团队成员是非常困难的
```

图7-4 宽厚性误差可能带来的组织问题

2）严厉性错误

严厉性错误是指评价者给出了不应该给予的过分的、批评的情况。评价者采用了比规定标准更苛刻的标准。这种情况可能是评价者对指标和标准缺乏了解所造成的。过于严格的评分对该团队成员的提升和加薪都会带来不利影响。

造成严厉性错误的因素可能是个人利益，评价者要保护自身的利益；也可能是评价者的自觉性问题，个人感情和团队成员关系影响了他们的判断。

对于这种现象常用的解决办法是采用较为客观的绩效评估指标和标准，如行为指标、成果指标，来减少评价者操纵的可能性。

3）趋中性错误

趋中性错误可能产生于行政程序，比如出现极端评价时，团队要求评价者出示相关文件，可能导致评价人员的趋中性评价。

评价者为了避免给出极端的评价，即使这种极端的评价有正当的理由，也会给出趋中性的评价。例如1~5等级，评价者总是避免给出1分或者5分，这样将可能使所有团队成员成绩接近平均分。

4）哈罗效应

当评价者对一个团队成员进行评价是基于该团队成员的某个特点（如智慧、外貌等）时，哈罗效应便出现了。由于评价者不能确定团队成员的具体优点和缺点，所以，评价者对那些表现特别友好（或特别不友好）的团队成员进行评价时，会发生哈罗效应。

避免该问题，最根本的解决办法是让评价者意识到这一问题，并加强对评价者的培训。此外，设计良好的且各评价指标相对独立并以行为或结果为尺度的评价工具也会避免哈罗效应的出现。

5）近期印象效应

大多数团队要求一年进行一次绩效评价。当评定团队成员某一方面时，评价者很难想起在整个评价阶段中发生的团队成员的所有工作行为。因此，评分易受到近期事件的巨大影响。

另一方面，每位团队成员都会在评价前几天或几周内，有意或无意地改善自己的表现。这时，评价者会根据团队成员近期的表现对该团队成员一年工作业绩进行评价，这会导致评估信息的扭曲。

7.1.2 激励机制设计与实施

1. 团队激励机制设计

在设计团队激励机制过程中，用到较多的是过程型激励和行为改造型激励，经常提到的相关理论是马斯洛需求层次理论和双因素理论。

1）团队激励理论模型

（1）马斯洛需求层次理论模型。美国著名心理学家亚伯拉罕·H. 马斯洛（Abraham H.Maslow）把人的需要由低到高划分为五个层次，即生理需要、安全需要、社交和归属需要、尊重需要、自我实现需要，具体内容如图7-5所示。

```
        5  ----        自我实现需要

        4  ----        尊重需要
        3  ----        社交和归属需要
        2  ----        安全需要
        1  ----        生理需要
```

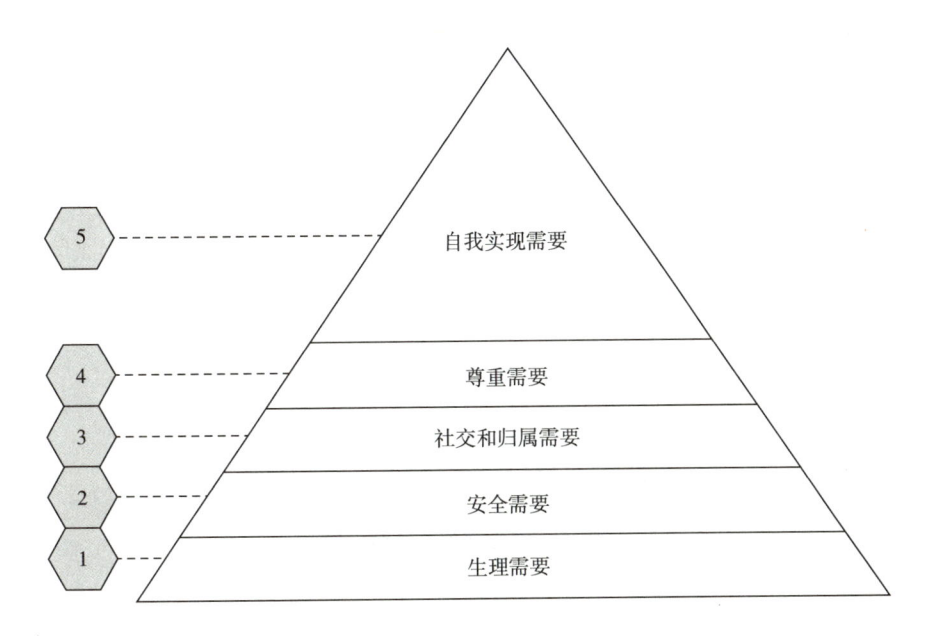

图7-5　马斯洛需求层次理论模型

①生理需要，主要是指人们对维持生存的衣、食、住、行等的基本需要。

②安全需要，主要是指人们对失业保障、医疗保障、养老保障、工作安全、社会治安、环境污染等方面的需要。

③社交和归属需要，主要是指人们参与交往的需要，归属一个团体的需要，对友谊、爱的需要，建立良好人际关系的需要等。

④尊重需要，主要是指人们对自尊的需要，受别人尊重的需要，包括上级的赏识、表扬，荣誉、地位、晋升等。

⑤自我实现需要，这是最高层次的需要，主要是指人们充分地发挥个人聪明才智，取得成就，实现个人价值的需要。

马斯洛的结论是，通常人们的五种需求同时存在，但各自的需求程度不同，表现出不同的需求结构。人的需求遵循递进规律，在低层次需求得到满足以后，对高层次的需求程度就会增加。

（2）双因素理论模型。该理论模型是美国的行为科学家弗雷德里克·赫茨伯格（Fredrick Herzberg）提出来的，又可以称为激励—保健理论模型。

双因素包括保健因素（或者维持性因素、不满意因素）和激励因素（或者满意因素），其中，激励因素是指可以激励团队成员，使团队成员主动工作的因素。具体内容如图7-6所示。

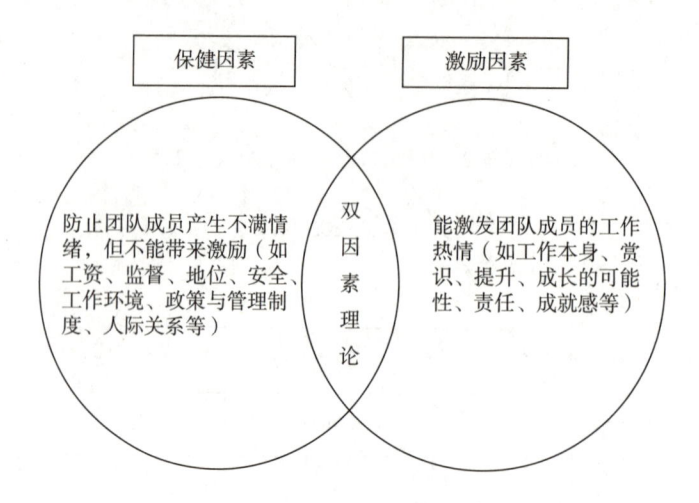

```
        保健因素              激励因素
         ___                  ___
       /     \              /     \
      /       \   双       /       \
     | 防止团队  | 因     |  能激发团队 |
     | 成员产生  | 素     |  成员的工作 |
     | 不满情    | 理     |  热情（如工作 |
     | 绪，但不能 | 论     |  本身、赏   |
     | 带来激励（如|        |  识、提升、 |
     | 工资、监督、|        |  成长的可能 |
     | 地位、安全、|        |  性、责任、 |
     | 工作环境、 |        |  成就感等） |
     | 政策与管理 |        |            |
     | 度、人际关 |        |            |
     | 系等）    |        |            |
      \       /            \         /
       \_____/              _____/
```

图7-6 双因素理论具体内容

①保健因素，主要是由环境因素引起的，团队成员提出的福利因素包括工作安全、工资、福利、工作条件、监控、地位和企业政策等，如果这些方面安排得不好，团队成员就会产生不满情绪。这些因素和马斯洛需求层次理论模型的生理、安全、社交和归属需求很相似。

②激励因素，是能够使团队成员感到满意的因素，这些因素主要是团队成员从事某项工作而得到的，包括工作成就感、被认可程度、责任感、发展潜力与前景等。这些因素有助于团队成员建立自尊和挖掘自我潜力。

双因素理论说明，满足各种需要所引起的激励深度和效果是不一样的。物质需求的满足是必要的，没有它会导致不满情绪，但是即使获得满足，它的作用往往也是很有限的、不能持久的。

团队成员的高层次需要是必须满足的，这样才能达到激励团队成员的目的。在实际管理过程中，不仅要注意保健因素，更要注意激励因素。

2）团队激励管理5个原则

团队在实施团队激励时应遵循一定的原则，即目标结合原则、物质激励与精神激励相结合原则、外激励和内激励相结合原则、正激励与负激励相结合原则、按需激励原则，这样才能保证激励效果实现最大化。激励管理的5个原则如表7-6所示。

表7-6 激励管理5个原则

激励原则	具体内容
目标结合原则	在团队激励管理中，设置目标是一个关键环节。目标设置必须同时体现团队目标和团队成员需要
物质激励与精神激励相结合原则	1. 物质激励是基础，精神激励是根本。在两者结合的基础上，逐步过渡到以精神激励为主是团队的最佳选择 2. 物质激励是短期有效、长期无效的激励方法；低经济价值但高名誉价值的精神激励往往更能激发人的斗志
外激励和内激励相结合原则	外激励是指在工作之外得到的回报、奖赏、赞扬等外显现象，而内激励是通过从事工作得到的挑战性与成就感
正激励与负激励相结合原则	1. 所谓正激励就是对团队成员符合团队目标的期望行为进行奖励，使之强化和重复。所谓负激励就是对团队成员违背团队目标的非期望行为进行惩罚，使之消退 2. 正激励应保持间断性，时间和数量尽量不固定，因为连续性既费时费力，又容易出现效力递减 3. 负激励则要坚持连续性和及时性，消除团队成员的侥幸心理，而且惩罚的刺激比奖励更易见效 4. 正、负激励都是必要的，不仅作用于当事人，而且会间接地影响周围其他人
按需激励原则	1. 激励的起点是满足团队成员的需要，但团队成员的需要因人而异、因时而异，并且只有满足最迫切需要（主导需要）的措施，效力才高，激励强度才大 2. 领导者必须深入地进行调查研究，不断了解需要层次和需要结构的变化趋势，有针对性地采取激励措施，才能收到实效

3）物质激励与精神激励设计

（1）物质激励是激励的主要方式，是指通过物质的手段，鼓励团队成员认真工作。物质激励的出发点是关心团队成员的切身利益，不断满足团队成员日益增长的物质文化需要。但物质激励并不一定是激励团队成员的最有效手段，将物质激励与精神激励结合起来效果会更好。

物质激励中的薪酬激励机制是最常见的激励方式。薪酬激励机制是团队运用薪酬的刺激，使得团队成员个人采取某种积极行为，努力实现某种目标，从而提高劳动生产率的做法。物质激励的常见形式包括物品、奖金、补助、福利、股权、期权、带薪休假等，这些方法也要在团队相关业绩管理、考核制度的支持下才能得以有效运用。

物质激励的实施内容、具体做法及注意事项可通过物质激励实施模型来展现，如图7-7所示。

正激励

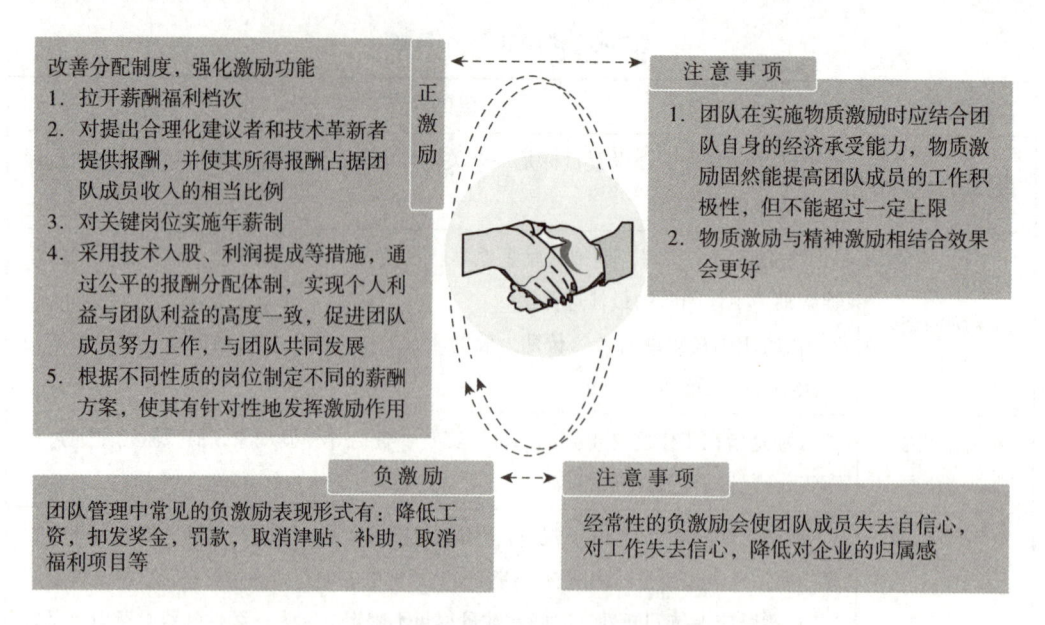

改善分配制度，强化激励功能
1. 拉开薪酬福利档次
2. 对提出合理化建议者和技术革新者提供报酬，并使其所得报酬占据团队成员收入的相当比例
3. 对关键岗位实施年薪制
4. 采用技术入股、利润提成等措施，通过公平的报酬分配体制，实现个人利益与团队利益的高度一致，促进团队成员努力工作，与团队共同发展
5. 根据不同性质的岗位制定不同的薪酬方案，使其有针对性地发挥激励作用

注意事项
1. 团队在实施物质激励时应结合团队自身的经济承受能力，物质激励固然能提高团队成员的工作积极性，但不能超过一定上限
2. 物质激励与精神激励相结合效果会更好

负激励

团队管理中常见的负激励表现形式有：降低工资，扣发奖金、罚款，取消津贴、补助，取消福利项目等

注意事项

经常性的负激励会使团队成员失去自信心，对工作失去信心，降低对企业的归属感

图7-7　物质激励实施模型

（2）精神激励是激励的最高境界，也是最能体现团队管理水平的激励方式。精神激励不仅能为团队节约经济资源，更能促进团队成员工作的积极性。

精神激励是内在激励，是在精神方面的无形激励，与物质激励相比较，精神激励不仅能为团队减轻经济压力，而且能从根本上提升激励的内涵，更能体现出团队领导者的领导能力和团队的管理水平。

精神激励的常用方法有12种，具体内容如图7-8所示，团队可根据自身特点采取一种或多种精神激励方法。

目前团队常见的两种激励方法就是物质激励和精神激励。但两者的作用不同，物质激励是基础，精神激励是升华，也最能体现团队管理水平的最高境界。

图7-8 精神激励的常用方法

知识激励：使团队成员在实践中积累知识，加强学习，树立"终身学习"的观念，可采取脱产学习、参观考察、出国深造等激励措施

情感激励：在团队成员生日或遇到困难时，领导或者团队代表给予其关心和帮助

参与激励：鼓励团队成员参与与自己利益有关的讨论，并借此培养团队成员对团队的使命感、归属感和认同感

内部竞争激励：组织团队成员积极交流并参与竞赛，例如，交流销售技巧和参与销售方法竞赛，优胜者将获得一份奖励（如旅游、探亲等）

职务激励：对确有才能的团队成员，要及时给予任务，引入竞争和激励机制，形成"优秀团队成员有成就感，平庸团队成员有压力感，不称职团队成员有危机感"的良性循环

目标激励：确定适当的目标，正确处理个体目标与团队目标的关系，在目标考核和评价上进行全面、综合的考察，做到奖惩分明，刺激团队成员的工作动机和行为

授权激励：人人都想实现自我的价值，授权体现了领导者对团队成员的信任

荣誉激励：对于工作表现比较突出、具有代表性的先进人物，给予必要的精神奖励，在荣誉激励中还要注重对团队的鼓励，以培养团队成员的集体荣誉感和团队精神

信任激励：体现在平等待人、尊重下属的劳动、职权和意见上，"用人不疑，疑人不用"，在信任的基础上，给予员工一定的自由发挥空间，最大限度地发挥团队成员主动创造性

领导行为激励：一个人在报酬引诱及社会压力下工作，其能力仅能发挥60%，其余的40%有待于领导者去激发

培训机会激励：在知识型社会，知识就是金钱，是永远的财富。为表现良好的团队成员提供技能培训的机会，会让团队成员受益终身

宽容激励：胸怀宽广可使团队成员甘心效力，领导的宽容不仅能使团队成员感到亲切，获得安全感，更能激发团队成员工作积极性，启发团队成员自省、自律、自强，对团队心怀感激

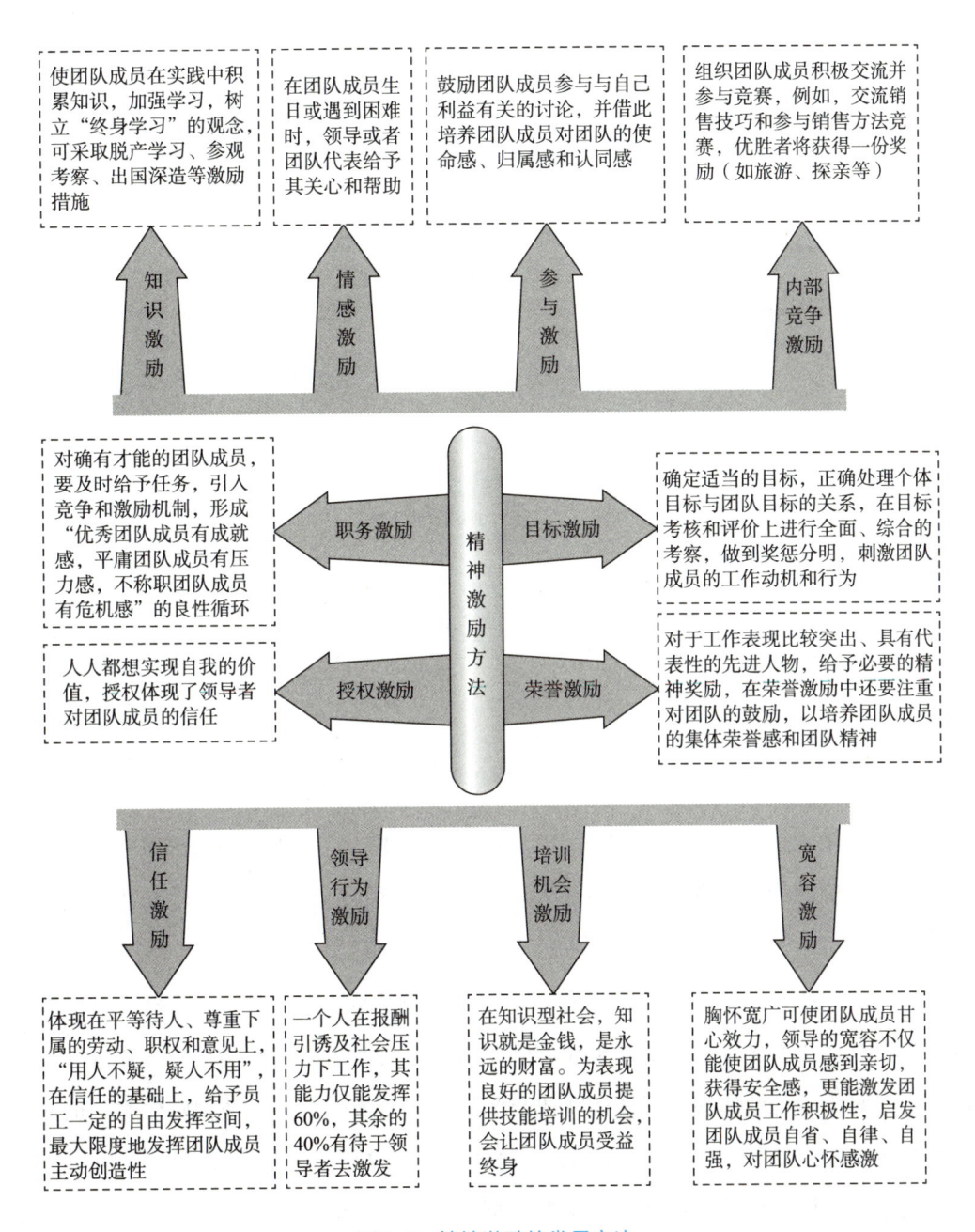

图7-8 精神激励的常用方法

4）正激励与负激励设计

（1）正激励是指奖励团队成员符合团队目标的行为，并使之强化和重复。负激励是指约束和惩罚团队成员违背团队目标的行为，并使之消退。正激励应保持间断性，时间和数量尽量不固定，因为连续性既费时费力，又易导致效力递减。负激励则要坚持连续性和及时性，消除员工的侥幸心理，而且惩罚的刺激比奖励更容易见效。

（2）正激励与负激励设计的具体内容，如图7-9所示。

正激励策略内容 / 激励管理模式 / 负激励策略内容

正确的行为标准
制定高精准度、高水平的工作行为要求以及表现的衡量指标和标准

配套的人事激励政策
如奖励、晋级、升职、提拔等

正确的激励方式
包括物质激励、精神激励，货币性激励或者非货币性激励

正激励策略

负激励策略

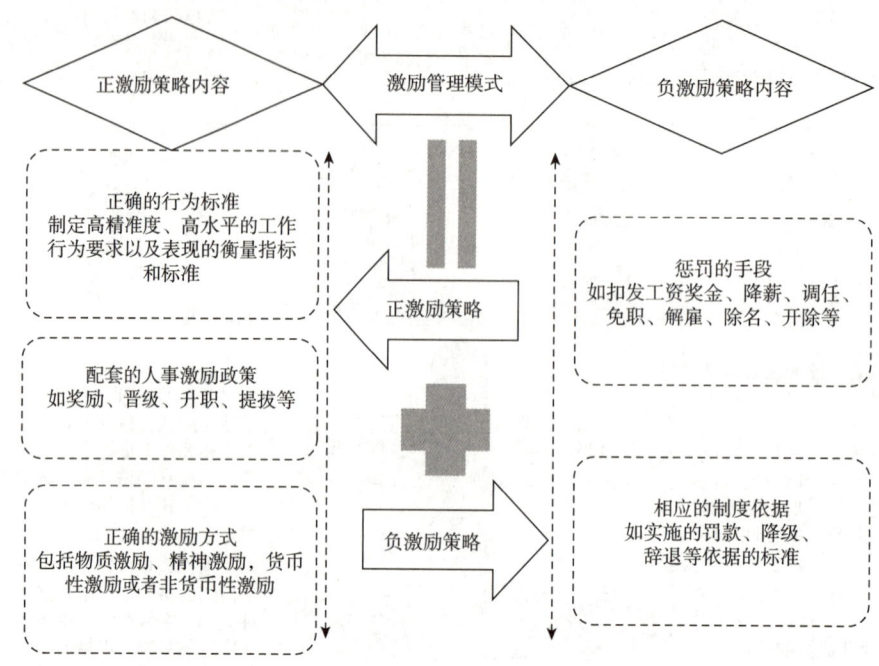

惩罚的手段
如扣发工资奖金、降薪、调任、免职、解雇、除名、开除等

相应的制度依据
如实施的罚款、降级、辞退等依据的标准

图7-9　正激励与负激励设计的内容

通过正激励策略的实施，鼓励团队成员更积极主动地工作。采用正激励策略时，必须制定明确的行为标准，若采用行为观察法，必须首先设计出可行性和适应性强、精准度较高的行为观察量表，才能保证绩效考评的精确度。

然后，向所有团队成员进行行为标准宣贯，使之明确组织接受的正确行为标准，并制订出具体的实施计划，对实现和达到计划目标后所应受到的奖励作出具体、详细的规定。对于达到或实现目标的团队成员所给予的正激励，可以是物质性的，也可以是精神性或者说荣誉性的；可以采用货币形式，也可以采用非货币形式。

对于下属团队成员过错的惩罚常采取负激励策略，以防止和避免他们出现绩效降低的可能。这时要结合下属团队成员所犯过错的严重程度采取适当的惩罚措施，例如轻微的过错，可采取劝解、告诫的方式，比如口头责备、非语言暗示（皱眉头、耸肩膀等肢体语言）。

2. 团队激励实施

1）团队激励实施的基础工作

团队无论采用哪种激励策略，人力资源部及其各级主管都需要认真地做好如图

7-10所示的基础工作。

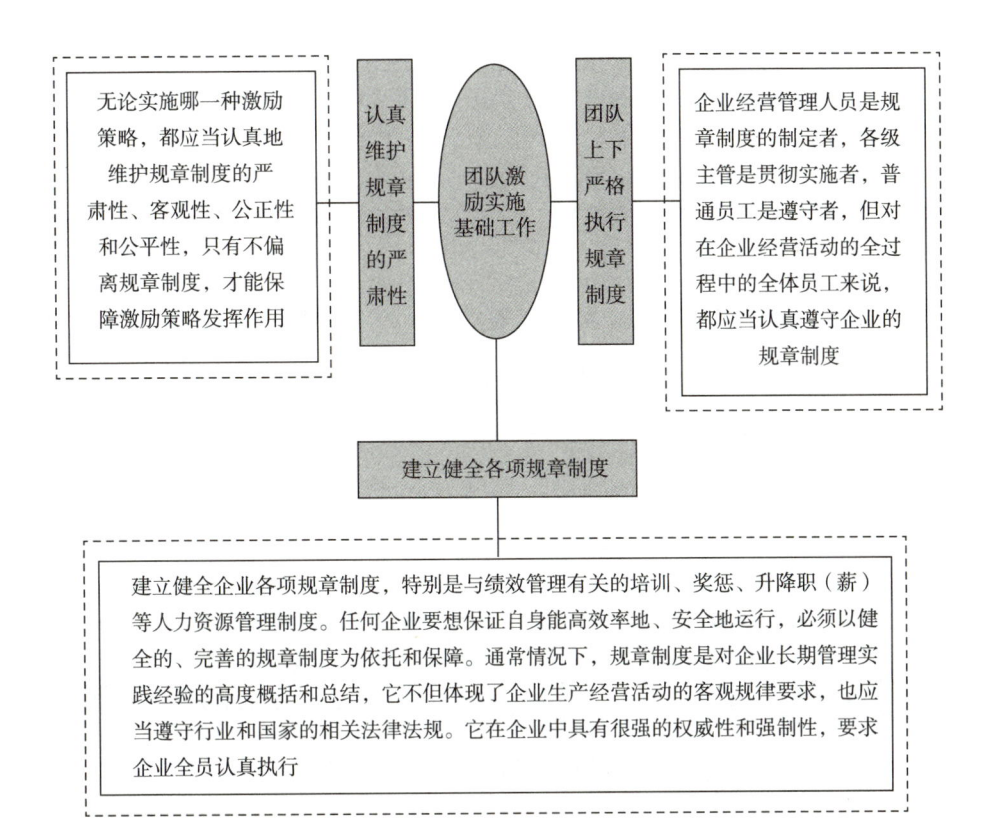

图7-10 团队激励实施的基础工作

2）团队激励策略实施的原则

为了保障激励策略实施的有效性，高绩效团队在实施激励策略时还应当体现如表7-7所示的原则要求。

表7-7 团队激励策略实施的原则要求

原则	具体内容
及时性	无论是正激励还是负激励，都要尽早、尽快执行，如果"时过境迁"，时间拖得过长，则再大再强的奖励或处罚也将失去意义
同一性	根据团队成员实际成败的程度，在任何时间对任何人，采用同一尺度进行衡量，其所得到的奖惩不能有宽有松、前后不一，应当始终保持一致，确保奖惩的同一性和公正性
预告性	对于团队成员的奖惩，应当贯彻"预先告诉、清楚明确、详细具体"的原则，使他们无论是对成绩还是对失误都有所警觉、有所感悟，特别是对那些已经出现多次失误的人，尽早地劝导和告诫，才不至于使其越陷越深而无法自拔

续表

原则	具体内容
开发性	对各种激励策略的贯彻执行者来说，为了提高激励策略的有效性，必须重视对他们的培训和管理技能的开发，使他们能够熟练地掌握具体的方针政策与激励的技术技巧，并不断地总结成功经验和失败教训，从"自在"的考评者变为"自为"的考评者

3）团队适时激励管理实施

团队激励可以运用多种模式，如员工需求激励、双因素激励、目标理论激励、强化理论激励、公平理论激励、期望理论激励等。

无论采取哪一种激励模式，团队领导者均需要针对不同类型的团队成员，适时运用合适的、有效的激励方式，去激励人、留住人，将合适的人才用到合适的岗位上，以发挥他们应有的作用。团队适时激励的管理实施模型如图7-11所示。

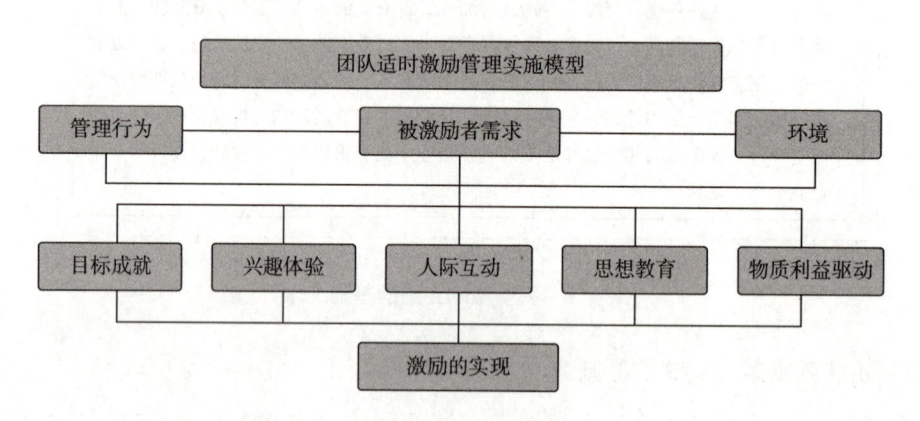

图7-11 团队适时激励管理实施模型

7.1.3 团队评估与激励管理办法

团队绩效评估的结果是进行团队激励的重要数据参考，团队评估为团队激励提供依据。反之，合理的团队激励方式可以促进团队整体业绩水平的不断提升。下面是一则团队评估与激励管理办法，供读者参考。

办法名称	团队评估与激励管理办法	受控状态	
		编　号	

第1章　总　则

第1条　为打造高绩效团队，规范团队的绩效评估和激励管理工作，以达到科学全面、客观公正、简便实用、合理准确地评估团队成员业绩并有效实施激励措施的目的，根据团队的工作内容和企业薪酬办法的相关规定，特制定本办法。

第2条　本办法适用于企业各部门下属常规业务团队的绩效评估和激励管理工作。

第3条　开展团队绩效评估和激励管理工作的原则。

1．公平、公正、公开原则。评估的方式、时间、内容、流程等信息公开，评估过程和激励实施过程保持公正与客观，评估结果和激励结果向团队公开。

2．沟通与进步原则。在评估和激励过程中，人力资源部与团队之间及团队内部成员之间不断进行沟通，发现存在的问题，并共同找到解决办法。

3．结果反馈原则。评估的结果要及时反馈给团队所属的部门，同时评估小组还应当进行解释、说明，使评估和激励的结果得到团队的认可。

第4条　团队评估类别包含4种：阶段评估、月度评估、即时评估、临时评估。

1．阶段评估，主要评估团队成员某一阶段的工作绩效、工作态度与工作能力等相关情况，包括季度评估、年中评估与年终评估。

2．月度评估，主要评估团队成员的日常工作表现，可参照阶段评估的某些指标来执行。

3．即时评估，当团队成员被辞退或辞职时，其主管人员可对其实施即时评估，评估结果由人力资源部经理审核。

4．临时评估，主要根据团队成员的出勤时间，按原岗位及新岗位的相关规定进行评估。

第2章　评估组织机构、评估人与被评估人

第5条　绩效评估委员会、人力资源部与团队所属部门是团队绩效评估的组织机构。

1．绩效评估委员会。绩效评估委员会是在评估期间设立的非常设机构，其主要职责是审核绩效评估方案的科学性、公正性和可行性，审定各职位绩效评估结果的真实性。

2．人力资源部。人力资源部负责绩效评估方案的起草、评估人的培训、评估工作的组织与监督、评估结果的应用以及评估材料的存档工作。

3．团队所属部门。团队所属部门负责本部门各类团队绩效评估的具体工作，并将本部门团队绩效评估结果上报人力资源部。

第6条　被评估团队年初应在部门会议上明确年度工作计划目标，确定目标评估的要素，在年度工作结束时，对照计划和评估要素填写计划目标完成情况，以作为评估的原始材料。被评估的个人有权利确认评估结果，并对评估结果有申诉权。

第3章　绩效评估程序

第7条　团队所有团队成员的评估结果按照评估分值高低共分为A、B、C、D、E五个等级。评估结果的等级界定根据完成目标程度以及经营管理能力评价而确定。

1．A级为95分（含）以上。标准为超过了任职资格标准要求，并具有创造性；远高于期望水平，非常有能力胜任工作。占本团队人数的5%左右。

2．B级为80分（含）~95分。标准为较多地方超出了任职资格标准要求，能胜任工作。占本团队人数的35%左右。

3．C级为65分（含）~80分。标准为达到了任职资格标准要求。占本团队人数的40%左右。

4．D级为50分（含）~65分。标准为未达到任职资格标准要求，不能胜任工作；低于期望水平，须加以改进和提高。占本团队人数的15%左右。

5．E级为50分以下。标准为表现远低于期望水平，与任职资格标准要求还有较大差距，并存在很多问题与不足，须努力改进和提高。占本团队人数的5%左右。

第8条　评估结果计算说明。任职资格标准要求的各项评估指标满分均为100分，先根据其权重计算出总分，然后排名，最后根据排名重新赋予分数，划定等级。

第4章　评估结果运用

第9条　实施绩效面谈时应建立并维护面谈双方的信任，明确面谈的目的，绩效面谈的内容如下。

1．反馈。对团队成员当期的工作业绩和工作目标加以对比，进行反馈，评估其工作业绩和工作态度，对积极之处予以肯定，对不足之处予以指正。

2．沟通。与团队成员交换意见，认真倾听团队成员对评估结果及当期自身工作情况的看法，并及时解答和记录。

3．绩效改进。对于团队成员工作业绩、工作能力以及工作态度对比要求有差距的情况，与员工共同探讨改进方式，使其以后的工作业绩能够达到预期目标。

4．管理工作改进。总结团队成员的反馈意见，分析团队管理工作中存在的不足之处，提高管理水平。

第10条　对团队绩效评估结果的运用要注意以下4点。

1．团队成员应根据评估结果和面谈结果，解决工作中存在的问题，改进工作质量，提高工作效率。

2．人力资源部将评估结果运用到团队奖金的发放、各类奖项的评估等工作当中。

3．人力资源部建立日常评估台账，将评估内容和结果进行记录，以作为评估打分的依据，同时也可以作为评估结果反馈和评估申诉处理依据。

4．评估过程中的文件（如评估评分表、统计表等）应该严格保管。

第5章　绩效申诉

第11条　团队绩效评估结果的确认与申诉要注意以下3点。

1．被评估团队成员应对评估结果签字确认。

2．被评估团队成员若对评估结果存有异议，应首先通过沟通方式解决；若不能解决的，被评估团队成员有权向绩效委员会提出申诉。

3．若被评估团队成员申诉成立，必须改正申诉者的评估结果，绩效评估委员会可以建议调整申诉者的评估结果，并拥有评估结果的最终裁定权。

第6章　团队激励

第12条　设计团队激励方案时应注意的事项。

1．在设计薪酬激励方案时，不能过于重视某些短期的目标而忽略了团队的长期目标。

2．以人为本，加强沟通，在满足团队成员的物质需求时，还要兼顾团队成员的精神需求。

3．在以团队为导向进行薪酬激励分配时，不能忽略团队中个人角色分配和能力表现。

4．建立完善的团队绩效评估与激励对应体系，尽量避免团队中"搭便车"的行为。

5．关注市场环境和团队变化，根据工作实际情况的变化适时、适度地调整薪酬激励措施。

第13条　团队物质激励设置。

1．薪酬激励。将团队的薪酬与业绩、工作绩效挂钩，通过支付团队与其工作成果相匹配的薪酬来激励其工作的积极性和创造性。

2．奖金、津贴激励。根据团队工作需要设置一定的奖金、津贴作为激励。

3．股权激励。设定一些股份获得资格，可以是企业真实股份或虚拟股份。

4．额外福利激励。除法定福利和企业统一规定的福利项目外，还可给团队设置额外福利项目以激励其努力工作。

第14条　团队精神激励设置。

1．工作激励。为团队分配合适的工作，制订合理的计划，减少团队挫折感，增强其工作信心和成就感。

2．目标激励。团队每实现一个目标或工作完成一个阶段，就进行表扬鼓励。

3．荣誉激励。向工作优秀的团队或个人颁发荣誉称号、证书或奖杯，可以定期或不定期地进行，以满足团队和个人的自尊感、自豪感。

4．培训激励。给予表现好的团队或个人培训深造的机会，为其学习、创新提供条件和支持。

5．榜样激励。将某个团队树立为榜样，为其他团队提供努力和学习的方向，促使其向榜样团队靠拢，创造更高的工作绩效。

第7章　附　则

第15条　本办法由人力资源部负责编制、解释与修订。

第16条　本办法自发布之日起生效。

编制日期		审核日期		批准日期	
修改标记		修改次数		修改日期	

7.2 产品、网店运营、新媒体营销团队评估办法案例

7.2.1 产品团队评估办法

要打造一个成功的产品团队,不仅要在管理上下功夫,更要准确地把握团队自身的优劣势,只有这样才能在市场竞争中找到自身的准确定位。

下面是一则产品团队评估办法,供读者参考。

办法名称	产品团队评估办法	受控状态	
		编　号	

第1章　总　则

第1条　为加强对产品团队的管理,规范产品团队的绩效评估程序,特制定本办法。

第2条　本办法适用于对企业产品团队进行绩效评估工作的管理。

第3条　产品团队绩效评估工作的职责划分。

1．人力资源部负责产品团队绩效评估工作的具体实施和管理。

2．产品团队负责内部评估,并提供评估信息。

第2章　评估时间与方式

第4条　产品团队的绩效评估一般采用项目评估和年度评估的方式。

1．项目评估方式是指在项目完成后对产品团队进行评估,将项目时间定为评估周期。一般在每个项目结束后的一周内开始,并应在一周内完成评估工作,复杂项目的评估时间可延长。

2．年度评估在每年12月开始进行,次年1月第一个工作周内完成。

第5条　对产品团队的评估采取人力资源部考评与产品团队内部自查相结合的方式。产品团队要做好内部管理,按规定在项目、年度绩效评估开始前向人力资源部提供绩效评估相关信息。

第6条　企业给产品团队设置了绩效分机制(总分为100分),用于评价绩效评估结果。绩效分将影响团队奖励的发放与部分重点负责人的晋升。

第3章　评估内容

第7条　对市场调研工作的评估。

产品团队应按月度或年度市场调研工作计划进行评估工作,其评估依据以市场调研完成率为准(具体以产品团队内部管理办法为准)。市场调研工作完成率达到____%,得____分;每降低____%,扣____分;低于____%,不得分。

第8条　对产品研发工作的评估。

产品团队应按规定进行产品研发工作,该项工作的评估依据以产品研发完成率为准。产品研发完成率达到____%,得____分;每降低____%,扣____分;低于____%,不得分。

第9条 对产品设计工作的评估。

对产品设计工作的评估主要以产品设计完成率为依据。产品设计完成率达到____%，得____分；每降低____%，扣____分；低于____%，不得分。

第10条 对产品测试工作的评估。

对产品测试工作的评估主要以产品测试完成率为依据。产品测试完成率达到____%，得____分；每降低____%，扣____分；低于____%，不得分。

第11条 对产品宣传工作的评估。

对产品宣传工作的评估主要以产品宣传有效性为依据。产品宣传工作完成后，产品销售额同比每增加____%，得____分；销售额同比每下降____%，扣____分。

第12条 对其他重要工作的评估。

1．产品团队所有设备的采购、资料的保管、技术的引进等工作都需要有详细的记录，评估依据为相关事项的记录准确率。

2．产品团队应在内部树立积极向上、爱岗敬业的风气。团队成员若出现消极怠工、违法犯罪等行为给企业带来负面影响的，视其严重程度对团队主要负责人进行问责，并扣除相应绩效分。具体如下。

（1）轻微情况：是指团队成员的行为给企业带来的经济损失低于____元，且未导致明显社会形象损失的，扣除团队绩效分____分。

（2）较严重情况：是指团队成员的行为给企业带来的经济损失在____~____元，且使企业社会形象受到影响的，问责团队负责人与具体当事人，并扣除团队绩效分____分。

（3）特别严重情况：是指团队成员的行为给企业带来的经济损失高于____元，且严重影响企业社会形象的，严厉问责团队负责人与相关当事人，并扣除团队绩效分____分。

第4章 评估实施

第13条 产品团队绩效评估工作的程序。

1．项目评估实施程度。

（1）人力资源部在项目完成后的第一个工作周的周一向产品团队发送"产品团队绩效评估信息表"，由产品团队负责人填写此表，并于当周周五前返送至人力资源部。

（2）人力资源部收到产品团队填报的表单后，开始进行信息确认、录入与评分工作。

（3）评分完成后，人力资源部将产品团队绩效评估结果发送至产品团队负责人，请其确认。

（4）产品团队负责人确认无误后，人力资源部将产品团队项目评估结果上传至企业评估系统。

2．年度评估实施程度。年度评估的工作在流程上与项目评估相似，人力资源部须统计、整理产品团队全年的绩效评估信息，然后统计全年绩效分结果。

第5章 评估结果管理

第14条 对产品团队项目评估结果的运用。

产品团队每个项目评估的结果将作为团队奖金发放的依据。当团队项目评估结果连续3次在____分以上，一次性发放____元的团队集体奖金。

第15条 对产品团队年度评估结果的运用。

产品团队的年度评估结果将作为团队奖励发放及团队主要负责人的职务调整依据，人力资源部将对所有团队的年度评估结果进行分级管理。

1．五星团队：是指团队年度评估得分平均分在90~100分的团队。

2．四星团队：是指团队年度评估得分平均分在80~89分的团队。

3．三星团队：是指团队年度评估得分平均分在70~79分的团队。

4．二星团队：是指团队年度评估得分平均分在60~69分的团队。

5．一星团队：是指团队年度评估得分平均分低于60分的团队。

第16条 对于五星团队，一次性发放____元的团队集体奖金，其团队主要负责人获得一次提薪或竞聘机会；对于四星团队，一次性发放____元的团队集体奖金；对于三星团队，发放____元鼓励金；对于二星及以下的团队，不发放奖励，且为其制订培训计划，相关团队负责人半年内不得申请调薪或晋升。

第6章 评估申诉管理

第17条 人力资源部是评估申诉的管理部门，被评估团队若对评估结果不清楚或者持有异议的，相关负责人可向人力资源部提出申诉。

第18条 产品团队对评估结果的异议应在规定时间内提交。

1．产品团队对评估结果有异议的，应在得知评估结果后____个工作日内，向人力资源部提出申诉。

2．若超过申诉时间期限的，人力资源部将不予受理。

第19条 产品团队应按照评估申诉流程提交申诉手续。

1．团队负责人填写"绩效评估申诉表"，申诉表的内容应包括申诉人姓名、团队、申诉事由等。

2．人力资源部接到申诉后，须在____个工作日内作出是否受理的答复。对于申诉事项无客观事实依据，仅凭主观臆断的申诉可不予受理。

3．受理的申诉事件，首先由人力资源部对申诉内容进行调查，然后与产品团队进行协调、沟通。

4．若协商不一致的，总经理拥有申诉的最终决定权，各相关人员可提请总经理进行批示。

第7章 附 则

第20条 本办法由人力资源部与产品管理部共同负责编制、解释与修订。

第21条 本办法自发布之日起生效。

编制日期		审核日期		批准日期	
修改标记		修改次数		修改日期	

7.2.2 网店运营团队评估办法

网络推广专员绩效评估细则

企业如何实现良好的盈利目标？如何获得有利的产品排名？如何不断提高客户的购物体验？这些问题都可以在网店运营团队的评估结果中找到一些相关答案。

下面是一则网店运营团队评估办法,供读者参考。

办法名称	网店运营团队评估办法	受控状态	
		编　　号	

第1章　总　则

第1条　为加强对网店运营团队的管理,提高网店运营团队成员的整体水平,充分调动网店运营团队成员的工作积极性和创造性,实现团队发展战略与目标,特制定本办法。

第2条　本办法适用于企业网店运营团队的绩效评估工作的管理。

第3条　网店运营团队绩效评估工作的职责划分。

1．网店运营团队管理人员负责审批评估办法的制定与修订,审核评估结果。

2．人力资源部是绩效评估工作的归口管理部门,其具体职责如下。

（1）对评估的各项工作进行组织、培训和指导。

（2）对评估过程进行监督与检查。

（3）汇总、统计评估评分结果,形成评估总结报告。

第2章　评估时间与方式

第4条　网店运营团队的绩效评估按时间分为月度评估与年度评估。

1．月度评估。每月一次,每个月的____日为评估时间,由人力资源部于每月最后一个工作周的周一开始收集信息,在次月的____日之前完成绩效评估。

2．年度评估。一年一次,下一年度1月____—____日对上一年度工作进行绩效评估。

第5条　对网店运营团队的评估采取上级评议的方式。网店运营团队要做好内部管理,按规定在月度、年度绩效评估工作开始前向人力资源部提供绩效评估信息。

第6条　企业给每个网店运营团队设置了绩效分机制（满分为100分）,用于评价绩效评估结果。绩效分将影响团队奖励发放与部分重点负责人的晋升。

第3章　评估内容

第7条　对网店准备工作的评估。

1．网店运营团队应按照网店定位进行网店装修工作,其评估依据以网店装修满意度为准（具体以网店运营团队内部管理办法为准）。

2．网店装修主题突出,目标明确,风格统一,形式美观,得____分；网店装修主题突出,目标明确,风格不够统一,形式美观,得____分；网店装修主题突出,目标明确,风格不够统一,形式不美观,得____分。

第8条　对网店检查工作的评估。

网店运营团队应该对网店首页、详情页、分类、店招、链接进行检查,该项工作的评估依据以网店检查完成率为准。网店检查完成率在____%以上,得____分；每降低____%,扣____分；低于____%,不得分。

第9条　对网店产品采购工作的评估。

网点运营部根据热销爆品的价格战略方案,对引流款、主推款、活动促销款、利润款等产品进行采购,其评估依据以产品采购准确率为准。产品采购准确率在____%以上,得____分；每降低____%,

扣____分；低于____%，不得分。

第10条 对网店推广工作的评估。

1．网点运营团队通过推广引流，吸引客户进店访问，其评估依据以独立访客量为准。独立访客量不少于____人次，得____分；每减少____人次，扣____分；少于____人次，不得分。

2．网店运营团队推广过程获取一个订单所花费的成本，其评估依据以投资回报率为准。投资回报率在____%以上，得____分；每降低____%，扣____分；低于____%，不得分。

3．网店运营团队推广过程费用超支情况，其评估依据以推广费用预算控制率为准。推广费用预算控制率在____%以内，得____分；每降低____%，扣____分；低于____%，不得分。

第11条 对活动策划工作的评估。

1．网店运营团队根据用户需求制定活动策划方案，吸引用户报名参加活动，该项工作的评估依据以活动报名率为准。活动报名率在____%以上，得____分；每降低____%，扣____分；低于____%，不得分。

2．网店运营团队通过挖掘活动产品优势和卖点，实现活动产品销售目标，该项工作的评估依据以活动产品销售收入达成率为准。活动产品销售收入达成率在____%以上，得____分；每降低____%，扣____分；低于____%，不得分。

第12条 对网店运营任务目标达成情况的评估。

1．网店运营团队通过运营实现的销售收入与目标销售收入之间的差距，该项工作的评估依据以销售收入达成率为准。销售收入达成率在____%以上，得____分；每降低____%，扣____分；低于____%，不得分。

2．网店运营团队通过运营手段实现的订单转化情况，该项工作的评估依据以订单转化率为准。订单转化率在____%以上，得____分；每降低____%，扣____分；低于____%，不得分。

第13条 对网店客服工作的评估。

1．从客户咨询到客服回应的每一次时间差的均值，该项工作的评估依据以平均响应时间为准。平均响应时间控制在规定的标准范围内，得____分；每超出____秒，扣____分；超过____秒，不得分。

2．咨询过程中下单的人数，该项工作的评估依据以咨询转化率为准。咨询转化率在____%以上，得____分；每降低____%，扣____分；低于____%，不得分。

第14条 对网店运营维护工作的评估。

网店运营团队要按照有关规定对网店进行装修、推广、维护等处理。以上所有运营工作都要详细记录。该项工作的评估依据为运营资料完备率。运营资料完备率在____%以上，得____分；每降低____%，扣____分；低于____%，不得分。

第4章 评估实施

第15条 网店运营团队绩效评估工作的程序。

1．月度评估实施程序。

（1）人力资源部于每月最后一个工作周的周一向网店运营团队发送"网店运营团队绩效评估信息表"，由网店运营团队负责人填写此表，填完后发送至人力资源部。

（2）人力资源部收到网店运营团队填报的表单后，开始进行信息确认、录入与汇总评分工作，然后将评估结果发送至网店运营团队负责人，请其确认。

（3）网店运营团队负责人确认无误后，人力资源部将团队月度评估结果进行通知、公示。

2．年度评估实施程序。年度评估的工作在流程上与月度评估相似，人力资源部统计、整理网店运营团队全年的绩效评估信息，然后统计全年绩效分结果。

第5章　评估结果管理

第16条　对网店运营团队月度评估结果的运用。

网店运营团队月度评估结果将作为团队奖金发放的依据。当团队月度评估连续3个月在____分以上，一次性发放____元的团队集体奖金。

第17条　对网店运营团队年度评估结果的运用。

网店运营团队的年度评估结果将作为团队奖励发放及团队主要负责人的职务调整依据，人力资源部将对所有团队的年度评估结果进行分级管理。

1．优秀团队：是指团队年度评估得分平均分在90~100分的团队。

2．良好团队：是指团队年度评估得分平均分在80~89分的团队。

3．中等团队：是指团队年度评估得分平均分在70~79分的团队。

4．合格团队：是指团队年度评估得分平均分在60~69分的团队。

5．不合格团队：是指团队年度评估得分平均分低于60分的团队。

第18条　对于优秀团队，一次性发放____元的团队集体奖金，其团队主要负责人获得一次提薪或竞聘机会；对于良好团队，一次性发放____元的团队集体奖金；对于中等团队，发放____元鼓励金；对于合格及不合格团队，不发放奖金，且为其制订培训计划，相关团队负责人半年内不得申请调薪或晋升。

第6章　评估申诉管理

第19条　人力资源部是评估申诉的管理部门，被评估团队若对评估结果不清楚或者持有异议的，相关负责人可向人力资源部提出申诉。

第20条　网店运营团队对评估结果的异议应在规定时间内提交。

1．若网店运营团队对评估结果有异议的，应在得知评估结果后____个工作日内，向人力资源部提出申诉。

2．若超过申诉时间期限的，人力资源部将不予受理。

第21条　网店运营团队应按照评估申诉流程提交申诉手续。

1．团队负责人填写"评估申诉表"，申诉表的内容应包括申诉人姓名、团队、申诉事由等。

2．人力资源部接到申诉后，须在____个工作日内作出是否受理的答复。对于申诉事项无客观事实依据，仅凭主观臆断的申诉不予受理。

3．受理的申诉事件，首先由人力资源部对申诉内容进行调查，然后与网店运营团队进行协调、沟通。

4．若协商不一致的，企业总经理拥有申诉的最终决定权，各相关人员可提请总经理进行批示。

第7章　附　则

第22条　本办法由人力资源部与网店运营部共同负责编制、解释与修订。

第23条　本办法自发布之日起生效。

编制日期		审核日期		批准日期	
修改标记		修改次数		修改日期	

7.2.3 新媒体营销团队评估办法

新媒体营销在很大程度上已经成为企业开展市场营销工作的首要选择，随着其重要程度的不断提升，对新媒体营销团队的评估工作也需要不断规范、完善。

下面是一则新媒体营销团队评估办法，供读者参考。

办法名称	新媒体营销团队评估办法	受控状态	
		编　号	

第1章　总　则

第1条　为了达成如下目的，特制定本办法。
1．加强对企业新媒体营销团队的工作管理。
2．提高新媒体营销团队的工作效率。
第2条　本办法适用于企业新媒体营销团队的绩效评估工作的管理。
第3条　开展新媒体营销团队绩效评估工作的原则。
1．公平、公正、公开原则。
2．沟通与进步原则。
3．结果反馈原则。
第4条　新媒体营销团队绩效评估工作的职责划分。
1．新媒体营销团队管理人员负责审批评估办法的制定与修订，审核评估结果。
2．人力资源部负责制定评估办法，对评估过程进行监督与检查；负责汇总、统计评估评分结果，形成评估总结报告。

第2章　评估时间与方式

第5条　新媒体营销团队的绩效评估按时间分为月度评估与年度评估。
1．新媒体营销团队月度评估是每月进行一次，当月评估应于次月＿＿＿日前完成。
2．年度评估在每年12月开始进行，次年1月第一个工作周内完成。
第6条　新媒体营销团队绩效评估采用上级考评（80%）与人力资源部评估（20%）综合考评的方式，人力资源部通过部门评估表计算出综合得分。
第7条　新媒体运营部给各个新媒体营销团队设置了绩效分机制（满分为100分），用于评价绩效评估结果。绩效分将影响团队奖励发放与部分重点负责人的晋升。

第3章　绩效评估内容

第8条　活动策划工作主要通过活动策划计划完成率进行评估。

活动策划计划完成率：活动策划计划完成率 = $\dfrac{\text{已经完成的活动策划数}}{\text{计划完成的活动策划总数}} \times 100\%$，活动策划计划完成率在＿＿＿%以上，得＿＿＿分；每降低＿＿＿%，扣＿＿＿分；低于＿＿＿%，不得分。

第9条 用户引流工作主要通过以下指标进行评估。

1. 渠道开拓计划完成率：渠道开拓计划完成率=$\frac{实际完成的渠道开拓数量}{计划完成的渠道开拓数量}\times100\%$，渠道开拓计划完成率在____%以上，得____分；每降低____%，扣____分；低于____%，不得分。

2. 平台浏览量目标完成率：平台浏览量目标完成率=$\frac{网站独立访客实际数量}{网站独立访客目标数量}\times100\%$，平台浏览量目标完成率在____%以上，得____分；每降低____%，扣____分；低于____%，不得分。

3. 粉丝新增率：粉丝新增率=$\frac{新增粉丝数}{新增前粉丝总数}\times100\%$，粉丝新增率在____%以上，得____分；每降低____%，扣____分；低于____%，不得分。

第10条 用户运营工作主要通过以下指标进行评估。

1. 忠实访问者比率：忠实访问者比率=$\frac{访问时间在15分钟以上的用户数}{总用户数}\times100\%$，忠实访问者比率在____%以上，得____分；每降低____%，扣____分；低于____%，不得分。

2. 用户流失率：用户流失率=$\frac{取关用户数}{取关前关注用户总数}\times100\%$，用户流失率在____%以下，得____分；每增加____%，扣____分；高于____%，不得分。

第11条 用户转化工作主要通过用户转化率进行评估。

用户转化率：用户转化率=$\frac{下单量}{链接总访问量}\times100\%$，用户转化率在____%以上，得____分；每降低____%，扣____分；低于____%，不得分。

第12条 品牌执行工作主要通过品牌执行计划达成率进行评估。

品牌执行计划达成率：品牌执行计划达成率=$\frac{实际完成的品牌执行数}{计划完成的品牌执行数}\times100\%$，品牌执行计划达成率在____%以上，得____分；每降低____%，扣____分；低于____%，不得分。

第13条 广告投放工作主要通过广告投放有效率进行评估。

广告投放有效率：广告投放有效率=$\frac{成本与投资回报成正比的广告数}{广告投放总数}\times100\%$，广告投放有效率在____%以上，得____分；每降低____%，扣____分；低于____%，不得分。

第4章 评估实施

第14条 新媒体营销团队绩效评估工作的程序。

1. 月度评估的实施程序。

（1）人力资源部协同新媒体营销团队根据具体运营岗位的职责，对于各岗位的工作内容、工作要求等分别确定各岗位评估内容与评分标准并编制评估表，根据新媒体运营团队成员的实际工作成果实施评估。

（2）新媒体营销团队根据实际情况填写部门评估表。

（3）人力资源部汇总评估表并计算团队评估得分。

（4）人力资源部将评估结果上报总经理审批后，向新媒体营销团队公布。

2．年度评估的实施程序。年度评估的工作在流程上与月度评估相似，人力资源部统计、整理新媒体营销团队全年的绩效评估信息，然后计算全年绩效分结果。

<h3 style="text-align:center">第5章 评估结果管理</h3>

第15条 新媒体营销团队绩效评估结果的等级划分。

1．优秀团队：是指团队评估平均分得分为91～100分，工作目标超额完成，有创新性结果。

2．良好团队：指团队评估平均分得分为81～90分，工作绩效达到目标任务且成绩突出。

3．一般团队：是指团队评估平均分得分为71～80分，工作绩效达到目标任务。

4．合格团队：是指团队评估平均分得分为61～70分，工作绩效大部分达到目标任务，但需更加努力。

5．不合格团队：指团队评估平均分得分为0～60分，工作绩效大部分未达到目标任务，经督促仍没有改善。

第16条 对新媒体营销团队绩效评估结果的运用。

1．作为制订绩效改进计划与培训计划的主要依据。

2．与薪酬办法接轨，作为薪酬调整和奖金分配的直接依据。

3．作为团队成员职位等级晋升或降级和岗位调整的依据。

<h3 style="text-align:center">第6章 评估申诉</h3>

第17条 新媒体营销团队应在规定的时间内，提交绩效评估申诉手续。

1．若相关人员对评估结果有异议的，应在得知评估结果后的＿＿＿个工作日内，向人力资源部提出申诉。

2．若超过申诉时间期限的，人力资源部将不予以处理。

3．人力资源部在接到申诉后，相关人员要审查评估记录，对评估得分进行确认，发现错漏及时更改，并经新媒体运营部领导审批通过后，向团队及团队人员公布申诉结果。

4．对于无客观事实依据，仅凭主观臆断的申诉，人力资源部可不予受理。

<h3 style="text-align:center">第7章 附 则</h3>

第18条 本办法由人力资源部与新媒体运营部共同编制、解释与修订。

第19条 本办法自发布之日起生效。

编制日期		审核日期		批准日期	
修改标记		修改次数		修改日期	

7.3 销售、研发、项目团队激励机制方案设计案例

7.3.1 销售团队激励机制方案设计

优秀的销售人才是可以培养的,卓越的销售团队是可以塑造的,全面的激励机制有助于长期性、良性地打造一支冠军销售团队。

最佳新人奖评定制度

设计销售团队激励机制时,主要考虑的因素是销售团队的销售业绩,如销售额、客户数、成交量、订单数等。下面是一则销售团队激励机制方案,供读者参考。

方案名称	销售团队激励机制方案	编　号	
		受控状态	

一、实施目标

为达成如下目标,特制定本方案。

1. 促进销售目标的实现,充分激发销售人员的积极性和创造性,建立团队与成员双赢的局面。
2. 引导销售人员进行合理的市场开拓,提升销售业绩,贯彻多劳多得的思想。
3. 激励销售团队,完善销售团队竞争机制,营造团队内部良好、有序的竞争环境。

二、激励原则

1. 综合绩效原则:根据销售团队的月目标达成率、回款额等的综合考评结果进行激励。
2. 公平公开原则:考评与激励的标准须做到公平化、公开化。
3. 长短相结合的激励原则:每月进行销售团队业绩综合考评(即时激励),同时进行年度综合测评(长期激励)。

三、激励对象

1. 销售团队的各级管理人员。
2. 各地域、各市场中的一线销售人员。

四、激励方式

1. 薪资激励。
2. 竞赛激励。
3. 情感激励。

五、薪资激励

销售团队成员的薪资构成:薪资=底薪+绩效奖金+福利+中长期激励。

1. 底薪由企业人力资源部统一核定。
2. 绩效奖金:根据销售团队成员的销售业绩,按销售总额的____%提取。其具体提成办法:一个月内达到____~____万的销售额,提成按____%提取;达到____~____万的销售额,提成按____%提取。

3. 福利：销售团队成员的福利主要包括各项津贴与补助，如交通津贴为____元/月、通信津贴为____元/月等，津贴的额度也可以根据环境的变化及时调整。

4. 中长期激励（年度激励）：年底以销售团队成员业绩回款额的____%作为对销售团队成员的额外奖励。

六、竞赛激励

（一）优秀团队负责人奖

1. 评选条件。良好的状态和工作效率，团队成员精神状态良好；能有效地沟通和适当地授权，与各部门对接流畅；任务达成率、销售额最高的销售团队负责人。

2. 表彰与奖励。颁发荣誉证书，基本工资提升一级。

（二）个人业绩冠军奖

1. 评选条件。能按时、高质量地完成销售团队赋予的任务目标；为团队目标共同努力，无违纪违规现象，业绩最高。

2. 表彰与奖励。颁发荣誉证书，除团队分配的奖金外，按个人业绩和系数计提销售奖金。

（三）最佳新人奖

1. 评选条件。遵守团队的各项规章制度，诚实守信，认同共同的团队文化；个人成长最快，工作态度认真，入职一个月内累计业绩最高的个人。

2. 表彰与奖励。颁发荣誉证书，除团队分配的奖金外，按个人业绩和系数计提销售奖金。

（四）最佳表现奖

1. 对每月表现最佳的人员提出表扬，可以是精神方面的，也可以是精神加物质方面的。

2. 获奖与否不一定以业绩作为评定标准，可以是其他多方面的内容，如最佳精神风貌奖（注重自身形象）、最具人格魅力奖（气质好、学习精神强）、最佳服务奖（对客户服务优秀）、最佳业绩奖（销售量最大）、最佳礼仪奖（注重自身礼仪）、最佳表现奖（对工作积极认真负责）等。

3. 表彰与奖励。颁发荣誉证书，除团队分配的奖金外，按个人业绩和系数计提销售奖金。

（五）每季最佳业绩奖

1. 与月度个人业绩冠军奖相结合，在激励销售团队成员的同时，有效地保持团队精英的稳定性，强化薪资的激励作用。

2. 表彰与奖励。颁发荣誉证书，除团队分配的奖金外，按个人业绩和系数计提销售奖金。

七、情感激励

情感激励主要体现在给予销售团队成员充分的信任，增进管理人员与销售团队成员的沟通，加强对团队成员生活关怀（如为销售人员举办生日宴会等）等方面。

八、其他

1. 本方案的解释权属于人力资源部，修订时亦同。

2. 本方案如有未尽事宜，应参照企业相关管理制度的规定。

执行部门		监督部门		编修部门	
执行责任人		监督责任人		编修责任人	

7.3.2 研发团队激励机制方案设计

优秀的研发团队，需要让人才愿意留下来，长期待下去，科学、合理的激励机制有助于打造一个高效的研发团队。

设计研发团队激励机制时，主要考虑的因素是研发团队的研发成果，如新产品、新技术、新工艺等，同时要兼顾研发成果带来的经济效益。下面是一则研发团队激励机制方案，供读者参考。

方案名称	研发团队激励机制方案	编　号	
		受控状态	

一、实施目标

为激发研发人员的工作热情，充分调动研发人员的工作积极性，不断提升研发成果的先进性，提高工作效率及经济效益，特制定本方案。

二、激励原则

1．鼓励实施精神激励与物质激励相结合的激励办法。

2．处理研发事故，首先应明确相关人员责任，针对实际情况实时惩处。

3．所有研发人员，在实施绩效奖惩时一律平等。

4．处理奖惩以事实为依据，以相关制度及方案为准绳。

三、激励对象

1．在研发进程中各类事项的管理人员。

2．各类开发、测试、维护等一线研发人员。

四、激励方式

研发团队可以采用正激励和负激励相结合的方式进行团队激励管理。

（一）正激励方式

研发团队常用的正激励方式包括以下5种。

1．晋升：职务、薪级的提升，根据研发人员对研发项目的功劳大小，可分为按规定晋升和越级晋升。

2．加薪：职务不变，薪级（月薪）数额提升，可根据实际情况增加＿＿＿～＿＿＿元。

3．奖金：一次性奖励现金及有价值物品，可根据实际情况，现金数额不限。

4．记大功：在研发工作中有重大创新，获得专利，及为企业增加收入＿＿＿万元以上，或在一年内获5次嘉奖也可记大功一次。记大功可根据实际情况实施晋升、加薪、发奖金等奖励。

5．嘉奖：在研发工作中有突出表现，可获得嘉奖。

（二）负激励方式

研发团队常用的负激励方式包括以下5种。

1．免职：免职后永不录用，因触犯法律而免职的将送至司法机关进行查办。

2. 降级：降低职务或薪资等级。
3. 降薪：每月工资降低一定数额。
4. 记过：一年内被记过2次以上的，给予降薪处罚。
5. 警告：一年内被警告2次的，给予记过一次。

五、激励措施

研发团队可以采用的激励措施主要有：目标激励、示范激励、荣誉激励、物质激励、竞争激励、处罚。

（一）目标激励

1. 给团队中所有研发人员设定合理的工作目标，给每个员工一个标准和达到这个标准的薪资，在超额完成任务时给予奖励，如果没能完成标准则给予处罚。
2. 每个员工既有目标，又有压力，可以产生强烈的动力，努力完成任务。

（二）示范激励

要求各类管理人员作出表率，以自我行为示范、敬业精神来正面影响员工。

（三）荣誉激励

通过绩效考核，评选优秀人员，授予"年度优秀员工称号"，并设专栏，对其进行介绍和表彰，使其产生自豪感和光荣感，鼓舞士气，引起更多员工的关注和赞许。

（四）物质激励

将工作态度、表现和绩效与个人薪资、晋升挂钩，增加优秀研发人员的工资、生活福利、保险，并发放奖金。

（五）竞争激励

提倡研发团队内部成员之间、不同研发小组之间的有序、平等的竞争以及优胜劣汰。

（六）处罚

对有过失、错误行为，违反规章制度，贻误工作，给企业造成经济损失和败坏企业声誉的研发人员，实施不同程度的处罚。

六、激励效果评估

研发团队激励方案实施后，团队管理人员根据研发人员的工作业绩和效率，对激励效果进行评估，并依据评估结果适当地调整激励方案。

七、其他

1. 本方案的解释权属于人力资源部，修订时亦同。
2. 本方案如有未尽事宜，可参照企业相关管理制度的规定。

执行部门		监督部门		编修部门	
执行责任人		监督责任人		编修责任人	

7.3.3 项目团队激励机制方案设计

优秀的项目团队一定是分工合理、关系密切、合作默契的团队,良好的激励机制有助于打造一个高效推进的项目团队。

设计项目团队激励机制时,主要考虑的因素是项目团队的项目完成情况,如项目验收成果、项目进度控制情况、项目事故数、项目成本控制情况等。下面是一则项目团队激励机制方案,供读者参考。

方案名称	项目团队激励机制方案	编　号	
		受控状态	

一、实施目标

为加强项目的质量、进度、验收管理,调动项目管理人员及各类工作人员的主动性、积极性,不断提高项目团队的工作效率,特制定本方案。

二、基本原则

1. 应采取物质激励和精神激励相结合的方式。
2. 将项目团队的激励与项目业绩、项目工作绩效挂钩。
3. 根据项目实际和项目成员的特点设计更多、更灵活的激励方法。

三、激励对象

1. 项目团队各级管理人员。
2. 项目落地实施的各类工作人员。

四、激励的形式

项目团队的激励主要包括绩效激励、项目提成和单项奖金等三种形式。

(一)绩效激励

1. 根据绩效考核结果支付报酬。
2. 按照项目周期、季度或年度进行考核计发。
3. 计算分配方法为:绩效薪酬=绩效薪酬基数×绩效系数。绩效薪酬基数既可以根据项目团队成员的固定薪酬或岗位工资标准确定,也可以参照历史实际绩效薪酬水平设置;绩效系数可以根据项目团队的绩效考核结果确定。

(二)项目提成

1. 根据项目业绩按预定比例计提的奖励薪酬。
2. 一般按照项目周期,根据项目回款程度发放。
3. 计算分配方法为:项目提成=项目收入×提成比例。提成比例根据项目团队成员的贡献大小、工作难度和项目利润确定,于项目启动前预先设置。可根据项目盈亏程度,规定发放比例和扣罚标准。

(三)单项奖金

1. 根据完成特定的项目目标而给予的一次性奖励。

2．按固定周期（季度、年度）进行考核评定。

3．根据责任目标来制定奖惩标准，如项目质量验收合格率达到100%，给予奖金____元；项目进度提前____天完成，给予奖金____元；每发生一次项目事故，扣罚____元；年度项目事故次数超过____次，扣罚薪酬____%，取消评优资格。

五、激励奖项设置

（一）项目管理奖

1．将项目利润总额的____%设为项目团队的项目管理奖金。

2．分配标准，项目管理奖金的分配按照各类人员占奖金总额的对应比例予以发放。

（二）项目成本节约奖

1．该奖金来源是由项目团队管理人员通过加强管理、提高效率、降低损耗等方法降低项目总成本所产生的。

2．将项目成本结余部分的____%作为项目团队的成本节约奖金。

（三）项目进度奖

1．项目总进度目标提前____天完成的，给予项目进度目标考核金的____%作为奖励；提前____天以上完成的，按项目进度目标考核金的____%比例计发。

2．项目进度奖的考核将不可抗力因素排除在外，如特殊市场、重大政策变化、项目甲方原因等。

（四）项目质量奖

1．项目质量奖申报。项目经过验收，在审定的金额上核定考核系数并提出奖金申请单，批准后发放。

2．项目质量奖金额的确定。奖励金额＝奖励基数×考核系数。

3．团队成员（不包括兼职质检人员及中层以上人员）发现质量问题或缺陷并及时反馈，每次嘉奖____~____元，按月发放。

4．在质量工作中表现突出、工作成绩优良的员工，项目团队可不定期给予嘉奖。

六、注意事项

1．应避免项目激励设计不符合项目管理实际，难以落实。

2．应重视与项目成员的沟通，了解其内在需求，以便设计更适合、有效的激励方案。

3．项目激励方案的设计必须符合项目团队的特点，避免千篇一律，缺乏灵活适用性。

4．应定期收集项目团队成员激励的反馈信息，及时作出调整。

5．设计激励方案时要注意考虑培养团队文化，创造良好的工作氛围，从而有利于提高项目团队成员激励效果。

七、其他

1．本方案的解释权属于人力资源部，修订时亦同。

2．本方案如有未尽事宜，可参照企业相关管理制度的规定。

执行部门		监督部门		编修部门	
执行责任人		监督责任人		编修责任人	

第 8 章

团队关系与文化

8.1 团队关系建立

8.1.1 尊重关系

人人都需要尊重,人人都能从尊重中得到激励。对一个团队而言,尊重,就是要尊重团队成员的人格,尊重他们的自尊心、自爱心,尊重他们的进取心、好胜心,尊重他们的独立性,尊重他们在缺点、弱点、错误中埋藏着的优点、长处和闪光点。

1. 尊重关系的建立

团队领导者只有把尊重时刻放在心里,才会在与成员沟通时能获得成员的认同,从而达到自己的目的。建立尊重关系要把握以下两个要点。

1)明确尊重的内容

广义上讲,尊重的内容主要包括尊重劳动、尊重知识、尊重人才、尊重创造等,但在团队里,尊重最重要的是尊重差异。

尊重差异,是指尊重团队成员包括性别、性格、需求、知识水平、专业能力等各方面的差异。具体如表8-1所示。

表8-1 尊重差异的内容

序号	差异内容	具体说明
1	性别差异	不能因性别而对团队成员产生歧视,但也要考虑不同性别的特点来分配工作任务
2	性格差异	在不同的研究领域,有不同的性格划分方法,重点是要充分认识到不同的人有不同的性格,团队要包容这些性格,并根据性格特点来为成员匹配角色
3	需求差异	不同岗位、不同阶段的团队成员有不同的需求,如为了金钱、精神满足、目标实现等,这些需求都应该被尊重
4	知识水平差异	每个人受到的教育和成长环境不同,知识水平自然有差异,这种差异应该得到尊重,团队领导者要根据差异为成员分配工作任务
5	专业能力差异	与知识水平同理,专业能力也会因人而异,团队领导者应该引导各成员提高自己,而不是指责专业能力较差的成员

2）践行尊重的行为

团队各成员都应该践行尊重的行为，以此在团队内建立起互相尊重的关系。尊重的行为有很多，常见的尊重行为如表8-2所示。

表8-2 常见的尊重行为

序号	尊重行为		行为描述
1	注意礼貌	语言	不论是团队领导者对团队成员，团队成员对团队领导者，还是团队各成员之间，都应该注意礼貌。礼貌行为一般体现在语言、神态、动作等各个方面
		神态	
		动作	
2	积极沟通	表达	团队各成员之间需要保持有效的沟通，多表达、倾听、建议、分享和指导。团队领导者要和关键成员建立承诺，让他们知晓，团队建设和发展需要他们，以保障成员的安全感和归属感
		倾听	
		建议	
		分享	
		指导	
		承诺	
3	尊重时间		每个人都有属于自己的时间规划，如有的人习惯将工作和生活分开，因此与人合作时要在恰当的时间里做合适的事
4	尊重空间		空间代表隐私，也代表距离。团队成员之间既要密切合作，也要保持一定的距离，互相尊重，互相成就

2. 尊重关系的维护

尊重关系的维护是相互的，这体现在团队领导者与团队成员的"上下级"之间，也体现在团队各成员的"平级"之间。

1）从小事做起

在团队工作和日常生活中，团队成员都应该自觉做到尊重他人。对同事不取笑、不揭短，以诚相待，是对其最起码的尊重。尊重体现在小事中，如征得同意后，再拿走他人的东西，这是一种尊重；诚恳地为自己的过错道歉，认真地说一句"对不起"，同样是对别人的尊重。

2）尊重自己

尊重自己是最大的智慧。尊重自己是得到他人尊重的前提，各团队成员要至少明确以下几点。第一，人贵有自知之明，不做超越自己能力的事。第二，学会拒绝，不要无底线地为他人付出。第三，己所不欲，勿施于人，不要向他人强加自己的想法。

3）领导者带头

团队领导者应带头建立尊重关系。在日常工作生活中，团队领导者适当放下领导者的威严，与团队各成员多交流，聆听他们的想法，了解他们的需求，肯定他们的工作结果，是维护尊重关系的有效手段。

8.1.2 信任关系

1. 信任关系的建立

信任关系是人与人之间建立各项关系的基础，建立信任关系可参考以下4个步骤。

1）自我信任分析

团队领导者要鼓励团队成员分析各自内心的不信任感，很多不信任感来自移情心理，也就是用过去的经验来解释新的情境。分析内心的不信任感，并且找到最初产生这个不信任感的根源，才能避免产生移情心理。

2）进行有效交流

人与人之间的信任关系，是建立在开诚布公的沟通之上的。团队成员之间不能出现谎言。人与人之间的交往像是一面镜子，你对别人说谎，别人也会对你说谎。只有团队成员之间进行有效的交流，各自都开诚布公地表达自己，才有建立信任关系的可能。

3）满足合理需求

在团队里建立信任关系，需要团队成员之间互相满足合理的需求。当成员的需求得到满足，会让其感觉到被尊重，尊重是相互的，互相的尊重带来互相的信任。信任关系是建立在一次又一次的需求被满足之上的，当彼此的需求都得到满足时，信任关系就会增强。

此外，需求的满足有时候并不完全是物质层面的，还包括精神层面。

4）重复以上步骤

之所以要重复以上步骤，是因为信任关系的建立，需要时间的考验。团队成员之间能否建立起信任关系，与团队配合的时间有着重要关系。一般而言，共事时间越长的人，越容易互相信任。

2. 信任关系的维护

跟其他人际关系一样，信任关系也需要维护，否则容易崩塌。维护信任关系，可从以下5个方面入手。

1）不随意允诺

如果自知无法做到团队其他成员的要求，就不要作出能够完成的承诺。随意允诺而无法做到会让人失望，次数过多，就会让人失去信任感。

2）及时主动解释

如果确实是因为客观原因而无法完成与其他团队成员的约定的，要及时主动解释原因，而不是当作什么都没发生过。有理有据的解释会得到其他成员的理解，而装作什么都没发生会让其他成员感到气愤，并逐渐降低对你的好感。

3）不产生谎言

谎言，哪怕是善意的谎言，都会让人与人之间产生隔阂。因此，团队成员之间要维护信任关系，就要杜绝谎言。

4）不作无端猜忌

当你没有足够的证据时，不要对团队成员作无端猜忌，也不要传播谣言。有时候不了解真相是因为掌握的信息太少，莫名的猜忌会让其他团队成员受到心理打击，甚至名誉受损。

5）出现信任危机要及时解决

如果你意识到与团队成员之间的信任关系已经出现问题，那么就要及时解决，不要拖延。早期信任关系的裂痕或许可以通过有效沟通修复，但如果后期误会加深、矛盾增多，那么团队成员之间的信任关系将难以挽回。

8.1.3 协同关系

协同关系，是指团队成员之间的紧密配合关系。

1. 协同关系的建立

建立协同关系，要把握以下3个要点。

1）加强服务意识，发扬助人精神

加强服务意识，发扬助人精神，并不是要求团队成员做个人牺牲，相反地，挥洒个性，表现特长能够更好地促进团队目标的实现。这里的"加强服务意识，发扬助人精神"是指在团队工作中力所能及地为他人的工作创造便利，比如在工作对接时，不能让接手你工作的团队成员去修复你工作中存在的问题,而是要在交接工作之前就按照交接的需求作好对接准备。

服务意识与助人精神还体现在日常小事中,作为团队成员,其他成员的小要求、小困难,只要是为了促进团队目标达成的,都应尽可能地去满足、帮助,在团队内形成互帮互助的良好氛围。

2)树立大局意识,强化团队观念

所谓大局意识,是指团队成员在日常工作中要时刻关心团队的整体目标。团队观念是指在日常工作中,团队成员不要盲目单干,要发挥团队的作用,相互配合,相互鼓励,共同为团队目标的实现而努力。

3)着眼全局利益,追求利益统一

协同关系是一种平级关系,各团队成员处于协同关系时,是没有互相的利益牵扯的。虽然每个团队成员都存在个人利益,但应当明白,这种个人利益是不会因其他团队成员而改变的。只有团队成员都将目光聚焦于团队的整体利益,做到个人利益与团队利益的统一,团队才会得到良性发展,个人利益也会随之得到满足。

2. 协同关系的维护

维护协同关系,可从以下3点入手。

1)做好团队分工

在进行团队工作之前,合理规划团队成员角色,分配团队成员工作,有利于维护协调关系。团队成员之间分工明确,意味着权利与义务的分明,这使得团队成员之间冲突被减少,不容易产生分歧。

2)明确工作流程

高效、明确的工作流程,能让各团队成员在工作中有明确的前进方向,同时,也不存在互相之间的工作干预,当工作需要配合时,配合双方(或多方)都清楚地知道工作配合的机制,这样能减少摩擦与争执,有利于高效工作。

3)充分共享信息

在进行团队工作时,要做好信息共享。充分、及时的信息共享,能帮助其他团队成员减少工作失误,提高工作顺畅度。同时,充分共享信息,能让团队各成员对其他成员的工作状态有所了解,有利于团队成员在进行工作配合之前就想好配合的实现方法,更加深成员之间的协同关系。

8.1.4 补位关系

在团队工作中，团队领导者往往会根据团队的战略目标进行任务分工。当某位团队成员所负责的工作出现问题，影响整个团队目标时，其他团队成员为了减小损失，临时顶替，封住缺口，这种行为，就称为补位。补位这个概念常用于体育竞技项目，是团队工作中十分常见的一种情况。

1. 补位关系的建立

要在团队中建立补位关系，形成良好的补位风气，团队成员要做到以下2点。

1）敢于承担责任，关键时刻有勇气

团队要想建立和谐的补位关系，就需要团队成员在关键时刻有补位意识，有敢于承担责任的勇气。这种意识和勇气来自于平时团队领导者的培训，也来自于团队领导者有意或无意之中的引导。

2）拓展自身技能，关键时刻有能力

不是人人都能在关键时刻进行补位的，光有意识和勇气也不够，补位还需要有能力。这就要求团队成员平时注意横向发展，拓展自身技能，丰富知识体系，加强实践，在关键时刻才具备胜任力。

2. 补位关系的维护

维护补位关系，可以从以下2点入手。

1）补位之前做好分工

团队首先需要明确一件事情，即先有分工再有补位，分工与补位的关系需要明确。

如果只有分工没有补位，出现意外就无法及时衔接处理，会耽误团队工作进程；但是若只有补位没有分工，团队合作就容易变成吃大锅饭或者成为少数人出风头的儿戏，团队成员可能会认为反正做不好也有人来补位，甚至由于没有明确的分工，变成谁都可以做负责人，团队任务就成了爱出风头的人的"天堂"。

2）补位之后做好奖励

补位本质上是为了弥补分工的漏洞，完美的团队运行是不需要补位的，如果补位发生，意味着有团队成员做了额外工作（除非这个团队成员本身就是替补成员），那么就需要对该成员进行奖励。如果长期没有补位奖励，会消磨团队成员的工作激情，久而久之变成没人愿意补位，不利于团队的发展。

8.2 影响圈与关系圈管理

8.2.1 影响圈管理实战

影响圈常常与关注圈一起被讨论。关注圈，是指每个人都具有的、格外关注的问题。在此背景之下，影响圈则是指关注圈内可以被掌控的事物。那些超出个人掌控范围的，则不属于影响圈。

1. 内部影响与外部影响

在团队中，影响圈有内部影响与外部影响的说法。

1）内部影响

内部影响，是指团队成员的个人行为对团队内部造成的影响。这种影响可以是正向的，如勤勉的工作态度、良好的职业操守等，这会给团队带来有利影响，在不知不觉中引导其他团队成员积极向上；也可以是负向的，如推诿工作，没有进取心等，这会给团队带来不利影响，降低团队工作效率，阻碍团队发展。

2）外部影响

在企业中，外部影响是指团队的某些成员或整个团队对团队外部带来的影响，这种影响往往来自于团队的工作业绩。团队业绩好，往往成为"鲶鱼"，刺激企业其他团队的积极性，促进企业各团队之间良性竞争；团队业绩长期较差，会给团队带来不利评价，影响团队在整个企业中的地位，不利于团队长久发展。

2. 扩大影响圈，而非聚焦关注圈

团队领导者要引导团队成员扩大影响圈，而非聚焦关注圈。

专注于影响圈的人，更积极主动，专心做自己力所能及的事。这种团队成员的能量是积极向上的，不断努力就能够使团队成员的影响圈不断被扩大。

若团队成员全神贯注关注圈，时刻紧盯着他人的弱点、外部的环境问题以及那些超出个人能力范围的事物，容易导致该成员越来越怨天尤人，将失败和犯错都归结于外部因素，不断为自己的消极行为寻找借口。

团队领导者制定目标或解决问题时，也要从自身和团队本身的影响圈入手，制定力所能及的目标，不断扩大团队影响圈，而不是盲目地担忧和妄图改变外界环境。

8.2.2 关系圈管理实战

关系圈往往与人脉、人际关系等一起被讨论，在团队中，关系圈是指团队成员自觉或不自觉组成的，有着共同利益和发展方向的群体。

关系圈不等于小团体，小团队的目光是狭隘的，只关注短期的、自身的利益。团队内的关系圈，是为了促进团队发展而形成的，是存在于团队内部的"小团队"，这些小团队分工明确，但又互相联系，从不同角度发力，一起推动团队向前发展。

团队内部的关系圈，还可以向团队外部发展，这需要一个"联系人"，将团队与外部联系起来。良好的外部关系圈，可以帮助团队获取更多资源，掌握更多咨讯，这也有利于团队健康发展。团队内、外部关系圈的内容及管理如表8-3所示。

表8-3 团队内、外部关系圈的内容及管理

关系圈类型	具体细分	描述	管理策略
1. 内部关系圈	1）团队领导者关系圈	团队领导者与团队主要模块负责人组成的以团队管理为主的关系圈	不适合拓展，且要谨慎选择成员
	2）各职能小组关系圈	（1）团队内共同职能模块内成员组成的关系圈，如团队内的技术模块成员，就会自然而然地形成一个关系圈	这个关系圈应该内部巩固，加强合作与交流，也无法轻易拓展
		（2）不同职能模块之间，可能存在相互重叠，相关成员也就存在自己的关系圈	这些处于重叠状态的成员，要积极拓展自己的关系圈，促进团队内各职能模块的交流与配合
	3）团队成员关系圈	存在于团队成员之间的，不以职能，而以兴趣爱好、成员性格等因素随机组成的关系圈	这种关系圈的良好发展，会促进团队更加和谐。但若发展受挫，容易激发团队矛盾，引起团队内部分裂，因此，管理者要对这类关系圈投入更多的关注
2. 外部关系圈	与所在企业领导	依托于企业而成立的团队，与企业领导形成的关系圈	企业领导与团队是领导与被领导的关系，团队要积极维护这种关系，明确企业领导的目标和对团队的发展设想，并为之努力

续表

关系圈类型	具体细分	描述	管理策略
2. 外部关系圈	与所在企业其他团队	依托于企业而成立的团队，与企业其他团队形成的关系圈	其他团队是竞争也是配合关系。同类型团队是竞争关系，不同类型团队存在合作关系。要良性竞争，积极合作，追求双赢
	与合作伙伴	团队与外部（所在企业外部）合作伙伴形成的关系圈	合作伙伴是合作关系，对方可能是供应商、重要客户等，要积极拓展这个关系圈，保持友好合作关系
	与用户	团队与市场用户之间形成的关系圈	无论团队类型是否直接关系到市场用户，都要建立以用户为中心的理念
	与政府等机构	与政府、各类机构形成的关系圈	一般是合作关系，这类关系圈需要紧密地维护
	与竞争对手	团队与同类型团队（主要指企业外部）之间形成的关系圈	一般是竞争关系，要尊重对手，了解对手，超越对手

8.3 塑造团队文化

8.3.1 团队执行文化塑造

团队文化犹如团队的灵魂，是团队精神、团队价值取向及行为的总和。团队文化一旦形成，就会像一只"无形的手"，实现对团队成员的"软"管理。

执行文化是团队文化的一种，是一种基于执行力的文化，是一种致力于把团队目标变成现实结果的文化。执行文化代表着高效执行、变通执行，具有以结果为导向、以责任为载体、以检查为手段、以奖惩为动力的特点，能够帮助团队提高工作效率，促进目标实现。

建立团队执行文化可从以下3个方面入手。

1. 对团队成员进行团队文化熏陶

任何优良的团队行为都是由每个团队成员的优良行为组成的,优良的行为必然受良好的习惯支配,而良好的习惯来源于高尚的思想,但高尚的思想并非在短时间内就可形成,这就要求团队要用积极向上的团队文化熏陶团队成员。

2. 建立赏罚分明的执行评价制度

执行文化的核心在于转变团队成员的行为,使之能够把团队的目标和计划落实到本职岗位与日常工作中。赏罚分明的执行评价制度能够对团队成员进行及时、有效的激励,激发其潜能,让他们为团队目标的实现尽心尽力。

3. 树立典型的榜样

在团队内树立典型的榜样,可以使团队成员对团队文化有更深入的理解和更强烈的认同感。

1)提高团队领导者的执行力

打造高效执行团队,首先要提高团队领导者的执行力。因为团队领导者的执行力在很大程度上会影响团队成员的执行力。提高团队领导者的执行力关键有两个要点,一个是实现自身角色定位的转变,另一个是建立合理的团队管理制度。

(1)实现自身角色定位的转变。作为团队领导者,应坚持"两手抓"——一手抓决策,一手抓执行。抓决策可以保证做正确的事,而抓执行能够保证正确地做事,再好的决策只有执行后才能体现其价值。团队领导者实现自身角色的转变,要求其具备两种能力,一种是改变团队成员思想的能力,另一种是协调行动的能力,这两者缺一不可,否则再宏伟的规划也只是空想。

(2)建立合理的团队管理制度。在团队管理中,要真正实现制度管人,而不是人管人。实现从"人制"到"法制"的根本转变,需要抓好两个环节。

①建立规范的管理规则。管理的真谛首先在于"理",其次才是"管"。团队领导者的主要职责就是建立一个合理、规范的管理规则,让团队成员按照所建立的"管理规则"实现自我管理。管理规则要兼顾团队利益和团队成员个人利益,并且要让团队利益与团队成员个人利益相统一。

②制定可操作的工作标准。工作标准是团队成员的行为指南和考核依据,团队领导者要结合岗位要求提出具体可操作的工作标准,只有让团队内每个成员都明确自己的岗位职责和工作标准,才不会产生互相推诿的现象。

2）提高团队成员的执行力

执行力的提升应该是整个团队的事，而不是团队领导者的专利。如何培养团队成员的执行力才是整个团队执行力提升的关键所在。提升团队成员的执行力要从以下5个方面着手。

（1）提高团队成员的计划能力。团队工作看似简单，实则纷繁复杂。如何让团队成员把工作做好，就要做计划、定目标、排进度。

（2）挖掘团队成员的领悟能力。有悟性的团队成员，能够迅速领悟团队目标和任务，知道自己要做什么，该怎么做；才能逐步把握团队任务落实的程度，举一反三，触类旁通。

（3）培养团队成员的判断能力。要培养团队成员透过现象或问题看清事物本质的能力，使团队成员能够从判断中吸取经验和教训，改进工作方法，提高执行效率。

（4）培养团队成员的创新能力。团队工作不能总是按部就班，要培养团队成员善于发现、勤于分析、及时总结的能力，力求团队成员在总结中有所提高，找到新的方法、技巧和工具。

（5）提高团队成员执行速度的能力。在激烈竞争的环境中，速度决定一切，快慢决定成败。机会人人都能看见，而反应的速度、执行的速度决定了能否把握住机会。提高团队成员的执行力，就是要使团队成员能够坚定决心，快速行动。

8.3.2 团队攻坚文化塑造

我们常听到的攻坚精神，是指"上下同心、尽锐出战、精准务实、开拓创新、攻坚克难"。在企业里，攻坚文化是一种常见的文化类型。通常形成于那些运营风险大、技术挑战多、攻关环节多、有实干精神的企业。攻坚文化的特点是将权威性、技术性、解决性和完成性的重要度提升，鼓励员工挑战与拼搏。

在团队文化建设工作中，要塑造好攻坚文化，可从以下3个方面入手。

1. 加强文化宣贯培训

团队领导者要注重加强团队文化方面的宣贯培训。让团队成员接受新的团队文化培训是进行文化塑造的一个重要的策略，在文化塑造的实施计划制订完成后，就应该要督促团队成员参与培训，主动学习。通过一系列有针对性的培训与学习，让团队成员了解什么是攻坚文化，攻坚文化有什么作用以及如何进行攻坚文化的塑造。

2. 团队领导者身体力行

团队领导者的模范行动是一种无声的号召，对团队成员起着重要的示范作用。因此，要塑造和维护团队的共同价值观，团队领导者本身就应是这种价值观的化身。团队领导者必须通过自己的行动向所有团队成员灌输企业的价值观念。

首先，团队领导者要坚定信念。其次，团队领导者要在每一项工作中体现这种价值观。最后，团队领导者要注意与团队成员进行情感沟通，重视情感的凝聚力量。

3. 建立激励机制

团队文化的形成是一个个性心理的不断强化和不断激励的过程，这不仅需要很长的时间，而且需要不断地给予强化与激励。团队成员的合理行为只有经过强化和激励，才能行为再现并形成习惯稳定下来，从而使指导这种行为的价值观念转化为行为主体的价值观念。

8.3.3 团队文化建设方案

团队文化建设，要有规范可依，不能全凭主观发挥。提前做好建设方案，有助于团队文化建设工作有条不紊地进行。这里提供一份房屋租赁经纪团队文化建设方案，供读者参考。

培育团队精神的6个要点

方案名称	房屋租赁经纪团队文化建设方案	编　号	
		受控状态	

一、实施目标
为彰显优秀的团队文化，延展团队文化的内涵，做到文化建设与团队管理相辅相成，发挥文化管理的作用，特制定本方案。
二、团队文化内涵
本方案拟建设的团队文化，有三个层面的具体内容。
（一）精神文化
1．团队使命：以团队利益为根本，承载团队进步责任，实现团队价值最大化，成就团队与成员的持久共赢。
2．团队宗旨：持续创造，与客户共赢社会价值。
3．运营理念：品牌基于品质，品质源于我心。
4．团队目标：行业典范。
5．团队愿景：人人居好屋。

6．团队精神：求实、求精、求新、求远，合作进取，高效执行。

7．团队价值观：传承事业，呈现价值，力图长远，感恩社会。

8．团队人才观：把合适的人放在合适的岗位。

（二）行为文化

团队行为八化：人际简单化、沟通直接化、执行高效化、团队精英化、技能专业化、要求精细化、作风硬朗化、服务规范化。

（三）制度文化

团队应时刻坚持用"团队管理手册"和"企业员工工作手册"等制度来管理团队成员。

三、指导思想

1．团队文化建设不是改造、再造

团队文化建设不是改造、再造团队文化，而是在现有团队文化欠缺的内容上对团队文化加以塑造，是从无到有的过程。

2．重点着力而非全面铺开

团队文化的建设本来是应在理念文化、行为文化、制度文化等方面展开的，虽然全面但过于繁杂，因此应选择重点的、与团队管理关联度高的、团队成员容易接受的方面与形式进行着力推进。

3．系统跟进而非零散难继

每一项团队文化建设的举措，都应具有系统性和延续性，不能拘泥于单一的形式和单一的内容，应可挖掘、可深入、可延展，循序渐进，符合系统承接和更新延续的要求。

四、团队文化建设的组织建设

1．建立团队文化宣传机制

设立团队文化建设贡献奖、团队文化践行代表奖等奖项，制定团队文化宣传奖励政策，鼓励多发现、多宣传身边的能彰显团队文化典型的人和事。

2．人员组织

在团队内部设立团队文化专员岗，与团队其他具有一定文字功底和热情的成员成立团队文化建设小组，负责把握团队文化宣传建设的方向。

五、团队文化建设措施

（一）进行系统的团队文化培训

通过对全体成员重新进行系统的团队文化宣导和培训，检讨自身理解的误区和执行偏差，加深巩固团队文化倡导的主流思想和行为要求。系统的团队文化培训主要包括两方面，如下所示。

1．团队文化知识普及培训

团队文化知识普及培训内容主要包括三部分，具体如下。

1）团队文化基础知识培训

主要有以下内容。

（1）什么是团队文化。

（2）团队文化包含哪些内容。

（3）为什么要建设团队文化。

（4）如何建设团队文化。

（5）团队文化落地与传播。

2）团队文化解读

主要有以下内容。

（1）团队文化精髓提炼讲解。

（2）团队文化案例分享。

3）团队文化座谈

主要有以下内容。

（1）成员理解的团队文化。

（2）建设团队文化的感悟。

（3）团队文化畅想。

2．知名团队或同行业团队文化建设专项观摩学习

深入知名团队、同行业团队，并对其团队文化建设进行参观和考察，感受优秀团队文化的作用力，同时获取团队文化建设的思路和方法。

（二）开辟团队文化交流通道和宣传平台

团队文化交流通道和宣传平台主要有5种方式，如下所示。

1．开展团队文化不定期问卷调查活动，了解团队成员对团队文化的认同状况。

2．建立通讯员队伍，随时采写团队文化宣传稿件，发现团队文化践行代表。

3．开通OA交流平台，激活内部沟通交流论坛，形成常态化讨论。

4．汇集稿件和素材，以月度或季度为周期编制团队文化宣传内刊。

5．邀约团队领导者编写团队文化建设认知和理解的文章，作为学习材料。

（三）开展多形式的团队文化建设活动

团队文化建设活动的形式主要有2方面的内容，如下所示。

1．开展征文、摄影、演讲等团队文化相关主题活动。

2．设置风采榜，通过近距离接触团队成员，寻找到恰当体现团队文化的场景或只言片语，于风采榜上图文并茂地介绍先进典型，年度汇集形成"团队文化图片故事集"。

（四）团队文化标准化建设

团队文化标准化建设主要有2方面的内容，如下所示。

（1）更新、印刷"团队管理手册"和"企业员工工作手册"，并组织成员学习，在制度及行为文化方面加以规范，同时将其纳入部门绩效考评体系。

（2）团队文化与视觉标准系统结合，如标准文件、标准量表、统一工装、统一形象展示等。

六、文化建设执行

1．团队文化建设工作由团队领导者带头执行，团队文化建设小组负责具体实施。

2．团队文化建设工作应持续6个月以上，直到团队成员将团队文化的践行变成习惯。

3．为了全面、准确地掌握团队文化建设工作进展情况，发现和推广先进经验，查找和改进不足之处，增强团队文化建设工作的动力和效果，要定期评估团队文化的建设效果。

七、其他

本方案由团队文化建设小组编写，自发布之日起执行。

执行部门		监督部门		编修部门	
执行责任人		监督责任人		编修责任人	

8.4 技术开发、项目实施团队关系构建办法

8.4.1 技术开发团队关系构建办法

技术型团队以技术创新和技术领先为"神圣使命",团队领导者要想领导好以技术人员为主的团队成员,构建和谐的团队关系,可参考以下办法。

办法名称	技术开发团队关系构建办法	受控状态	
		编号	

第1章 总 则

第1条 为确保团队成员之间互相支持,形成互帮互助、共同进步的团队文化,促进团队成员共同进步,特制定本办法。

第2条 本办法适用于技术开发团队的关系构建工作的管理,也可为其他类型的团队管理提供参考。

第3条 本办法所指技术开发团队,是指企业中以技术引进、技术改造、技术升级、技术运用为根本任务的,以技术人员为主要团队成员的团队。

第2章 团队关系的建立

第4条 明确团队关系建立方向,形成优势互补、相互尊重、相互信任的团队关系。

第5条 每周进行一次与团队关系相关的培训,宣传团队关系的重要性。

第6条 做好团队成员角色匹配,确保各成员在最合适的位置发挥各自的能力。

第7条 进行合理的团队分工,在分工时充分考虑各团队成员的知识技能、性格等特点。

第8条 激发团队成员潜力,提倡优势互补,加强团队成员的文化融合。

第9条 定期组织团队技术交流会,让各成员进行技术交流,使团队成员之间更相互了解,技术发展更全面。

第10条 定期组织资源分享会,让各成员互相分享自有资源,增加团队的集体资源量,也拉近团队成员之间的距离。

第11条 建立长效的学习机制,提倡团队成员终身学习,提升学历,鼓励其参加各类与工作相关的资格证书的考取,并给予一定的物质奖励。

第12条 让团队成员公开分享自我管理计划,不仅让成员做自我规划,还让团队其他成员出谋划策,为其提供帮助。

第3章 团队关系的维护

第13条 建设团队成员薪酬分配机制,提高团队成员的工作积极性。

1．这个薪酬分配机制应当是团队成员集体表决通过的。

2．这个薪酬分配机制要符合团队所在企业的薪酬管理规定，若有特殊情况，应向企业总经理提请特别审批。

3．这个薪酬分配机制要定期调整，不能一成不变。

第14条　设立创新的激励机制，促进团队成员之间良性竞争。

1．每次团队成员的技术创新，都给予特别奖励。

2．与工作直接相关的技术创新，提出时直接奖励____元，技术得以运用后，奖励____元。技术为团队带来利润增加超过____%的，可将这部分利润的____%作为创新奖励。

第15条　建立多渠道沟通机制，确保团队成员之间有效沟通。

1．设置下午茶制度，时间为每个工作日的下午____至____，提倡团队成员在该时间内做各类交流。

2．每月组织一次团建活动，维护团队成员工作之外的关系。

第16条　做好成员的情绪管理工作，为成员提供心理辅导。

1．团队领导者要对成员的情绪状态保持敏感，发现问题应及时处理。

2．团队与企业内部或外部心理医生合作，为有需要的成员做心理健康检查。

第4章　附　则

第17条　本办法未尽事宜，参考团队内部、企业内部有关规章制度执行。

第18条　本办法由技术开发团队负责编制、解释与修订。

第19条　本办法自发布之日起生效。

编制日期		审核日期		批准日期	
修改标记		修改次数		修改日期	

8.4.2　项目实施团队关系构建办法

项目团队不同于一般的团队类型，它是为实现项目目标而组建的，是项目人力资源的聚集，团队领导者要想领导好项目实施团队，构建和谐的团队关系，可参考以下办法。

办法名称	项目实施团队关系构建办法	受控状态	
		编　　号	

第1章　总　则

第1条　为建立和谐友善、相互尊重、相互信任的团队关系，提高项目实施团队的工作效率，特制定本办法。

第2条　本办法适用于项目实施团队的关系构建工作的管理，也可为其他类型的团队管理提供参考。

第3条　项目准备、立项、报批、验收等团队或工作人员，不属于本办法所指项目实施团队。

第2章 团队关系建立

第4条 团队成员选择是建立团队关系的基础，项目实施团队要选择适合的团队成员。项目实施团队成员要求如下。

1. 项目团队人员配置须以项目目标为中心，为项目目标的实现服务。
2. 项目团队人员配置须精简、高效。
3. 团队成员的各类人员比例须合理。

第5条 选择团队成员后，要对其进行适当培训，增加团队成员的归属感和成员彼此之间的了解程度。培训内容主要是团队目标、团队精神、成员介绍等。

第6条 在团队建立初期就要明确团队关系的建设方向，选择好团队成员后，再作适当微调。

第7条 团队领导者要注重团队精神建设，进而影响团队成员之间的关系。

第8条 做好团队成员的工作分配，避免在实际工作中出现互相推诿的现象。

第9条 可以合作完成的工作，提倡团队成员合作完成，视工作难度分为三人小组、五人小组、七人小组等奇数小组。

第10条 要指派监督人员，监督人员的职责除了监督团队成员的工作完成情况，还要观察团队成员的关系，发现问题应及时反馈给团队领导者。

第3章 团队关系维护

第11条 建设团队成员绩效考核和薪酬管理机制，规范团队成员的工作流程，从而提高团队成员的工作积极性。

1. 这两个机制应当是团队成员集体表决通过的。
2. 这两个机制要符合团队所在企业的相关规定，若有特殊情况，向企业总经理提请特别审批。
3. 这两个机制要定期调整，不能一成不变。

第12条 定期开展团队活动，活跃团队气氛，拉近团队成员间的关系。

1. 团队活动不能频繁进行，每月不超过____次。
2. 每次团队活动不得超过____小时。

第13条 及时通过洽谈、协商、调停等方式解决团队冲突，不留隐患。

第4章 附　则

第14条 本办法未尽事宜，参考团队内部、企业内部有关规章制度执行。

第15条 本办法由项目实施团队负责编制、解释与修订。

第16条 本办法自发布之日起生效。

编制日期		审核日期		批准日期	
修改标记		修改次数		修改日期	

第 9 章

学习型组织

9.1 组织发展与变迁

9.1.1 组织的发展趋势

组织的发展，呈现出扁平化与多元化的趋势。

1. 组织发展扁平化

所谓组织扁平化，就是通过减少管理层次，压缩职能部门和机构，裁减冗员，来建立一种紧凑的横向组织，最终达到使组织变得灵活、敏捷，富有柔性、创造性的目的。

1）组织发展扁平化的原因

（1）分权管理成为一种普遍趋势，金字塔状的组织结构是与集权管理体制相适应的，而在分权的管理体制之下，各层级之间的联系相对减少，各基层组织之间相对独立，扁平化的组织形式能够有效运作。

（2）组织快速适应市场变化的需要，传统的组织形式难以适应快速变化的市场，为了不被淘汰，就必须实行扁平化管理。

（3）现代信息技术的发展，特别是计算机管理信息系统的出现，使传统的管理幅度理论在某种程度上不再有效。

（4）虽然管理幅度增加后，呈指数化增长的信息量和复杂的人际关系大大地增加了管理的难度，但这些问题在计算机强大的信息处理能力面前往往都能得到解决。

2）组织扁平化的特点

（1）以工作流程为中心而不是部门职能来构建组织结构。组织结构是围绕有明确目标的几项"核心流程"而建立起来的，不是围绕职能部门。职能部门的职责也逐渐被淡化。

（2）纵向管理层次简化，削减中层管理者。组织扁平化要求组织增大管理幅度，简化烦琐的管理层次，取消一些中层管理者的岗位，使组织指挥链条最短。

（3）组织资源和权力下放于基层，顾客需求驱动。基层的组织成员与顾客直接接触，使他们拥有部分决策权，这样能够避免顾客反馈的信息向上级传达过程中的失真与滞后，大大改善服务质量，快速地响应市场的变化，真正做到"顾客满意"。

（4）现代网络通信手段。组织内部与组织之间通过使用E-mail、办公自动化系统、管理信息系统等网络信息化工具进行沟通，大大增加管理幅度，提高效率。

（5）实行目标管理。在下放决策权给组织成员的同时实行目标管理，以团队作为基本的工作单位，组织成员自主作出自己工作中的决策，并为之负责，这样就把每个组织成员都变成了组织的主人。

3）扁平化的组织形式

扁平化的组织形式主要包括矩阵制组织、团队型组织和网络型组织等。

（1）矩阵制组织形式。矩阵制组织形式是为了改进直线职能制横向联系差，缺乏弹性的不足，在直线职能制垂直形态组织系统的基础上，再增加一种横向的领导系统而形成的一种组织形式。

（2）团队型组织形式。团队型组织形式是以自我管理团队为基本的构成单位。自我管理团队以满足特定的顾客需求为目的，通过掌握必要的资源和能力，在组织的支持下，实施自主管理。

（3）网络型组织形式。网络型组织形式是一种很小的中心组织，以契约关系的建立和维持为基础，依靠外部机构进行制造、销售或其他关键业务的经营活动的组织形式。在网络型组织形式中，组织的大部分职能从组织外"购买"，这给管理层提供了高度的灵活性，并使组织能集中精力做他们最擅长的事。

2. 组织发展多元化

组织发展多元化包括成员多元化和战略多元化两项内容。其中，成员多元化关注的是具有不同文化背景和不同需要的人，是否得到了符合他们能力的工作机会。战略多元化则是增强组织在全球化下的竞争力，提高应变突发事件的能力。

1）成员多元化

成员多元化分为表层多元化和深层多元化。表层多元化是直观的表象，比如性别、高矮、胖瘦、教育状态、收入状态和婚姻状态等都是表层的多元化。深层的多元化是指成员的潜质、价值观和经验等，有些表层多元化容易改变，但深层多元化则不太容易改变。

2）战略多元化

战略多元化是指组织同时经营两种以上基本经济用途不同的产品或服务的一种发展战略。战略多元化是相对组织专业化经营而言的，其内容包括产品多元化、市场多元化、投资区域的多元化和资本的多元化。

9.1.2 打造学习型组织

1. 学习型组织概述

所谓学习型组织是指通过培养弥漫于整个组织的学习气氛，充分发挥组织成员的创造性思维能力而建立起来的一种有机的、能持续发展的组织。这种组织具有持续学习的能力，具有高于个人绩效总和的综合绩效。

借鉴这一理论到团队中，团队学习便是发展团队整体搭配与实现共同目标能力的过程。为此，团队必须强化这一过程，发展团队整体搭配的合力，使团队成员自觉地把个人愿景融到团队愿景中去，然后把团队愿景作为个人愿景的延伸。

知识型组织管理模型

2. 打造学习型组织的基本步骤

学习型组织的建立需要5步，具体如下。

1）建立共同愿景

愿景可以凝聚组织上下的意志力，通过团队共识，大家努力的方向一致，个人也乐于奉献，为实现团队目标奋斗。

2）集体学习

集体智慧应大于个人智慧的平均值，以作出正确的组织决策，通过集体思考和分析，找出个人弱点，强化组织向心力。

3）改变心智模式

组织发展的障碍，多来自个人的旧思维，如固执己见、本位主义，唯有透过集体学习以及标杆学习，才能改变心智模式，有所创新。

4）自我超越

个人有意愿全身心投入到工作中，充分发挥自己的专业所学，并且个人与愿景之间有种"创造性的张力"，这就是自我超越的原动力。

5）系统思考

应通过咨询、收集，掌握事件的全貌，以避免见树不见林，从而培养纵观全局的思考能力，并且在看清问题本质的基础上，清楚了解其间的因果关系。

3. 打造学习型组织的注意事项

（1）要了解组织有没有树立共同的愿景，有没有明确的工作目标。愿景是为了凝聚组织成员的学习力，工作目标则是为了给组织成员指明学习的方向。尤其是对那些个人理想与目前的工作没有关系的成员，一定要为其讲清楚组织的愿景、工作的意义以及工作与理想之间的关系，让他们把精力和时间多放到为工作而学习上来。

（2）通过深度会谈改变成员的思维模式。深度会谈的关键在于人随着年龄的增加会形成一定的思维定式，或养成不好的习惯，进而影响成员之间的坦诚。因此，这使得在组织内部形成了一种智力障碍，而这需要依靠改善心智的修炼，来改变这些思维的模式。

（3）不断探索新的学习技巧。双环学习是目前许多企业比较热衷的学习技巧。其特点在于不是就某一问题解决某一问题的单环学习，而是通过对解决某一问题的反思，找出隐藏在行动背后的深层原因，达到既解决当前问题，又避免今后同类问题再次发生的目的。要想掌握这种技巧，团队需要善于反思、总结，系统思考，不断创新，将学到的东西应用到实际工作中去。

9.1.3 未来的组织结构

随着社会的不断发展，管理理论的不断更新，逐渐出现许多新型组织结构，它们将成为未来最常见的组织结构。这里介绍两种未来的组织结构。

1. 敏捷型组织

在信息变化迅速、商业机会稍纵即逝的当今商业环境下，只有反应敏捷的组织才能适应新的环境。敏捷型组织就是为了适应这一环境而产生的。

敏捷型组织利用组织成员的智慧、能力和现代信息技术，通过多方面的协作改变以往企业沿用的、复杂的多层递阶结构和传统的、大批量生产的组织方式，以此提高企业的竞争力。

建立敏捷型组织，要把握住4个要点。

1）以用户为中心

打造敏捷型组织要将重点放在用户上，时刻关注用户需求的变化，把用户放在首位。

2）建设专业"小"团队

敏捷型组织不能是一个庞大的组织，从敏捷的角度来说，小型团队似乎是应对所有组织挑战的不二之选。创建一个团队，让他们拥有所需的所有能力，可以专注于完成想要完成的事。"小"团队不只是小，更要专注于满足特定需求的创新。

3）提升人才密度

组织中的人才密度比人才数量重要得多。一个人才资源匮乏的团队，会被某些成员在工作中遇到的瓶颈或者组织在某些领域的成果质量不达标等方面被拖累。与之相对的，一个人才济济的团队不仅工作速度更快，产出的成果质量也更高。

4）建立网络化组织

一个组织越成长，其各部分之间的联系和依赖性也会变得越多，这不仅增加了组织的复杂性，还会为其带来额外的管理支出。而对于组织来说，最重要的是解决这些依赖性。解决办法就是建立一个网络化的组织（也叫松散配对型组织），让团队之间有清晰的、正式的对接方式。

这种架构会将团队之间的依赖关系和协同需求降到最低水平，而组织越大，这样做的好处就越大。

2. 去中心化组织

去中心化组织的概念源自区块链的发展，具体是指将组织不断迭代的管理和运作规则以智能合约的形式逐步编码在区块链上，从而在没有第三方干预的情况下，通过一系列智能化管理手段使得组织按照预先设定的规则实现自运转、自治理、自演化。去中心化组织具有以下3个特点。

1）分布式与去中心化

不存在中心机构，通过网络节点之间的交互、竞争与协作来实现组织目标。因此，去中心化组织提倡平等、互惠、互利的原则，每个组织节点都将发挥自己的资源优势和才能，高效协作运转。

2）自主有序

依靠完整的、可靠的智能合约，去中心化组织的运转规则、职责权利以及奖惩机制等均公开透明，自动运行。它通过一系列高效的自治原则，让参与者的权益得到精准分配，从而使组织运转更协调、有序。

3）高度智能化

去中心化组织的底层是区块链技术，它改变了传统的集权式组织管理方式，实现了组织的智能化管理。

9.2 现代教练技术

9.2.1 教练技术的应用方式

现代教练技术是一种新兴的团队管理与培训方法,它起源于20世纪中后期的美国,一些具有远见卓识的企业管理者将运动场上的教练方式应用到企业培训中,并形成一种新的教练式管理培训方法。

与传统的管理培训方法相比,现代教练技术不仅注重知识训练或技巧训练,还更强调以人为本,着重于激发个人潜能,发挥其积极性,帮助员工寻找最适合自身发展的工作方式,从而更有效地、快捷地达到目的,获得更高的绩效。一般而言,教练就是员工的上级领导。

现代教练技术的实际应用主要有2种方式,即训练和辅导。

1. 训练

训练是一种由教练与团队成员进行的一对一教学的培训方式。有的企业为了培养能够接替管理者职位的人员,将团队成员安排在主力岗位,并分配一些需要决策能力来解决的重要任务。为了做好这项工作,要由团队领导者作为教练对团队成员进行训练,使其对有关工作及其与组织目标间的关系有一个全面的了解。

作为教练的团队领导者应当非常愿意与团队成员分享信息,愿意付出相当多的时间和精力,并与之建立彼此信赖的关系,这样才能保证这一方法的有效性。

2. 辅导

辅导是由经验丰富的人员与团队成员进行一对一的在职管理人员开发的方法。辅导者通常是年长并具有丰富经验的员工,他以朋友、顾问的身份对团队成员进行辅导。辅导者也可以是组织中任何职位的人,并且应有计划地建立辅导者和被辅导者的关系。

对于辅导工作来说,辅导者与被辅导者双方的兴趣必须一致,且能够相互理解,互相学习。

9.2.2 现代教练技术的5大重点

现代教练技术在日常的运用过程中需要把握5大重点，以更好地达到教练技术管理的效果。

1. 说明工作任务

团队领导者在布置工作任务之前首先要阐述工作任务对于团队的意义，使成员明白为什么要做这项工作，以及做好这项工作对于自身的意义和影响。此外，团队领导者还要向团队成员详细地描述如何做好这项工作，做好工作任务的每一个步骤和程序，以及在工作任务中应该注意的问题点、关键点等。

需要注意的是，在对工作任务进行说明和讲解的过程中，团队领导者应注意听取团队成员的疑问和意见，并耐心地给予清楚的解释和回答。

2. 分享自身经验

团队领导者在日常教练过程中，应尽可能地随时与团队成员分享自己在工作中积累的经验，使团队成员在工作中少走弯路，工作程序形成规范。同时，团队领导者还可以将工作中的经验和注意事项编制形成工作指导说明性质的手册，以供相关工作人员参考。

3. 理论结合实践

团队领导者在对团队成员进行理论指导后，要给予其一定的时间和空间，使成员有更多的机会将理论结合实践加以练习。在团队成员实践的过程中，团队领导者可以在旁边通过观察，找出成员在工作中应注意的问题以及不足之处，加以指导，并在事后进行总结和评估。

4. 沟通与反馈

在整个教练过程中，团队领导者应与团队成员保持沟通，并建立畅通的反馈渠道，就工作中存在的问题进行真诚的沟通和交流，打破隔阂。团队领导者要能够保持尊重、平等的心态，耐心并积极地倾听团队成员的意见和建议，关心他们的感受，允许团队成员自由地发表自己的意见。

同时，团队领导者要对团队成员的工作情况不断地反馈，承认团队成员取得的成绩和进步，总结其缺点和不足，实事求是、客观公正地表达自己的见解和建议，帮助团队成员改进工作。

5. 适当放权

团队领导者在对团队成员的教练过程中，要适当地放权，鼓励团队成员大胆地尝试和承担任务，容忍和允许团队成员适当犯错，激励团队成员突破固有的思维框架和行为模式，进行新的创新与尝试，从而发现在工作中遇到的问题以及寻找解决问题的最优办法。

9.2.3 现代教练技术的操作步骤

团队领导者在运用现代教练技术实施团队管理培训的过程中，一般按照以下步骤进行操作。

1. 关注团队成员的职业生涯

作为团队教练应非常关注团队成员的职业生涯。团队中的每名成员都希望能在事业上有所发展。团队领导者应该注意倾听成员的个人发展目标，制定一份成员发展的计划表，对团队每名成员的发展状况都做到心中有数。

2. 根据绩效确定培训项目

团队成员在工作能力方面难免会存在一些不足，因此需要根据团队成员的业绩找出需要加强的培训项目。例如，如果团队某成员跟客户谈话的时候容易出现问题，则需要加强该成员的沟通技巧，加强其谈判课程方面的培训。所以，对于不同的人有不同的技能要求，团队领导者应该清楚地了解团队成员需要培训的内容，并针对实际需要培养团队成员的能力。

3. 做好培训前的辅导

团队成员在每次培训之前，团队领导者应该给他们进行辅导。事先将培训课程的优点及用处讲解给团队成员，提前调动团队成员学习的积极性，然后说明培训所需的准备工作，以及课程结束必须完成的目标。

部分团队领导者易忽略给予团队成员培训之前的辅导，没有将其当成很重要的工作。而教练型的团队领导者始终将培训前的辅导工作放在很重要的地位，充分发挥教练的角色。

4. 协助团队成员制订行动计划

培训结束后，团队领导者一定要向接受培训的团队成员询问培训课程的学习内容，督促其对培训内容的复习与巩固。此外，团队领导者还应该让团队成员根据培训内容确定一个目标并制订相应的行动计划，待团队成员完成目标之后，团队领导者要对完成情况提出评估性的建议，并对团队成员努力获得的培训成果予以激励。

5. 营造学习与实践的氛围

作为团队教练，团队领导者应该注意给予团队成员充分的学习时间，以使团队成员掌握更多的信息。团队领导者应在团队内营造出良好的学习氛围，鼓励团队成员不断学习，并对所学内容加以实践。此外，还要保证团队成员每天都有一定的学习时间，在这段学习时间里，团队成员之间可以互相分享各自所获得的经验，从而做到取长补短，共同发展。

教练技术辅导实施模型

9.3 团队学习与个体学习

9.3.1 团队学习

团队学习是团队所有成员的集体性学习。团队学习有助于团队成员之间的互相学习、互相交流、互相启发、共同进步，这是一个团队成员共同培养实现共同目标所需能力的过程。团队学习从团队开始组建到团队结束使命为止。

进行团队学习，有以下3个要点需要把握。

1. 围绕团队目标定方向

团队领导者作出团队学习项目或内容选择前，要对团队学习的需求进行分析，找出团队目标与团队整体能力之间的差距，针对差距选择团队学习内容，这样的团队学习针对性强，且与目标联系紧密。

团队领导者还要引导团队成员把团队学习作为个人学习的延伸。

2. 围绕团队讨论消屏障

组织团队成员进行深度讨论是团队学习十分重要的手段，也是决定团队学习效果的重要环节。但是团队成员在讨论时通常都会进行习惯性的自我防卫，这种防卫意识会让团队成员产生"说实话"的恐惧心理，从而形成一道"沟通屏障"。

要想组织深度讨论,就要消除团队成员之间"说实话"的"沟通屏障"。

3. 围绕学习效果选方法

在团队学习中,要选对学习方法,常见的团队学习方法有会议学习法与集体培训法。

(1)会议学习法,是指团队召开会议,就某一事项、精神进行集体宣贯和学习。这种方法操作方便、见效快,但只适合就为数不多的问题进行学习。

(2)集体培训法,是指通过培训课程、培训活动等形式所进行的学习。这种学习方法具有针对性,并且是系统的、有体系的。适合给团队普及知识,培养习惯,端正思想,提高能力。

9.3.2 个体学习

个体学习简单来说是指个体在不断试错的过程中持续改进的过程。个体学习包括行为学习与概念学习,要做好个体学习,有以下4个要点需要把握。

1. 端正学习态度

学习态度是个体学习决心的体现,也决定着个体的学习之路能走多远。无论个体的知识水平与技能水平如何,在学习过程中都应该保持谦逊与存疑两大态度。谦逊是指要对知识尊重,存疑则是指要对事实尊重。

2. 找准学习方向及对象

个体在进行学习之前,应该做好学习规划,明确需要学习什么内容以及向谁学习。错误的学习方向和对象会产生截然相反的作用。具体的学习方向与对象如表9-1所示。

表9-1 团队成员学习的方向及对象

项目	细分	具体说明
学习方向	专业知识	提高专业能力
	基础知识	提高基本素质
	团队文化	融洽团队关系
	规章制度	规范团队行为
学习对象	团队内榜样	团队内的高效学习者
	团队外榜样	团队外的高效学习者
	社会、历史人物	社会、历史上的高效学习者

3. 善用学习工具

当今时代，信息丰富，各种技术发达，学习不再局限于课本、讲师，更多的还有依托于互联网技术的各类学习平台、学习设备、学习课程。个体在学习过程中要善于利用这些学习工具，提高学习效率。

4. 使用科学方法

学习的方法很多，因此，团队成员要根据自身情况选择适合自身的学习方法。这里介绍几种常见的，具有普遍适用性的学习方法。

（1）分段学习法。它是指将学习分为多个关键的环节（一般是三个），即学前准备、学中专注、学后总结。这种学习方法具备通用性，适合各种内容的学习。

（2）归纳比较法。归纳比较法是指归纳共性，比较差异，通过发现不同内容之间的联系来快速学习。

（3）情景学习法。它是指通过情景模拟、情景再现等手段对某项工作进行复盘，以达到反思、总结、进步的效果。

9.4 销售、研发、技术团队学习型组织建设方案

9.4.1 销售团队学习型组织建设方案

这里提供一份销售团队学习型组织建设方案，供读者参考。

高智商成功团队管理模式

方案名称	销售团队学习型组织建设方案	编　　号	
		受控状态	

一、建设目标
1. 实现团队管理层次扁平化。在学习型组织中，各种等级关系被弱化了。团队领导者与团队成员之间将由原来的上下级关系转变为合作伙伴关系。
2. 实现团队内部咨询化。整个团队就像一个咨询性质的企业，团队领导者与团队成员之间彼此学习、咨询，形成非常和谐、融洽的关系。

3. 促进团队成员用全面、发展的思考方式来取代片面、主观的思考方式，促使团队成员为实现团队共同目标持续奋斗。

二、指导思想

以团队共同愿景为基础，以团队全员学习为特征，以不断增强团队学习力和创造力为核心，贯彻落实"持续学习"的理念，树立"提高素质、丰富知识、加强能力"的学习观念，转变思想，不断创新。

三、建设时间

销售团队学习型组织的建设从本月____日开始进行，暂不设置结束时间。

四、参与人员

学习型组织的建设由销售团队领导者主导，各团队成员共同参与，并聘请外部学习专家指导进行。

五、建立措施

（一）了解学习型组织的概念和内涵

1. 在团队内进行创建学习型组织的提议，拉开创建学习型组织的序幕。
2. 购买学习型组织与销售管理有关的各类资料，组织全体成员学习与学习型组织相关的理论知识。
3. 持续进行学习型组织的理论培训，为学习型组织的创建奠定基础。

（二）明确销售团队的学习内容

销售团队的学习内容如下。

1. 社会时政热点、网络热点、国家与国际大事。
2. 销售领域专业知识。
3. 管理学基础知识。
4. 办公软件的强化学习。
5. 团队所负责销售的产品的相关知识。

（三）建立团队内部信息共享机制

1. 利用本团队的定时会议，实现团队成果和各种信息的共享与交流。
2. 创办读书角，开展读书会，让团队成员依次分享读书心得。
3. 开展好书推荐活动，使优秀内容被团队所有成员知道。
4. 设置建议信箱，征集合理化建议，同时鼓励团队成员提出各方面的意见和建议。

（四）建立团队外部信息交流、反馈机制

1. 建立外部联系制度，鼓励团队成员经常性地与其他团队的团队成员进行交流。
2. 加强信息调查与收集工作，并定期分享收集的外部信息。
3. 坚持对外分享，不吝啬团队成果，积极听取外部意见与建议。

（五）建立学习激励机制

1. 设置集体学习考勤制度。在团队内部开展的各项学习交流活动，都要登记考勤。
2. 设立学习型组织专项基金。团队拿出一部分资金，专门奖励在创建学习型组织活动中表现突出的成员。
3. 建立优秀成果评选机制。定期评价优秀学习成果，并给予奖励。

（六）加强对学习型组织的领导与管理工作

1．成立学习型组织管理小组。管理小组由团队领导者与团队各职能小组负责人组成，负责开展创建学习型组织的日常工作。

2．循序渐进地进行学习型组织的创建活动，不要急于求成，必须自上而下、以点带面地逐步推广。

3．在设置学习目标与学习内容的时候，要符合团队实际。

六、方案执行

1．学习型组织建设工作由团队领导者带头执行，学习型组织管理小组负责辅助。

2．学习型组织建设工作目前没有结束时间，但至少进行12个月。

3．为全面、准确地掌握学习型组织建设工作进展情况，发现和推广先进经验，查找和改进不足之处，要定期评估学习型组织的建设效果。

七、其他

本方案由销售团队领导者编写，自本月____日起正式开始执行。

执行部门		监督部门		编修部门	
执行责任人		监督责任人		编修责任人	

9.4.2　研发团队学习型组织建设方案

这里提供一份研发团队学习型组织建设方案，供读者参考。

方案名称	研发团队学习型组织建设方案	编　号	
		受控状态	
一、建设目标 通过开展建设学习型组织活动，营造一种全体团队成员勤于学习、善于学习、持续学习的团队学习氛围，打造一支业务能力强、工作态度端正的研发团队。 二、基本原则 1．坚持以人为本原则。学习型组织的建设要以人为本，旨在提高团队成员的综合素质。 2．坚持学以致用原则。学习方向和内容要贴合工作实际，学完就能运用到具体工作中。 3．坚持创新发展原则。学习的目的是发展、创新，学完要有所改变。 三、建设时间 研发团队学习型组织的建设从本月____日开始进行，期限暂定为6个月。 四、参与人员 学习型组织的建设由研发团队领导者主导，各团队成员共同参与，并聘请外部学习专家指导进行。			

五、学习内容

研发团队的学习内容如下。

1. 业界最新研发成果、最新相关政策。
2. 研发领域专业知识。
3. 新型研发技术、研发思路、研发方法。
4. 团队所负责研发的领域的相关知识。
5. 其他相关知识。

六、学习型组织的创建三阶段

（一）阶段一：理念导入与前期宣传

在这个阶段中，团队领导者要组织团队成员认真学习，并营造一个良好的学习氛围，让成员知道什么是学习型组织？为什么要创建学习型组织？怎样创建学习型组织？

1．开展学前调研活动，明确团队的学习需要。积极通过座谈、走访和问卷调查等形式，对团队成员的知识结构、技能水平等情况进行调研，收集团队成员对创建学习型组织的看法和建议，为以后有针对性地开展创建工作做好铺垫。

2．开展学习培训，确保成员掌握学习型组织的相关理论知识。坚持成员日常自学和团队集体培训相结合的学习方式，让学习型组织的理念深入人心。

3．建设学习型团队文化。将团队已经形成的价值观、人才观、工作观等内容和创建学习型组织结合起来，利用各种联谊会、联欢会、运动会、生日会等形式，让成员置身于创建学习型组织的文化氛围中。

（二）阶段二：实施和改进

本阶段的主要任务是在前期宣传培训的基础上，将学习型组织的创建工作全面推进。在这个阶段要把团队长期目标、近期计划、阶段性重点工作进行梳理，并细分到每个团队成员身上。同时，要充分了解团队成员的个人情况，将团队目标和成员目标进行统一，形成共同目标。

1．建立学习型组织领导小组。这个领导小组的成员由团队领导者与团队各职能小组负责人组成，它决定着创建学习型组织的成败。领导小组要做到以身作则、严于律己，既要对创建学习型组织的活动进行指导监督和过程管控，又要热情地为团队成员服务。

2．建立培训和评估体系。团队要重视培训力量，并努力推进培训工作系统化，利用团队内外部资源，组建素质过硬的培训队伍。做好培训需求分析，根据不同角色的团队成员的不同需求开发培训课程，制订培训计划。另外，还要做好培训工作的跟踪考核与评估，及时调整、改善培训内容与方法。

3．确立团队共同愿景。愿景有团队大愿景与成员小愿景之分，确立共同愿景就是将这两个层次的愿景形成团队发展的共同愿景。形成的共同愿景，不仅能提高全体团队成员的工作积极性，还能使团队成员对团队产生强烈的归属感。

（三）阶段三：反思总结与创新进步

在本阶段，团队要总结和提炼创建学习型组织过程中的经验，完善团队各项制度，改善团队管理模式，形成以团队学习进步为基础的管理体系。

1．完善团队管理制度，优化团队管理模式。团队要对学习型组织创建过程中获得的各种成果进行吸收和消化，进一步完善团队管理制度，优化管理方法。

2．优化薪酬激励机制。团队要根据创建学习型组织过程中各团队成员的变化，对薪酬和绩效工作进行改善，建立起一套能吸引人才、培养人才、留住人才的考核与激励机制。

3．建立持续改进、共同进步的团队运行机制。在创建学习型组织的过程中，团队要定期召开会议，分享创建学习型组织过程中的收获。对表现优异的团队成员，要进行表彰和奖励，将其树立为标杆和榜样，发挥其带动作用，从而促使创建学习型组织的行动持续前进。

七、特别说明

1．研发团队在建设学习型组织的过程中，要根据团队特点、成员特点有针对性地开展工作，可着重从提高成员的研发能力、知识水平、学习意识等方面入手。

2．团队领导者和领导小组要积极听取团队成员的意见和建议，要解决好建设过程中出现的各类问题，要发扬民主精神，正确理解分歧，有效化解矛盾。

3．本方案为研发团队推进建设学习型组织的指导性方案，具体实施过程中，可酌情再制定详细的实施细则、实施方案。

八、其他

本方案由研发团队领导者编写，自本月____日起正式开始执行。

执行部门		监督部门		编修部门	
执行责任人		监督责任人		编修责任人	

9.4.3　技术团队学习型组织建设方案

这里提供一份技术团队学习型组织建设方案，供读者参考。

方案名称	技术团队学习型组织建设方案	编　号	
		受控状态	

一、建设目标

通过建设学习型组织，促进技术团队形成热爱学习、积极进取、不断进步的良好氛围，从而带动团队成员技术进步，业绩提升。

二、指导思想

以"让更多的人获得更新、更好的技术"的企业使命、"追求卓越、持续创新"的企业口号为指导思想，深入发掘技术工作中的盲点、难点。以学习最前沿的技术、新知识为主要内容，努力在技术团队中营造勤于学习、善于学习、乐于学习的学习氛围，树立全员学习、终身学习的学习理念。

三、建设时间

技术团队学习型组织的建设从本月____日开始进行，期限暂定为12个月。

四、参与人员

学习型组织的建设由技术团队领导者主导,各团队成员共同参与。

五、学习内容

技术团队的学习内容如下。

1. 业界最新技术成果、最新相关政策。
2. 技术领域专业知识。
3. 团队所负责的技术领域的相关知识。
4. 其他相关知识。

六、创建学习型组织的步骤与措施

(一)概念引入与前期准备

在这个步骤里,技术团队领导者要培养团队成员的学习意识,引导团队成员开始学习,并营造一个良好的学习氛围。

1. 进行学前调研,明确团队需要学习的内容。团队领导者可通过座谈、走访和问卷调查等形式,对团队成员的知识结构、技术水平、学习观念等情况进行调研,收集团队成员对创建学习型组织的看法和建议,为以后有针对性地开展创建工作做好铺垫。
2. 开展先导培训,给成员引入学习型组织的相关理论知识,让学习型组织的理念深入人心。
3. 营造学习型团队氛围。利用各种团建活动,如联欢会、运动会、生日会等,让成员置身于创建学习型组织的氛围中。

(二)建设实施与持续进行

在这个步骤里,团队领导者要在前期准备的基础上,全面开展学习型组织的建设工作,具体如下。

1. 成立学习规划小组。这个小组的成员由团队领导者与团队各职能小组负责人组成,负责处理建设学习型组织的各项事务,如收集需求、制订学习计划、监督学习情况、评估学习成果等。
2. 制定学习制度。学习规划小组可将创建学习型组织的有关内容,编写成适合团队内部使用的制度,只对内使用,以此对团队成员的学习行为进行规范与约束。
3. 建设培训队伍,发挥培训作用。团队要重视培训的力量,并努力推进培训工作系统化,利用团队内外部资源,组建素质过硬的培训队伍。
4. 开展学习活动,提高学习质量。学习规划小组根据学习制度,带领团队成员开展各项活动,指导团队成员一起持续高效学习。

(三)不断反思与不断改进

在这个步骤里,团队领导者要总结和提炼创建学习型组织过程中的经验,将团队各项制度、管理方法、学习方法等进一步改进与完善。

1. 收集学习型组织建设过程中的问题与各方建议,及时开会讨论,并作出调整。
2. 优化团队管理制度、管理模式。将各种学习成果消化并转化,用于技术团队的日常工作当中。
3. 优化考核评估与奖励机制。团队要根据创建学习型组织过程中各团队成员的变化,对考核评估与奖励工作进行改善,肯定成员的学习成果,激发成员的学习热情。
4. 形成常态化的学习机制。总结创建学习型组织的经验,将各项措施常态化推动,从而促使创建学习型组织的行动持续前进。

七、特别说明

1．技术团队在建设学习型组织的过程中，要根据团队特点、成员特点有针对性地开展工作，可着重从提高成员的研发能力、知识水平、学习意识等方面入手。

2．团队领导者和学习规划小组要积极听取团队成员的意见和建议，团队成员也要积极建言献策。

3．本方案为技术团队推进建设学习型组织的指导性方案，具体实施过程中，可根据实际情况再制定详细的实施细则、实施方案。

八、其他

本方案由技术团队领导者编写，自本月____日起正式开始执行。

执行部门		监督部门		编修部门	
执行责任人		监督责任人		编修责任人	

第 10 章

创新型团队

10.1 创新机制建设

10.1.1 团队信息共享机制建设

对团队而言，建立信息共享机制，可以方便信息的传播和使用，节省财力、物力、人力，是实现信息资源价值最大化的有效手段，可以解决团队各成员之间跨时空、跨层级、跨模块的业务协同问题。

信息共享机制的建设，需要一定的条件和渠道支持。

1. 信息共享需要的条件

团队内实现高效信息共享需要一定的条件，不具备这些条件，信息共享就无从谈起。而这些条件的实现需要一定的过程以及各方面的密切配合。信息共享需要的条件通常包括：可共享的信息源、信息传递的技术、经济支持、技术人员、社会对信息的需求、法律法规的不断完善等。

1）可共享的信息源

可共享的信息源是高效信息共享的前提和基础，这需要信息具备大量性和多样性的特点，同时信息的载体也需要具备多样性，以形成一个信息源组合，供不同档次的人员使用。信息具有隐蔽性的特点，不是所有人都能凭借信息的表面现象随意获取，而是需要一定的筛选处理来获取。因此信息的获取过程需要付出一定的劳动和经济投入。

2）信息传递的技术

信息传递的技术是促进社会实现信息快速传递的必须手段。信息传递由原始的口头传递方式，发展到信件传递、电话传递、网络传递的方式，这使得信息的传递节省了很多的时间。

3）经济支持

即经济因素，信息无论是在筛选阶段还是传递过程中，均需要耗费一定的经济资源，没有经济支持将很难能获得信息传递的高效途径，更不能获取对组织、对团队有效的信息资源。

4）技术人员

团队或企业要实现高效信息的获取必须拥有能正确使用信息索取技术和信息传递技术的技术人员，这样方能实现软件技能的正确操作，并正确、快速地获取信息资源。

5）社会对信息的需求

信息产生的根本原因是社会对信息的需求。信息的准确度以及信息的内容均会影响社会各企业的生产经营状况，并且随着社会生产力的不断提高，人们对信息的需求量不断增加，对信息的需求速度也不断加快。只有通过快捷途径传递而来的大量、准确的信息才能满足企业的需求。

6）法律法规的不断完善

信息在传递以及共享过程中，会涉及安全问题、知识产权问题、个人隐私问题等，这些均需要借助法律手段进行保护。因此，国家需要不断健全法律法规，以作为信息安全传递、问题解决的政策依据和安全运用的基本保障。

2. 信息共享的渠道

通常情况下团队信息共享有三大渠道，即正式会议信息共享、内部网络办公平台共享与书面文件共享。

1）正式会议信息共享

正式会议是实现高效信息共享的常用途径，为了实现信息的快速传递，在团队成员获取到与团队利益有关的信息时，可迅速组织相关会议讨论信息的处理和使用途径以及注意事项等。

2）内部网络办公平台共享

目前企业已基本实现了管理信息化，内部互联网、局域网、办公网等使用已较为普遍，团队成员也基本具备相应的技术操作能力，并且这些办公系统功能强大，具有筛选、查询、归类、保存、修改、删除、加密等信息处理功能，能对信息资源及时、有效地完善。因此，团队成员可通过这些先进的网络资源实现信息的快速共享。

3）书面文件共享

团队实现高效信息共享也可以通过书面正式文件的传递，将信息初步加工整理，形成对团队目标有价值的信息，再进一步将文件在团队成员之间进行传递，以实现信息共享。

3. 建立信息共享机制的步骤

在团队中建立信息共享机制，最便捷的方法是建立一个信息共享系统。建立信息共享系统可采用外包的形式，也可在团队内部自行建立。其具体操作步骤如下。

（1）团队领导者转变观念，逐步加大对信息化建设的投入力度。

（2）团队领导者从团队发展战略的角度，用多种方式引进和培养信息化的管理人才。

（3）在团队内部组建跨职能的信息管理小组。

（4）信息管理小组负责收集信息共享系统使用者的需求，设计系统的功能和组成模块，选择系统供应商，以及与系统供应商合作对系统进行调试。

（5）根据团队实际情况，选择一套合适的信息系统，循序渐进，分步实施，建立基础数据库。

（6）对团队信息管理人员进行系统应用和维护的培训。对团队中有机会接触信息共享系统的成员进行操作方法的培训，以授权访问系统权限的高低的方式，加以区别。

（7）信息共享系统收集和汇总对团队和团队成员发展有价值的信息。

（8）定期进行信息共享系统维护，根据团队信息资源的变化及时对系统内容进行更新。

需要注意的是，信息共享系统的建立并不单单取决于技术、资金、互联网系统、应用软件、软件实施等硬环境因素，还取决于团队的管理基础、团队文化、团队沟通氛围等软环境因素。信息共享系统只有在信息流通顺畅、管理规范的团队中才能更好地发挥作用。

10.1.2 创新人才培养机制建设

企业发展靠人才，团队发展也是同样的道理。团队建设创新人才培养机制，可以实现培养人才、吸引人才以及留住人才的目的。

1. 创新人才的培养方法

培养团队成员的创新能力，可以参考以下几种方法。

1）营造有创新性的环境氛围

创新是一种企业行为或社会行为，其组织内部的组织因素、技术因素、经济因素等均影响创新活动的推进，在创新型企业中，员工的培训成果能够得到更进一步的转化。团队营造有创新性环境氛围的方法有以下几点。

（1）尊重知识，鼓励创新思维，营造集思广益的环境氛围。

（2）合理设计工作，使工作具有一定的趣味性和挑战性。

（3）重视成员的合理性建议，鼓励其对工作流程及方法进行创新。

2）注重创新品质的锻炼

创新品质是创新能力的基础。人们往往很重视开发智力，提高智商，但常常忽视情商的锻炼和提高。

创新能力的很大部分来自非智力因素，如创新个性品质及情感智力。在创新能力的四项构成内容中，仅有创新思维、创新技法、创新技能，而缺乏胆识、活力、冒险精神与团队精神等创新品质，是难以开展创新活动的。只有成员具备了创新品质，才能有创造性地去学习和工作，掌握和运用创新思维、创新技法、创新技能，实现培养创新人才的目标。

3）提供有针对性的培训学习机会

针对创新能力的培养，团队可以增加创新能力培训的比例和内容。成员创新能力的培训可以通过模拟游戏、头脑风暴、户外拓展训练等多种方式进行。通过这些方式，让成员打破常规，走出常规思维框架，形成习惯性的创新思维。

4）建立有效的创新激励机制

团队还可以通过建立有效的创新激励机制，提高成员创新的主动性和积极性。一方面可以提供创新工作的基础资金支持和物质奖励，为创新性研究和试验提供资源和平台，并给予必需的帮助和奖励。另一方面是对有创造成果的成员进行鼓励和职位提升。团队可以设置成员建言献策奖、最佳创意奖、团队创新贡献奖等，鼓励成员积极创新。

2. 建立创新人才培养机制的重点环节

目前，建立创新人才培养机制，要重点关注人才的选拔、培养、评价等关键环节，推进这些环节的深层次改革，加强有针对性的引导。

1）改革选拔引进机制

改革选拔引进机制，对团队而言，是指改革团队成员吸纳机制。团队要设置一系列制度与标准，选拔真正有潜力、有想法的成员。

2）创新培养培训机制

团队要为团队成员的多样化培养"留空间"，支持团队成员多维发展，鼓励团队成员改变。

3）完善考核评价机制

团队要建立符合基础团队发展方向的评价制度，科学地设立评价指标，探索开展多主体、中长期评价，注重对团队成员的创新思维、创新能力、发展潜力的综合评价，以评价改变牵引人才培养的综合改变。

此外，建立创新人才培养机制，还需以下3个保障。

(1) 培训资源。要加大对基础业务能力和创新文化氛围的培训。

(2) 团队经费。要适当增加团队经费，以用于创新；优化经费支出结构，为创新人才的培养提供稳定的经费支持。

(3) 发展平台。团队成员本质上还是企业员工，如果他们看不到发展前景，就没有创新的动力，因此团队领导者要与团队成员深入沟通，了解他们的职业发展规划，为其设计科学的职业发展道路。

10.1.3 构建团队创新人才模型

团队创新人才的创新过程主要包括4个阶段，即了解阶段、兴趣阶段、决策阶段、评估与采纳阶段。同时，其在目的目标、共同方法、技能规模以及责任信任方面较一般团队又有着相似和特殊的部分。团队创新人才模型如图10-1所示。

创新文化因子模型

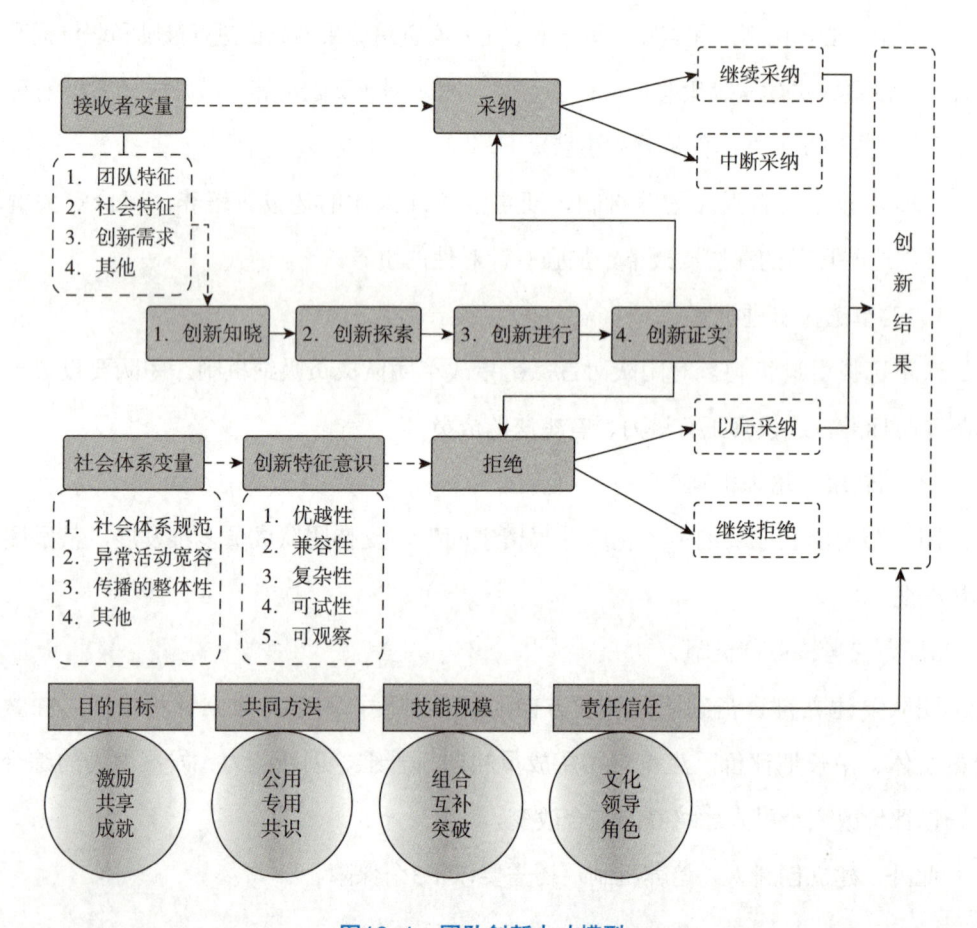

图10-1 团队创新人才模型

在图10-1中，创新知晓是创新了解阶段，了解的内容来自团队特质、社会特征、创新需求；创新探索是兴趣阶段，是指成员对创新有一定了解后所表现出来的准备性行动；创新进行是决策阶段，此阶段创新人员会作出各种创新决策；创新证实是评估与采纳阶段，具体是指对创新结果的检验。

10.2 团队创新管理与突破

10.2.1 团队创新管理4步骤

团队创新管理的步骤主要有4大步，具体如下。

1. 创新准备

在创新准备阶段，要求团队领导者及团队成员明确团队创新的意义，制定团队创新的制度，形成团队创新的文化，进行团队创新成员角色的配置与开发等。

2. 创新机会

在创新机会阶段，要求团队领导者及团队成员熟悉以下内容：企业战略与远景规划；企业发展的瓶颈问题；团队遇到的瓶颈问题；新知识、新模式、新方法；企业与团队内外的成功与失败；产业的变化；出乎意料的突发事件等。

3. 发散思维

在发散思维阶段，要求团队领导者及团队成员积极发挥个人想象与创意，采用团队讨论方法，如头脑风暴法、无领导会议法、建设性冲突法、辩论等。

4. 整合创新

在整合创新阶段，要求团队领导者及团队成员聚集创新目标与路径，形成备选方案，筛选方案，制订方案的实施计划。

10.2.2 团队文化创新4障碍

在团队中，影响团队文化创新的障碍因素有以下4个方面。

1. 思维定势

思维定势就是按照积累的经验教训和已有的思维规律，在反复使用中所形成的比较稳定的、已定型化的思维路线、方式、程序、模式，过去的思维影响当前的思维，形成了固定的思维模式。

思维定势容易使团队成员产生思想上的惯性，养成一种呆板、机械、千篇一律的思维习惯。当新旧问题形似质异时，思维的定势往往会让人走入误区。当一个问题的条件发生质的变化时，思维定势会使解题者墨守成规，难以涌出新思维，作出新决策，造成知识和经验的负迁移。只有打破思维定势，走出固定思维的框架，才能产生创新的思维方法，形成创新的团队文化。

2. 盲从权威

权威是任何时代、任何社会都实际存在的现象，人们对权威普遍怀有尊崇之情，然而这种尊崇常常演变成无原则的盲从。在团队中，不少人习惯于引证权威的观点，一旦发现与权威相违背的观点或理论，便想当然地认为其必错无疑。

从团队创新文化建立的角度来说，盲从权威是创新的障碍。在需要推陈出新的时候，人们往往很难突破权威的束缚，总在有意或无意间，被一些权威的想法牵着鼻子走。团队成员应该尊重权威，但又不能迷信权威；应保持头脑的灵活和思维的创新，形成敢于挑战权威的团队文化。

3. 从众心理

团队中的从众心理是指一种跟随大众的心态，不敢提出不同意见和想法，与团队中的多数人保持一致的意见。正是因为这种心理扼制了团队文化的创新，只有允许个性化的差异存在，才能建立具有创新文化的团队。

4. 文化雷同

团队文化创新中还有一种文化雷同的现象，即一味地模仿，甚至全盘照搬外来的文化，使企业以及团队的文化成为千篇一律的口号和毫无意义的空话。企业只有通过选择、淘汰、融合、创新等方式，把外来先进的文化吸收进来，然后根据企业和团队自身的情况加以融合，才能形成具有自身特色的创新文化。

10.2.3　团队创新突破4途径

创新型的团队应该是尊重差异的团队、信息公开透明的团队。团队领导者只有突破团队创新的阻碍，寻求团队创新的途径，才能够建立起创新型的团队。团队创新途径的突破包括以下4个方面。

1. 寻找建设性的差异

如果所有的团队成员对问题的看法都高度一致，思想完全统一，这样的团队一定不是一个创新型的团队。在团队中应存在性格、年龄、经验等各个方面构成的个性化差异。一个成功的团队应具备多种成员角色，并及时注入新鲜血液，防止团队成员思维老化或僵化，从而失去创新的能力。

2. 激发创新思维的办公环境

宽松的工作环境和团队氛围有助于激发团队的创新思维，对团队成员创意的产生具有积极的促进作用。团队领导者应为团队成员创造独立的空间进行思考，提供开放的空间促进成员间的交流。特别是对于知识型和创新型工作人员，最好给予其灵活的工作时间和舒适的办公空间。

营造创新的组织和团队氛围应遵循6项原则，如表10-1所示。

表10-1　营造创新的组织和团队氛围应遵循的原则

原则	具体说明
O：开放（Open）	组织鼓励弹性和创意，允许员工用创造性的方法和技术进行实验
P：理解（Perceive）	企业从员工角度来看问题，确保工作从企业和个人两方面得到回报
E：平等（Equality）	每个人的多样性受到尊重，每个人不同而平等
N：培养（Nurturing）	培养不同岗位、不同职级、不同发展阶段的员工，促使员工通过各种途径获取知识来满足工作的需求
E：鼓励（Encourage）	鼓励员工不断创新，寻求富有创意的答案，并不断强化这种训练
D：描述（Describe）	沟通良好，保持创意表达所需要的结构和机会之间的平衡

3. 创意自由流动

在团队中，团队成员想出的每个新的创意、新的点子，甚至是一个细微的想法，团队领导者都应该予以鼓励，并使创意可以自由地流通和共享。团队领导者应为团队成员提供展示记录和分享创意的平台，使团队成员产生的想法能够随时随地地与团队共享。

4. 成员自主管理

团队成员的自主管理使团队成员能够边工作边学习，并使工作和学习紧密结合。团队成员可以通过自主管理，自觉发现工作中存在的问题，自发成立创新小组，选择合作伙伴，确定改革创新的目标，调查分析现状，制定对策并实施，最后自行检查实施效果和进行评估总结。这种方法充分满足了团队成员自我实现的精神需要，可以激发其工作改进和创新的动力。

10.3　销售、研发、技术创新型团队建设方案

10.3.1　销售创新型团队建设方案

这里提供一份销售创新型团队建设方案，供读者参考。

方案名称	销售创新型团队建设方案	编　号	
		受控状态	

一、目的
为了从无到有地打造一支具备创新意识与能力的销售团队，特制定本方案。
二、建设原则
1. 人岗匹配原则。在销售创新型团队的建设过程中，成员与其所扮演的角色要完全匹配。
2. 宁缺毋滥原则。销售创新型团队不是一个庞大的团队，因此需要符合要求的创新型人才。
三、实施时间
本方案自＿＿＿＿年＿＿月＿＿日正式开始实施。
四、团队成员选择与角色分配
销售创新型团队将由以下成员组成。
1. 团队负责人：1名，具备卓越的管理能力与业务能力，是团队的领导者。
2. 市场人员：2名，负责提供销售信息，是团队的情报员。
3. 销售人员：5名，负责进行销售活动，是团队的执行者。

4．策划人员：2名，专指销售活动策划人员，是团队的规划者。

5．后勤人员：2名，为其他人员提供帮助与支持，是团队的辅助者。

五、创新方向

销售团队的创新方向，主要是销售工作流程的创新、销售技巧的创新、销售活动的创新。

六、销售创新型团队建设措施

1．创新准备工作

创新准备工作阶段，团队领导者与团队成员要完成以下内容。

（1）明确团队创新的意义。

（2）制定团队创新的制度。

（3）形成团队创新的文化。

（4）团队创新成员角色的配置与开发等。

2．创新机会梳理

在创新机会梳理阶段，团队领导者与团队成员要梳理以下内容。

（1）所在企业的战略与远景规划。

（2）所在企业的发展瓶颈与问题。

（3）团队遇到的瓶颈与问题。

（4）新知识、新模式、新方法。

（5）企业与团队内外的成功与失败案例。

（6）产业的变化、出乎意料的事件等。

3．在工作中发散思维

在此阶段，团队领导者与团队成员要完成以下内容。

（1）进行充分的个人想象与创意。

（2）采用团队讨论方法进行思维发散，如头脑风暴法、无领导会议法、建设性冲突法、辩论等。

4．整合资源，进行创新

在此阶段，团队领导者与团队成员要完成以下内容。

（1）聚集创新目标与路径。

（2）提出创新设想。

（3）筛选设想。

（4）将设想实现。

七、特别说明

在创新型团队的建设实施过程中，要规避以下内容。

1．思维定势

思维定势就是按照积累的经验、教训和已有的思维规律，在反复使用中所形成的比较稳定的、已定型化的思维路线、方式、程序、模式，过去的思维影响当前的思维，形成了固定的思维模式。只有打破思维定势，走出固定思维的框架，才能产生创新的思维方法，形成创新的团队文化。

2．盲从权威

盲从权威是创新的障碍，团队要保持头脑的灵活和思维的活跃，形成敢于挑战权威的团队文化。

3．从众心理

从众心理是指一种跟随大众的心态，正是这种心理扼制了团队的创新。因此，要允许个性化的差异存在，才能创建具有创新文化的团队。

4．文化雷同

团队要杜绝一味地模仿，甚至全盘照搬外来的文化。通过选择、淘汰、融合、创新等方式，把外来先进的文化吸收进来，再根据团队自身的情况加以融合。

八、其他

本方案由销售创新型团队负责人编写，自本月＿＿＿日起正式开始执行。

执行部门		监督部门		编修部门	
执行责任人		监督责任人		编修责任人	

10.3.2　研发创新型团队建设方案

这里提供一份研发创新型团队建设方案，供读者参考。

方案名称	研发创新型团队建设方案	编　　号	
		受控状态	

一、目的

为了提高当前研发团队的创新能力，激发团队成员的创新意识，特制定本方案。

二、建设原则

建设研发创新型团队，坚持从工作实际出发的原则，所有创新想法、创新结果都来自工作，并将最终应用到工作中。

三、实施时间

本方案自＿＿＿＿年＿＿月＿＿日正式开始实施。

四、团队成员选择与角色分配

研发创新型团队将由以下成员组成。

1．团队负责人：1名，具备卓越的管理能力与研发经验，是团队的领导者。

2．高级研发人员：3名，负责进行研发工作，是团队的执行者。

3．研发助理：6名，每名高级研发人员配备2名研发助理，负责支持研发创新工作。

4．后勤人员：2名，为其他人员提供帮助与支持，是团队的辅助者。

研发团队负责人要梳理当前研发团队，重新优化团队结构，将团队拆分，组成一支具备基本创新能力的研发团队。

五、创新方向

研发团队的创新方向，主要是创新研发流程、创新研发技术、创新研发方法等。

六、研发创新型团队建设措施

1．寻找个性化的差异

要在团队中寻找性格、年龄、经验等各个方面的个性化差异。此项工作在选择团队成员时就要注意。

2．提供能激发创新思维的办公环境

宽松的工作环境和团队氛围有助于激发团队的创新思维，对团队成员创意的产生具有积极的促进作用。团队负责人应为团队成员创造独立的空间帮助成员思考，同时创造开放的空间促进成员间的交流。

3．促进创意自由流动

团队成员提出的每个新的创意、点子，甚至是一个细微的想法，团队领导者都应该予以鼓励，并使创意可以自由地流通和共享。团队负责人应为成员提供展示记录和分享创意的平台，使团队成员产生的想法能够随时随地地与其他团队成员共享。

4．放权成员，自主管理

团队成员可以通过自主管理，自觉发现工作中存在的问题，自发成立创新小组，选择合作伙伴，确定改革创新的目标，调查分析现状，制定对策并实施，最后自行检查实施效果和进行评估总结。这种方法不仅充分满足了团队成员自我实现的精神需要，还可以激发其工作改进和创新的动力。

七、研发团队创新保障

1．薪酬保障

团队将为创新工作提供特别奖励，具体如下。

（1）提出创新设想达到____个，奖励____元。

（2）每提出并落地实施一个可用的研发创新设想，奖励____元。

（3）创新设想投入工作后带来利润增加的，每增加____%，奖励____元。

2．人员保障

除团队已有成员外，团队为成员在团队外部设置了联络人、资料收集人、审批人等，辅导团队进行创新。

3．制度保障

团队特别制定适用于团队内部的创新管理制度，保障团队成员的各项创新行为。

4．环境保障

团队为成员提供优越的办公环境、灵活的工作时间，充分尊重成员的工作方式和工作结果。

八、其他

本方案由研发创新型团队负责人编写，自本月____日起正式开始执行。

执行部门		监督部门		编修部门	
执行责任人		监督责任人		编修责任人	

10.3.3 技术创新型团队建设方案

这里提供一份技术创新型团队建设方案,供读者参考。

方案名称	技术创新型团队建设方案	编　　号	
		受控状态	

一、目的

为改善当前技术团队的技术创新工作,推动科技成果的转化和产业化,进一步规范团队技术创新项目的管理,遵照国家有关技术创新工作的法律法规,结合团队的具体情况,特制定本方案。

二、技术创新说明

本方案所指技术创新是指采用新技术、新工艺、新材料、新结构、新配方,对设备、工艺过程、操作技术、工具、夹具、量具、试验方法等方面进行的改进或建议。

三、实施时间

本方案自＿＿＿＿＿年＿＿月＿＿日正式开始实施。

四、技术创新规划

团队领导者需要根据团队的发展规划和年度计划制定技术创新规划和年度工作计划。

1. 技术创新规划和年度工作计划的制定要以团队的总体规划为依据,并进行归档。
2. 技术创新规划及年度工作计划的内容如下。

(1) 技术创新规划:主要包括新技术(包括新产品、新工艺)的研究开发、中试及产业化项目,重大技术革新、技术改造项目,技术引进基础上的自主创新项目以及科技示范推广项目等。

(2) 年度工作计划:主要包括项目的名称、项目要求、分阶段进度与工作指标、起止时间、完成项目所需的资金、人员、保证条件、试验设备等。

五、技术团队创新能力提升措施

1. 营造创新的环境氛围

(1) 尊重知识,鼓励创新思维,营造集思广益的环境氛围。

(2) 合理设计工作,使工作具有一定的趣味性和挑战性。

(3) 重视团队成员的合理化建议,鼓励其对工作流程、方法的创新。

2. 注重创新品质的锻炼

创新品质是创新能力的基础。仅有创新思维、创新技法、创新技能,而缺乏胆识、活力、冒险精神与团队精神等创新品质,是难以开展创新活动的。

3. 提供有针对性的培训学习机会

团队要增加创新能力培训的比例和内容。团队成员创新能力的培训可以通过模拟游戏、头脑风暴、户外拓展训练等多种方式进行。

4. 建立有效的激励机制

团队还可以通过建立有效的创新激励机制,提高成员创新的主动性和积极性。一方面可以提供创新工作的基础资金支持和物质奖励,为创新性研究和试验提供资源和平台,并给予必需的帮助和奖励;另一方面是对取得创新成果的成员进行鼓励和职位提升。

六、技术团队创新工作步骤

1．技术创新项目立项

技术团队成员填写"技术创新项目立项书",交由团队领导者审核。

2．技术创新项目进行

技术团队成员运用各种方法进行技术创新,并做好技术创新项目工作记录。

3．技术创新过程控制

技术团队成员要及时向团队领导者汇报创新执行过程中出现的问题,并及时调整,不断优化。

4．技术创新结果验收

（1）团队领导者组织团队内外部人员,成立技术专家委员会,对技术创新成果进行验收和鉴定。

（2）团队的技术创新成果鉴定和验收只限于团队内部牵头完成的技术创新项目；而团队成员参与外部团队牵头完成的技术创新项目,团队不组织鉴定或验收。

七、其他

本方案由技术创新型团队领导者编写,自本月____日起正式开始执行。

执行部门		监督部门		编修部门	
执行责任人		监督责任人		编修责任人	